# GILLES NORMAND

# AU PAYS DE L'OR

*RÉCIT D'UN VOYAGE  
CHEZ LES INDIENS INCONNUS  
DE LA GUYANE FRANÇAISE*

*Librairie académique PERRIN et C*ie.

# AU PAYS DE L'OR

# DU MÊME AUTEUR :

## A LA MEME LIBRAIRIE

La Guerre, le Commerce français et les Consommateurs ............................ 1 vol.

La Mort des Octrois ......................... 1 vol.

Le Grand Commerce de détail ............... 1 vol.

France au Travail .......................... 1 vol.

Mon Village se meurt .... .................. 1 vol.

Les Voix de la Fournaise ................... 1 vol.

## CHEZ D'AUTRES EDITEURS

La Conscience professionnelle ............... 1 vol.

L'Abîme financier .......................... 1 vol.

et divers romans, essais ou poèmes.

# GILLES NORMAND

# AU PAYS DE L'OR

## Récit d'un voyage
## chez les Indiens inconnus
## de la Guyane française

PARIS

LIBRAIRIE ACADÉMIQUE

PERRIN & Cⁱᵉ, LIBRAIRES-ÉDITEURS

35. Quai des Grands-Augustins, 35

**1924**

# AU PAYS DE L'OR

AVANT-PROPOS

## UN EFFORT CONSIDÉRABLE

*Peu de temps avant sa mort, Elisée Reclus, parlant de la mission Coudreau, me disait : « Vous devriez consacrer à son effort une brochure qu'éditerait l'Institut géographique; il sera intéressant, en outre, ultérieurement, de suivre son second, François Laveau, pionnier au mérite certain ! »*

*Elisée Reclus a rendu son dernier soupir sans que la brochure ait pu être écrite ; cependant, ce livre constitue une réalisation. Qu'il soit un pieux hommage à la mémoire du grand géographe !... C'est au hasard qu'il doit le jour. Si le hasard ne m'avait fait rencontrer François Laveau, je n'apporterais point cette faible contribution à son labeur méconnu.*

*Je revenais du front. Blessé, j'étais en convalescence à Paris. Sur la plate-forme du tramway Montrouge-Gare de l'Est, un homme de petite taille, hâve, fatigué, exsangue, me regardait. Il se souvint de m'avoir rencontré une fois, au Journal,*

*dont il allait demander l'appui. Il m'interpella,
timidement :*

*— Vous n'êtes pas Monsieur Gilles Normand ?
me demanda-t-il.*

*— Si, parfaitement.*

*— Je suis heureux de vous voir ! Je reviens de
mission, dans les Tumuc-Humac Occidentales ;
j'ai voyagé pendant deux ans chez les Peaux-
Rouges inconnus, et j'aurais, je crois, des choses
intéressantes à dire. Malheureusement, je ne suis
pas un écrivain. Mais, ce qui m'est impossible,
vous sera peut-être aisé.*

*— Vous avez des notes ?*

*— J'en avais dix-huit cents pages... Un nau-
frage m'a fait tout perdre, ma fortune en même
temps, et, par surcroît, mon fils.*

*— Si vous voulez venir me voir, dis-je à cet
homme brave, nous parlerons ; je traduirai, aussi
exactement que possible, ce que vous m'aurez
conté.*

*François Laveau accueillit ma proposition avec
enthousiasme.*

*— Ce ne sera, hélas ! en dépit de toute bonne
volonté, qu'un abrégé, déplora-t-il. Comment, en
effet, dépeindre tout ce que j'ai vu au cours des
trois mille kilomètres que j'ai parcourus, soit en
pirogue, soit à pied ?*

*— Trois mille kilomètres ?*

*— Oui ! comptez bien : de l'embouchure du Ma-
roni au Village d'Apatou, c'est-à-dire au Saut
Hermina, il y a 80 kilomètres ; il y en a 100 d'Hermina au Tapanahoni ; 90, de Poligoudou à Boni-
ville et Pomofou ; 100, de ce point au premier village indien, situé au confluent de l'Itany ; 110,*

*de ce village au dégrad de Coulé-Coulé, où Crevaux passa en 1877 et Coudreau, en 1887. Tout ceci exclusivement en pirogue...*

*— Cela ne fait pas encore trois mille !*

*— Attendez !... Nous touchons seulement aux Tumuc-Humac. De Coulé-Coulé aux sources du Mapaony, il y a environ 50 kilomètres en forêt ; 50 encore, de ces sources au saut Canamaraca, et 40 du saut au Confluent du Mapaony et du Yari.*

*« La distance de Coulé-Coulé au saut Canamaraca forme la base d'un triangle dont la pointe est constituée par les Sources de l'Itany. Le côté nord mesure 107 kilomètres ; le troisième est une ligne que l'on parcourt en 53 jours de pleine forêt, 158 kilomètres seulement, mais combien hérissés de difficultés !*

*— Vous avez bonne mémoire.*

*— Ce n'est pas tout. Du Saut Canamaraca, en ligne directement sud, j'ai rejoint le Yari par un sentier que j'ai dû tracer. C'est encore 49 kilomètres. Tout ceci est à pied. La pirogue réapparaît en remontant le Yari, pendant huit jours, pour gagner la crique Couchitoumeu, soit 160 kilomètres ; traversée en forêt par le sentier d'échange des Indiens, long de 25 kilomètres. Alors, c'est le Parou ; il faut huit jours pour atteindre ses sources en pirogue ; c'est encore 200 kilomètres ! De ce point, où je suis le seul à avoir mis le pied, comme on dit, on pourrait revenir par la Guyane hollandaise ; il ne faut, en effet, que trois jours de marche pour rejoindre les sources du Tapanahoni. Ce n'est pas la voie que j'ai choisie ; je suis revenu au confluent du Mapaony et du Yari ; j'ai exploré les criques Chimi-Chimi, Courouapy, Couiary et*

*Couc. Arrivé aux sources de la Crique Couc, j'aurais pu regagner celles de l'Oyapock, pour joindre Cayenne. Je ne l'ai point fait. J'ai préparé partout d'importantes collections ; je voulais les prendre et j'ai parcouru une seconde fois le chemin que vous savez.*

*— Ce sont ces collections que vous avez perdues, demandai-je ?*

*— Oui, non seulement mes notes, mais des photographies, des croquis, un vocabulaire indien de 4.000 mots, de 1.800 phrases et de conjugaisons de verbes ; joignez à cela l'herbier, les orchidées, l'encens, le balata, la vanille, les échantillons les plus variés de graines oléagineuses, de bois de luxe, nos flacons de poudre d'or, des pépites, des quartz aurifères merveilleux, des caisses entières de grenats...*

*Les yeux de l'explorateur se mouillèrent de larmes. Il songeait que la catastrophe lui avait ravi davantage encore.*

*— Si vous saviez la magie de ce pays ! dit-il.*

*— Vous l'aimez, en dépit de vos malheurs ?*

*— Je l'adore, fit Laveau, et, ma seule ambition, c'est d'y retourner bientôt !... C'est la France vierge, ajouta-t-il mélancoliquement.*

*Puissent ces lignes l'aider à réaliser son rêve !*

G. N.

# En remontant le Maroni
# A travers les villages des noirs Bonis

## I

### AU SEUIL DE LA FORET

— Et c'est ce petit coin-là qui s'appelle Saint-Laurent-du-Maroni ! s'écria Bournac.

C'est un grand gaillard, que ce Bournac ; il a délaissé la vie de châtelain pour mener celle de l'explorateur ; elle est dure ; les routes sont parsemées d'épines, hérissées d'obstacles, barrées de cours d'eau, bordées de serpents. N'importe ! son regard clair s'emplit de la virilité des résolutions, de la soif d'inconnu, de visions d'idéal, de triomphe et de fortune. Et, d'une voix sonore de baryton, il appuie :

— Saint-Laurent-du-Maroni !

La ville est là ; toute petite, abritant ses forçats, ceux qui purgent leur peine, et ceux qui, libérés, ont la résidence fixe imposée. Les toits de tôle des cases, des scieries mécaniques, d'un minuscule chantier de constructions navales, se disséminent au bord de la rivière. Quelques champs de canne à sucre et de manioc forment la partie dominante des cultures ; des libérés arabes, concessionnaires, près d'un petit Decauville, qui relie Saint-Laurent à Saint-Maurice, sont devenus agriculteurs.

Le petit Decauville dessine une courbe sur un parcours de 16 kilomètres. Nos milliers de forçats ont employé douze ans à le construire. Ce n'est ni une voie de pénétration, ni une voie d'exploitation ; c'est quelque chose de primitif et de rudimentaire, quelque chose ressemblant à la préparation d'une expérience.

— A-t-elle deux mille habitants ? demanda Bournac, désignant de l'index l'agglomération.

Laveau, chef de la mission, ne se hâta pas de répondre. Il demeura pensif, élaborant, sans doute, les plans malaisés qu'il faudra exécuter. Il n'a pas le temps de plaisanter ; il n'en a pas davantage l'humeur. Il a pourtant bien entendu l'exclamation railleuse de son compagnon ; elle traduit une déception. Bournac, en effet, à cause de la magie des appellations, n'a pu concevoir que, ce qu'il prenait, de loin, pour une cité importante, ne soit qu'un bourg lilliputien. Mais Laveau voit ce qui pourrait être ; il songe aux possibles impulsions, au coup de baguette magique qui métamorphoserait cette région du crime en une région animée, prospère, riche, puissante !

— Ne raille pas ! dit-il. La rivière est large. Près d'elle, les beaux fleuves de France paraissent à peine des ruisseaux !... Dix-huit mètres de fond, une rade magnifique, il y a de quoi abriter, dans l'avenir, les plus grands navires qui emporteront, par milliers de tonnes, tous les produits précieux dont tu n'as pas une idée exacte, mais desquels tu te rendras compte bientôt.

Bournac eut l'air de s'excuser :

— Je n'ai jamais dit le contraire ! affirma-t-il.

Jean Laveau, fils de Laveau, tout frais émoulu de l'Ecole de Cluny, manifeste avec l'enthousiasme de ses dix-huit ans. Il a mis en batterie l'appareil photographique ; il a pris le carnet de notes sur lequel il trace une esquisse ; son père le regarde, admiratif :

— Jean ne perd pas de temps ; Bournac, il faudra faire comme lui.

— Vous êtes heureux qu'il soit venu, hein ? interrogea l'autre.

— Pardi ! La Guyane deviendra le champ de ses initiatives ; il s'est assis, à l'école, sur les mêmes bancs que mon maître Henri Coudreau, et c'est lui, peut-être, qui fera à notre colonie la réputation qu'elle mérite ; si la France équinoxiale devient, comme il faut le croire, le Pactole dont nous avons besoin, nous y serons, certes, pour quelque chose ; mais, en raison de sa jeunesse, de l'avenir qui s'ouvre devant lui, il y sera pour davantage encore.

— Bien sûr ! confirma Bournac.

Le quatrième de la mission, Louis Doreau, bouffi, le teint cireux, restait silencieux. Il se contentait de mastiquer un bout de fromage avec un morceau de cassane, qu'il arrosait de tafia. Ses gros yeux jaunes, obstinément fixés sur un horizon embrumé, distinguaient peut-être le magasin de chaussures dans lequel il était employé. Et, sans doute, le regrettait-il déjà. Le climat de la Guyane n'est point celui du Bois de Boulogne.

Bournac lui tapa sur l'épaule :

— Eh bien! camarade, tu restes muet, toi ? Ce ne doit pas être, pourtant, la mort de Louis XVI qui t'occupe !

Doreau, tiré de sa torpeur, le regarda.

— Drôle de pays ! fit-il.

Puis il se remit à contempler son horizon imaginaire, tandis qu'une grosse pluie se mettait à tomber, tambourinant sur les feuilles de palmier, sur les toits, sur la route, sur la rade, comme celle qui coulerait d'un tuyau d'arrosage sur un coin de jardin féerique.

Comme c'était la fin de septembre, Laveau remarqua :

— La saison de ces déluges est cependant tout à fait passée !... Espérons que cela ne durera pas !...

— Et vous croyez, demanda Bournac, dont l'esprit volait aisément d'un sujet à un autre, que nous trouverons ici des canots, des vivres et des hommes ?...

— Si je le crois ! affirma Laveau. Quand nous aurons vu le Gouverneur, M. Lévêque, et M. Barre, le directeur du bagne, vous n'en douterez plus. Allons les saluer. Il est nécessaire que je vous présente, car le Ministre a prévenu toutes les autorités de notre passage.

— Il est très bien, ce Ministre ! affirma Bournac.

Les quatre hommes se dirigèrent vers la maison de villégiature du Gouverneur, puis, de là, vers la villa du Directeur du pénitencier.

— On dirait, remarqua Bournac, s'adressant à Laveau, que vous êtes chez vous, foi de Gascon !

— J'y ai tant vécu !

Quand ils sortirent de l'hôtel de M. Lévêque, Bournac rayonnait. Ils avaient été si cordialement reçus, que cela lui mettait du baume dans l'âme, disait-il.

— Malheureusement, les meilleures sympathies, pour ce que nous entreprenons, dit Laveau, ne peuvent guère nous être utiles. Ce n'est que du platonisme. Il faut compter exclusivement sur nous.

Ils arrivaient chez M. Barre.

— Les hommes que nous rencontrons, demanda Bournac, ce sont des forçats ?

— Ils sont faciles à reconnaître, dit Laveau. Leur crâne rasé leur donne un caractère spécial.

— Oui, le caractère de la tête de veau !

Cette réflexion fit bien rire Jean. Mais Doreau garda son impassibilité.

— Vous les verrez, tout à l'heure, dit Laveau, jeter un coup d'œil de notre côté. Dès qu'ils soupçonnent un visiteur d'occuper un rang social, ils ne manquent pas de lui remettre le placet préparé de longue date.

— Pourquoi faire ? interrogea le Gascon.

— Pour protester de leur innocence.

— Pauvres agneaux ! dit Bournac, qui, une seconde après, demanda :

— Est-ce qu'on peut savoir ce qu'ils étaient dans le civil, ces loustics-là ?

— On le sait déjà, répondit Laveau. Les uns étaient notaires, les autres rentiers, ceux-ci professeurs, ceux-là chemineaux. Tous sont au même degré de déchéance ; à peine un œil exercé peut-il découvrir les différences de leurs situations d'antan ; elles ne s'aperçoivent guère qu'à l'arrivée de la *Loire*.

— Qu'est-ce que c'est que la Loire ?

— C'est le paquebot qui les amène. Nous n'avous pas chance de le voir aborder. Il vient rarement, en effet. Mais, s'il venait, vous seriez étonnés, par tant de physionomies sur lesquelles s'imprime la plus évidente satisfaction. Le régime de la prison ne cause à nul le moindre préjudice. Ils débarquent gras et roses.

— Comme des petits bébés, dit Bournac.

— C'est cela même. Ils nourrissent dans leur cœur l'espoir de l'évasion ; la liberté reste leur chimère. Certains même étalent l'exubérance de leur joie ; ils s'écrient : « Si ce n'est que cela, ce n'était pas la peine d'avoir peur ! » Mais, dès qu'ils sont pensionnaires, leur aspect se modifie ; ils deviennent les loques humaines que vous voyez. Ils traînent l'ennui dans leurs pas. Les impossibilités auxquelles ils se heurtent, les accablent ;

impossibilité de redevenir quelque chose ; impossibilité de gagner le large ! Gagner le large ! c'est l'idéal à la conquête duquel ils usent leur vie. Prématurément, ces déchets de la métropole meurent sans avoir réalisé la moindre parcelle de leur rêve.

Des groupes s'en allaient, par les rues de Saint-Laurent, à la corvée. La semelle des godillots frappait le pavé. Vêtus d'une blouse et d'un pantalon de toile grise, coiffés d'un chapeau de coumana, fabriqué par eux avec les fibres des feuilles de palmier, ils déambulaient, parce que le tambour du matin avait frappé le réveil.

— Où vont-ils comme cela ?

— Ils vont au défrichement. D'autres construisent des cases en briques et en fer.

— Quels yeux hagards ! s'exclama Jean.

— Il passe dans ces yeux des lueurs sanguinaires, mais la méchanceté, plus apparente que réelle, n'est qu'une forme de dépit de ne pouvoir prendre *la fille de l'air*, selon l'expression du jargon en usage ici, dit Laveau.

— Ils ne sont pas surveillés, remarqua Bournac. Ils peuvent bien se sauver !

Laveau répondit :

— Fuir ?... C'est bientôt dit. Ce n'est point sitôt fait. La forêt est à deux pas, c'est vrai. Mais la forêt, c'est la mort.

— Qu'est-ce que nous allons faire là dedans, alors ? s'écria Bournac.

— C'est la mort pour eux, parce qu'ils ne la connaissent pas, parce que son mystère les apeure et que les privations ruinent leur santé. Chaque jour est témoin du retour de quelque enfant prodigue. Celui qui réintègre le bercail conte aux autres des histoires terrifiantes, légendes qui se perpétuent, mais ne découragent que leurs auteurs.

Jean s'intéressait au côté romanesque de cette conversation.

— Les évadés, demanda-t-il, ne peuvent-ils se rendre en territoire hollandais ?

— Oui, dit le père. La planche de salut, c'est le radeau ; ou c'est le moucou-moucou, auquel on s'agrippe, qui pousse en abondance sur les rives, et duquel on se sert pour saisir le poisson-torpille. Mais, que de dangers, depuis le requin jusqu'au noir Boni, les Indiens Galibis, pour qui la tête des forçats est mise à prix !... Et puis, si les Hollandais accueillent nos échappés du bagne, à Paramaribo, ce n'est point pour les gâter, mais pour les employer aux plus durs travaux, moyennant un salaire de cinquante centimes par jour. A la première incartade, ou bien dès qu'il n'est plus bon à rien le condamné nous est restitué. Pour lui, l'enfer recommence.

Chemin faisant, les voyageurs rencontrèrent un tombereau, traîné par les déportés.

— Oh ! quelle odeur ! fit Doreau en se pinçant le nez.

— Tiens ! voilà qu'il se réveille, l'autre ! fit Bournac.

Le tombereau passa, avec quatre cercueils grossiers, recouverts d'un mauvais drap noir ; des sanies tombaient sur la chaussée.

Sur le parvis de la petite église de Saint-Laurent, l'abbé Boyer lançait un peu d'eau bénite au passage, en psalmodiant la prière des morts.

C'était un enterrement de forçats.

Ils s'arrêtèrent pour regarder ce convoi, simple service de voirie. Aux îles du Salut, il est plus expéditif. On précipite les cadavres dans l'Océan. Les squales, attentifs, bondissent, les happent, en jonglent un instant, et les absorbent si goûlument que les vagues n'en sont même pas rougies.

Bournac, l'odorat offensé, déclara que l'hygiène

était moins respectée sur le continent qu'elle ne
l'est en mer. Doreau voulut avoir sa revanche.

— Un ancien châtelain, fit-il, c'est délicat !

Ce disant, la petite troupe était au seuil du
Directeur.

Le Directeur, M. Barre, est un homme jeune
encore, accueillant, complaisant ; ses fils accomplissent leur devoir militaire.

— Mes amis, dit-il, soyez les bienvenus !...

Il exposa qu'il avait cherché une maison pour
les explorateurs ; que cette maison, il l'avait
trouvée, ainsi qu'un magasin provisoire ; qu'ils
pourraient s'y reposer jusqu'au jour de leur départ.

— Le moins longtemps possible, dit Laveau.

— Il pleut sans cesse. Ce n'est guère favorable
pour les immenses randonnées que vous allez en-
treprendre, objecta M. Barre. Et puis, c'est à
loisir qu'il vous faut aménager vos pirogues ! Vous
avez des vivres à accumuler, des instruments
pour lever des plans, des baromètres, des ther-
momètres, que sais-je ?

— Nous avons tout cela, en effet, répondit Laveau. Nous possédons, en outre, des armes, des
munitions, de la dynamite pour la pêche en rivière ; des sabres d'abatis, qui nous frayeront le
passage en forêt ; des couteaux, des aiguilles, du
fil, des miroirs, des verroteries ; enfin, et surtout,
des peignes à poux ! Là-haut, ceux qui apportent
tout cela sont attendus comme le Messie !

— Quand vous voudrez, dit M. Barre, la cha-
loupe du Gouverneur vous conduira jusqu'au village d'Hermina, qui est celui d'Apatou, le fameux
guide du docteur Crevaux.

— Et le nôtre durant la mission Coudreau !
compléta Laveau.

— Je sais ! dit M. Barre. Je n'eusse eu garde de
l'oublier.

Le Directeur invita les amis à venir le revoir :

— Vous êtes ici chez vous !

En sortant, Bournac traduisit sa sympathie par ces simples mots :

— Je me suis retenu pour ne pas l'embrasser, votre Monsieur Barre !

— Ça lui aurait peut-être fait plaisir ! dit Laveau. Mais, tout de même, je crois que vous avez mieux agi en demeurant moins expansif.

Quelques jours après, on quittait Saint-Laurent. La distance qui sépare cette ville du Saut Hermina n'est qu'une promenade, au cours de laquelle Louis Boussenard conçut quelques-unes de ses œuvres abracadabrantes.

Des noirs, sur la rive, attendaient l'embarcation pour y prendre, toutes chaudes, les places qu'occupaient les amis. Au milieu de ces noirs d'une exubérance folle, il y avait un blanc.

— Une tête de veau ! s'écria Bournac.

— Oui ! expliqua Laveau, un fugitif qu'ils ont glané. La prime qu'ils vont toucher les met en joie par avance.

Nos amis regardèrent le groupe, et, peut-être, un peu de commisération perçait-elle dans leurs yeux. Bournac interrogea le bagnard :

— Alors, tu t'es fait chiper ?

Le condamné, atone, abruti, ne savait s'il devait répondre.

— Parle ! On ne te mangera pas !

— Je suis content de revenir ! fit-il.

— On n'en doute point... Mais raconte un peu comment tu t'y es pris.

Le forçat narra, d'une voix terne, sa misérable odyssée.

— Voilà, dit-il, nous étions quatre. Nous avons levé la semelle.

— Où sont tes copains ?... Ils courent !

Le forçat secoua la tête.

— Alors, je ne comprends pas !... Explique-toi !

L'interpellé leva ses yeux égarés, et, toisant les voyageurs des pieds à la tête, fit bien voir qu'il ne répondrait que s'il le voulait bien !

— Ça te regarde, mon vieux, tais-toi si tu veux. Bon voyage !

Bournac tourna le dos.

— Attendez ! fit le forçat. Si vous êtes curieux, que diable, ne partez pas !

— Eh bien ?...

— Eh bien !... les autres sont mangés !

Il dit cela, placidement, moins ému, à coup sûr, que s'il articulait :

— Ils sont sauvés !

Bournac tressaillit et fronça le sourcil.

Laveau, intéressé, comme Jean, se rapprocha, et le bagnard, heureux et fier tout à la fois de pouvoir les entretenir de ses aventures, confia :

— Nous avons eu faim... Le sixième jour, nous avons saigné le plus faible. Puis, comme nous restions trois, dix jours après nous avons saigné le plus faible. Puis, comme nous restions deux, quand il l'a fallu, j'ai assommé mon compagnon. Je suis resté seul. Me voici !

Bournac s'exclama :

— Te voilà propre !

C'était au sens figuré, bien que les vêtements du misérable condamné fussent en loques ; qu'un poil dru, tout blanc, se hérissât sur son visage aux pommettes saillantes, jauni, tanné. La vermine le couvrait, grouillante ; ses doigts mêmes étaient couverts de puces pénétrantes.

Laveau montra le matricule à ses amis et se détourna bientôt, avec dégoût.

— C'est un des drames courants du bagne et de la forêt ! dit-il philosophiquement. Quand on a pris l'habitude de la Guyane, à peine est-on capable de s'intéresser à ces bagatelles.

— Vous n'imaginez pas, dit Bournac, que dans nos pérégrinations nous rencontrerons beaucoup de citoyens de ce calibre ?

— Il n'y a pas de danger. Comme tu le vois, ils ne résistent pas ; ils ne s'enfoncent jamais plus avant. Celui-ci était arrivé au point extrême.

Et, tandis que les nègres poussaient leur proie sur l'embarcation, les pionniers s'acheminaient vers le cœur de la petite agglomération.

Un peu d'histoire était nécessaire ; ce fut Laveau qui l'enseigna :

— Ce ne sont pas des indigènes. Ils sont originaires d'Afrique.

Les esclaves d'autrefois sont devenus des hommes libres. Ils ne regrettent pas le temps où leurs ancêtres étaient vendus par les vainqueurs des tribus d'Afrique, comme un vil bétail raflé sans égard pour l'âge ; ils l'étaient également par ceux qui leur avaient donné le jour ; de menus objets formaient le prix de ces tractations.

Combien de cœurs sensibles se sont apitoyés sur ces lamentables troupeaux humains qui s'échappaient de la cale des navires, pour mettre le pied sur le sol fertile et beau qui devint la véritable patrie qui les émancipa !

— Hermina, dit Laveau, veut dire gymnote. Ce village a été commencé en 1852, sur la concession accordée au nègre Apatou. Il se compose aujourd'hui d'un bon nombre de cases ; les noirs Bonis les habitent. Le voisinage de ces gens n'a rien qui réjouisse l'odorat.

— Ils sentent tout de même moins mauvais que le tombereau ! fit Bournac.

Laveau, sans répondre à cette galejade, continua sa leçon :

— Apatou avait été nommé capitaine de la tribu, dont les habitations s'étendent le long du fleuve, sur une longueur de deux petits kilomètres. En 1887, il n'y avait guère qu'une vingtaine de cases, peuplées par moins de cent habitants, réparties sur une distance de mille mètres environ.

Il s'interrompit pour conclure :

— Vous vous apercevez que le progrès s'affirme.

— Où coucherons-nous ? demanda Doreau.

— Tu ne penses qu'à manger et à dormir ! s'écria Bournac.

Laveau indiqua du doigt les petites maisonnettes basses, d'une architecture sentant la brousse.

— Là ! dit-il.

Le mobilier, rudimentaire, consistait en la vaisselle indispensable, en hamacs, moustiquaires, et fusils.

— Nous passerons la nuit sous le toit de feuilles de palmiers, tranquillement, comme autrefois, en France, nous dormions sous le toit d'ardoise ou de tuiles rouges.

— Il me souvient, dit Laveau, que passant ici avec Henri Coudreau, quelques cas d'enflure, comme disent les Créoles, s'étaient déclarés dans les placers non éloignés.

L'enflure des Créoles, c'est le beriberi des Brésiliens ; la paralysie des jambes et l'inflammation caractérisent ce fléau. En vingt-quatre heures, la paralysie monte au cœur et le malade peut dire adieu à la terre.

— Brr ! fit Bournac. Cela n'a rien de tentant.

— C'est vrai, mais si on change d'air, généralement, on est sauvé.

Bournac délaissa ce sujet pour en revenir à Apatou :

— C'est toujours le fameux Apatou qui est le Chef de ce village ?

— Non ! Apatou est mort Couacou a hérité

de sa qualité de Chef et du grade de Capitaine. Les souvenirs lui font espérer des lendemains souriants. Le voici qui vient à notre rencontre !

Couacou paraissait misérable ; on devinait qu'il ne vivait pas heureux, ni content de son sort. Il se trouvait immensément pauvre. En son langage, il supplia Laveau de parler, ultérieurement, au « grand Man » de tous les blancs, afin que la subvention de six cents francs accordés à son prédécesseur ne tombât pas, d'une façon définitive, dans les oubliettes de la mémoire :

— Sois tranquille, dit Laveau, la commission sera bien faite.

— Couacou, confia-t-il ensuite à ses collaborateurs, ne nous intéresse que médiocrement. C'est Aponchy que je voudrais voir.

— Aponchy ? Qui est-ce ? demanda Bournac.

Laveau essaya de satisfaire à cette légitime curiosité :

— Aponchy, c'est un capitaine.

— Diable !

Bournac esquissa le salut militaire. Laveau continua :

— ... Un capitaine nègre que j'ai rencontré, pour la première fois, il y a vingt-cinq ans. C'est le beau-frère d'Apatou, qui a conduit quelques Blancs à la gloire. Tiens ! en parlant du loup...

Laveau venait d'apercevoir Aponchy, de passage chez Couacou.

— Le temps qui fuit métamorphose aussi les nègres ! constata l'explorateur.

Le noir manifesta une grande joie. Il serra la main du « Tamouchi Labho » à qui il expliqua, en son jargon, qu'il demeurait à Pomofou, tout près de Grodetville, et que, là, il conviendrait d'établir un dépôt de vivres.

— Nous y laisserons de la farine, des biscuits,

des boîtes de conserves, du lait condensé, accorda
le Chef de la Mission.

Aponchy est un type caractéristique et rare.

— C'est un nègre blanc, dit Bournac.

— Tous les nègres sont blancs quand ils viennent au monde. La nature de leurs pères, sur
eux ne reprend des droits que de huit à dix jours
après leur naissance.

Ce n'est pas à la blancheur de l'épiderme que
faisait allusion le Gascon. Il constatait qu'avec
le temps, la neige était tombée dans les cheveux
de l'indigène. Ce fait était, en lui-même, assez
piquant.

La bouche d'Aponchy était extraordinairement
développée.

— On taillerait deux beaux biftecks dans ses
babines ! remarqua Bournac. Le camarade a déjà
dû ronger quelques tibias !

— Tu peux être tranquille ! assura Laveau.

Les jambes torses d'Aponchy dessinaient un lo-
sange allongé ; il se dressait sans perdre un pouce
de sa taille de gorille, aux muscles herculéens ;
sa nudité ne se voilait que d'un pauvre calembi.

— Il est non seulement prodigieusement fort,
dit Laveau, mais adroit ; il construit parfaitement
un canot.

— C'est l'essentiel ! affirma Jean.

— Moi, votre guide ! clamait Aponchy... Toujours... jusqu'au bout !

Laveau courut aux malles. De l'une, il tira un
vieux képi de médecin-major à trois galons, acquis à la foire aux puces ; il l'apporta comme un
trophée, puis en coiffa le nègre ; la bordure rouge
tranchait nettement sur les cheveux d'argent du
noir.

— Ah ! bon Dieu, qu'il est beau ! s'exclama
Bournac.

— On va le photographier ! dit Jean.

Cette opération fut tout un événement.

Devant l'appareil, Aponchy paradait pour une irréprochable mise au point. Mais ce diable d'indigène voulait avoir l'air aussi peu de sa race que possible.

— C'est tout juste, remarqua Bournac, s'il ne propose pas de se couvrir le nez de farine, afin qu'on prenne son image pour la mienne.

Aponchy s'ingéniait à rehausser ses attributs particuliers. Il se souvenait de ce que Laveau lui avait glissé, subrepticement, un mouchoir blanc. Les autres n'en ayant pas, il montrera qu'il en possède un ! Fouillant fébrilement dans ses poches, il en retira le carré de tissu, l'exhiba, le brandit, comme un drapeau. Son regret fut qu'il ne se tînt pas déployé, pour qu'on en aperçût toute la surface.

— Quel freluquet ! dit Bournac.

Une idée traversa la cervelle d'Aponchy. Il avait vu, dans les bagages, des fioles de parfumerie, de l'opoponax, notamment, produit d'une odeur violente, presque nauséabonde, à force d'être pénétrante.

Aponchy agitait son mouchoir ; il y fixa le bout de son index gauche et murmura :

— Moi, odeur, s'il vous plaît !

Il exprimait une telle intensité de désir, que nul ne se sentit la force de lui refuser ce qu'il exigeait ou implorait.

— Débouche le flacon ! commanda Bournac à Doreau.

Et le Gascon déclama :

Qu'importe le flacon, pourvu qu'on ait l'ivresse !

Tandis que les gouttes s'éparpillaient, la physionomie du nègre changeait d'expression. Elle devint radieuse.

— Moi, dit-il, mo lé paille mo mouchoué mo

mouman, pou li voué so pitit li qua sentit chuite.
Il réfléchit.

— Est-ce que photographie de moi sentir bon
aussi ?

— Bien sûr.

— Alors moi enverrai mo photographie à mo
mouman. Sera contente voué so fils comme y
sentit bon.

L'appareil a fonctionné. Il faut développer la
plaque. Aponchy ne voudrait pas perdre une seconde de l'opération. On a toutes les peines du
monde à l'éloigner. Par avance, une feuille de
papier sensible avait été imprégnée du fameux
opoponax rêvé ; quand cette feuille fut appliquée
sous la plaque, dans le châssis, Aponchy revint.
tendant le nez. Il voulait voir. Il voulait sentir.
Ses narines se dilataient. L'image fut fixée.

— Ne te mets pas si près ! cria Bournac.

O bonheur ; la lumière a fixé les traits d'Aponchy ! Le parfum existe.

Le nègre s'extasie ; confondu par ce prodige, il
bégaye :

— Moi, rien comprendre à ça ! Mo pa savé pou
qui sa sa !

Les blancs, évidemment, sont des sorciers ; ils
traînent le diable avec eux.

On partit pour Pomofou, au grand désespoir
de Couacou. Aponchy montra une verve intaris-
sable.

— Quelle pie borgne ! dit Bournac.

— Compare-le au moins aux oiseaux de son
pays ! remarqua Jean.

Le nègre parle un peu de dialecte impur boni-
roucouyenne ; c'est un patois mixte, moitié taqui-
taqui, moitié boni. La résolution de François Laveau est déjà prise :

— Tu viendras avec nous ! dit-il à Aponchy.

Mais ce coquin avait parfaitement la notion du

salaire ; il ne travaille pas pour le roi de Prusse
et le fit bien voir. Il considérait que cinq cents
francs par mois étaient insuffisants pour payer
ses bons offices. Il est vrai qu'à ce prix, ses fils,
canotiers extraordinaires, devaient aller, eux
aussi, jusqu'au premier village indien.

— Ce sont des flécheurs merveilleux, dit Laveau ; ils atteignent aussi subitement et aussi
sûrement que pourraient le faire des Peaux-Rouges, les poissons indolents qui semblent dormir à
la surface des eaux, aux heures de chasse ou de
digestion.

— Et comment les appelez-vous, ces poissons-
là ? demanda Bournac.

— Tu les verras, répondit Laveau ; il y a, notamment, le Coumarou, turbot des rivières guyan-
naises.

Puis il réfléchit et se lança dans l'ethnographie,
pour en revenir à ses moutons.

— La famille d'Aponchy, dit-il, ne peut renier
son origine d'évadés des plantations de Surinam ;
elle respire un mercantilisme outré, presque nauséabond. Mais, comme nous avons besoin d'elle,
il est nécessaire de céder à ses exigences.

— Les indélicats réaliseraient volontiers les
trente deniers de Judas, dit Bournac.

— Ils se sont améliorés, affirma Laveau. Des
missionnaires patients ont tenté de les éduquer ;
mais l'évangélisation n'influe que très lentement
sur ces mœurs de primitifs, dont l'évolution est si
lente qu'elles paraissent invariables ; les instincts
de rapine ou de mendicité fleurissent les premiers
dans ces âmes incultes, comme les épines dans les
terrains en friche.

Les nègres Bonis contraignirent Laveau à des
distributions abondantes et répétées de tabac et de
tafia. L'explorateur qui passe, pour eux, c'est la
fortune ; de ses mains tombe une manne qu'ils

ramassent avidement. La Cour des Miracles se
perpétue au delà des mers ; les tares physiques
s'étalent impudemment. Rachitisme, et cirrhose
du foie, tuberculose et scrofule s'accentuent un
peu plus à chaque génération, à cause de l'alcool,
présent des civilisés aux tribus en enfance.

Ils sont là, mâles et femelles, qui se pressent,
se bousculent, implorent.

— Pour moi, pipe ! mo lé pipa !

— Je veux jupon ! mo lé madas !

— Chiffon !... mouchoué ! Camisa !... mouchoué !

Il n'était pas facile de se défaire de ces men-
diants qui jargonnaient, priaient, suppliaient.

— On liquiderait, parmi eux, tous les stocks
du Bon Marché ! s'écria Bournac.

Pas un ne manquait d'argent, mais nul n'eût
rien acheté ! Ils gardent le métal précieux, comme
des avares ; ils le mettent dans des bouteilles,
dont ils cassent le fond ; ils enterrent ces bouteilles sous leur foyer ; ils les gardent ; ils les cou-
vent, stérilement. Thésauriseurs sans mentalité,
ils vont tout nus, ou presque. Mais quand l'occasion gratuite se présente, ils s'ornent avec joie de
la moindre fanfreluche. Quand ils l'obtenaient,
cette fanfreluche, c'était une manifestation de
joie épileptique.

Pauvres diables ! ils sont plus à plaindre qu'à
blâmer. A l'heure où, dans la métropole, on cherche, par des moyens voisins de la coercition et de
l'injustice, à lutter contre l'alcoolisme, là-bas,
l'alcoolisme se développe comme une plante vé-
néneuse dans un sol riche.

— Depuis la découverte de l'Aoua et de l'Inini,
affirma Laveau, c'est le règne tyrannique du tafia,
espèce de rhum blanc, produit de la fermentation
de la canne à sucre.

Doreau passa sa langue sur ses moustaches.

— Il a toujours l'eau à la bouche, le camarade ! fit Bournac.

Ils boivent du tafia, les nègres Bonis, beaucoup de tafia, rien que du tafia ; le tafia, c'est la panacée universelle, c'est la liqueur à la mode, l'objet du désir cuisant qui se transforme en besoin invincible ; c'est l'eau du pays, la seule qui soit consommée avec délices.

Les blancs ont exterminé, moins par le fusil que par « l'eau de feu », la race autochtone d'Amérique, qui n'a pas le sens de la mesure.

Les naturels, comme les êtres d'importation africaine, risquent de disparaître également. La population côtière est atteinte par le fléau ; gare à celle de l'intérieur, qui l'ignore encore ! Si le bassin du fleuve Agoué risque d'être désert dans vingt ans, celui du Maroni et celui de l'Oyapock le seront peut-être dans trois quarts de siècle, même quand on aura mis en valeur le sol prodigieusement riche de la Guyane. Le Français ne pourra remplacer absolument le Noir ni l'Indien, qui sont la main-d'œuvre pour le défrichement ; la main-d'œuvre indispensable. Si nos auxiliaires se détruisent eux-mêmes, que deviendra notre colonie, déjà si languissante ?...

Laveau se désolait en songeant à cet avenir peu brillant.

— Pourtant, dit-il, il ne faut pas tirer de ceci les arguments qu'en tireraient les ligues de tempérance outrancières, car l'alcool est indispensable au voyageur.

— Tu devrais applaudir ! dit Bournac à Doreau.

Laveau continua :

— Pris modérément, il aide à la reconstitution d'un organisme qui s'altère ; sans lui, les souffrances que nous avons en perspective seraient insurmontables. Sa bienfaisance n'est pas niable.

L'excès seul est un défaut, ajouta-t-il.

— De sorte, conclut Bournac, que si l'on arrivait à supprimer la consommation de l'alcool de bouche pour les Français, il faudrait la conserver à ceux qui vont tenter la fortune sous les latitudes lointaines ?

— Parfaitement !... J'aime notre magnifique domaine d'outre-Atlantique, continua Laveau, et c'est pourquoi j'en éprouve une véritable douleur, car, après tout, les nègres Bonis ne sont pas si profondément antipathiques ! Le travail ennoblit ; celui qui ne rechigne pas à la tâche, mérite toujours notre estime. Le labeur est une sorte de rachat des fautes. Or, les Bonis ont d'excellents bras, du cœur à la besogne ; canotiers d'une adresse, d'une souplesse remarquables, sans exception, ils adoptent volontiers la Guyane française, plus riche que ses deux sœurs.

— En résumé, dit Jean, les Bonis sont un peuple de malades qu'il faut soigner, dans notre intérêt, autant que dans le leur.

— Malades ?... répondit Laveau, ils le reconnaissent eux-mêmes ; ils se disent affligés de tous les maux qui accablent l'humanité. Vous allez voir de quelle vénération ils vont entourer notre pharmacie.

Il ouvrit la caisse, exhiba les flacons. Les nègres se bousculèrent pour approcher. Un grand nombre prenaient des mines pitoyables ; tous imploraient un conseil, réclamaient une drogue.

— Allons-nous-en ! dit Bournac ; ces gens-là nous rasent.

— Partez ! dit Laveau.

Bournac, Jean et Doreau avaient à peine tourné le dos, que chacun se cramponnait à leurs vêtements.

— Moi, mal au ventre ! gémissait celui-ci.

— Tête !... oh ! tête ! beaucoup mal ! pleurait un autre.

Le pied, l'estomac, le foie, la rate, tout va y passer ! dit Bournac.

— Vous voyez qu'il faut s'exécuter, dit Laveau, et que, sans connaître grand' chose à la médecine, nous voici contraints de jouer le rôle de morticoles.

— Ah ! s'écria Bournac, quel doux pays ce serait pour Diafoirus et Purgon !

En avant ! la teinture d'iode. Des surfaces d'épiderme bistré en sont enduites. C'est le remède le plus habituel, la panacée dont on peut être prodigue ; si l'iode n'est pas miraculeuse, du moins elle demeure inoffensive.

— Ils ne cesseront pas de nous cramponner ! remarqua Bournac. Si vous m'en croyez, Laveau, collez donc une bonne purge à chacun.

— Ma foi, vous avez raison, approuva le chef.

La magnésie, les pilules, furent distribuées à foison.

Le Boni avalait ces choses avec confiance et délectation.

- Ce serait bien autre chose avec un peu d'eau-de-vie allemande, dit Laveau. Le noir croit que c'est un tafia vertueux, dont se délectent les blancs, dans les pays lointains, où le soleil se lève ; il s'en pourlèche les babines.

— Sapristi ! ne vous avisez pas de leur en distribuer !

— Il en sera après comme avant, dit Laveau, car, hélas ! que peuvent de bénévoles cautères ou de sérieux dépuratifs contre ces étalages de plaies? Rien à faire. Le mal a des racines trop profondes pour qu'on puisse l'extirper. Le noir Boni, sujet français, n'est pas mort ; mais il se meurt !

# II

## CHEZ LE GRAND MAN

La mission cheminait, à force de pagaies, vers Apomofou, village d'Aponchy, à Loka-Loka. Bournac se croyait en partie de plaisir. Sitôt l'heure de la pause, il s'apprêtait pour la chasse.

Laveau le laissait faire, certain que son compagnon se blaserait promptement. Ce sport, l'habitude aidant, deviendrait peut-être fastidieux. Quant à Jean, c'était le novice ; lui aussi, il avait la tête pleine des récits de Boussenard ; ces récits, qui n'ont pas même un fond de vérité, l'enfiévraient. Les réalités font revenir à d'autres idées, car un voyage d'exploration contient, certes, une part de romanesque, mais il comporte aussi une part de vie courante et banale, une part plus grande qu'on ne le croit généralement.

Quant à Doreau, sa placidité s'éternisait. Philosophe silencieux, il mangeait toujours.

— On dirait qu'il rumine ! remarqua Bournac. Les sauts ne le troublent même pas.

— Ils ne sont troublants qu'à la descente ! déclara justement Doreau.

Les sauts ! il y en a beaucoup ; il y en a trop. C'est d'abord le Féli Tabiki, puis le Tapodam, ensuite le Petit Saut, pour arriver à celui de Loca-Loca. Ils rendent la route périlleuse. Comme il n'existe pas d'autre voie de communication, ils retardent la marche en avant. Il semble qu'on piétine sur place.

— Et c'est partout comme ça ? interrogea Bournac.

— On en compte quatre-vingt-sept ou quatre-vingt-huit pour aller aux Tumuc-Humac, répondit Laveau.

— Quatre-vingt-huit fois à supporter le vertige! compta Bournac.

— Je l'ai aussi, le vertige, dit Laveau, mais ce n'est pas cela qui me le donne ;

— Qu'est-ce, alors ?

— C'est le prix que cela nous coûte pour remonter jusqu'au premier village indien.

— C'est affaire au Ministre des Finances !

Jean remarqua :

— Dans la circonstance, c'est mon père.

— Il faut tout de même que vous profitiez d'une leçon de choses, dit Laveau, puisque vous êtes mes collaborateurs.

Les pagayeurs déploient une force extraordinaire, les eaux étant tumultueuses.

— Il va falloir descendre ! affirma Jean.

— Ceci n'est pas un saut. Ce n'est qu'un courant, constata Laveau ; mais il en est qui sont aussi des passages dangereux. Nous en aurons soixante-neuf à franchir, à l'aller comme au retour.

— Une jolie navigation ! s'écria Bournac. Ça ne m'étonne pas, qu'avec cela, personne ne vienne ici !

— Personne ne vient ici, en effet, appuya Laveau. Quel dommage ! Le pays, jusque dans ses profondeurs les plus lointaines, appelle cependant l'effort. Le sol et le sous-sol sont dignes du plus âpre labeur. Ils renferment tout... Tout ! vous dis-je.

C'était déjà la pleine forêt, la forêt exubérante, avec toutes ses merveilles, dont la vision hante l'esprit du romancier et celui de son lecteur passionné. Les fleurs jaunes des ébéniers noirs jonchent le sol.

— Ne nous arrêtons pas à des contemplations

prématurées, dit Laveau. Nous sommes encore en pays connu. Plus tard, vous aurez d'autres occasions pour exprimer votre ravissement, votre admiration.

— Tout de même, c'est admirable ! assura Bournac.

Jean paraissait préoccupé.

— A quoi penses-tu ? lui demanda son père.

— Je pense que si les Allemands possédaient un tel territoire...

— Ils sauraient en tirer parti !... Jusqu'à Pomofou, où nous allons, la rive du Maroni, sur une profondeur et une largeur de plus de cinquante kilomètres, pourrait constituer une idéale cotonnière. Nul capitaliste français ne s'en soucie. Il manque une route !

— Parce que les forçats sèment des radis et cultivent des laitues ! fit Bournac.

— Oui, si chaque relégué plantait seulement un pied de cotonnier par jour, nous en aurions ici deux cent soixante-dix mille pieds par mois. Près de trois millions et demi dans l'année. Le cotonnier vient à l'état sauvage ; il est partout dans ces régions, et vous le rencontrerez jusque chez les Peaux-Rouges les plus éloignés, qui s'en servent pour fabriquer des cordages et des hamacs.

Les pagayeurs, manifestant une certaine fatigue :

— Accostez ! commanda Laveau.

Les douze pirogues abordèrent la rive et l'on mit pied à terre.

— Bien ! s'écria Bournac, on va dénicher, pour déjeuner, un lapin-monstre.

C'est ainsi qu'il désignait l'agouti.

La crique Saint-Jean coulait sous les lianes.

— Suivons la rive droite ! dit Laveau.

Le fusil sous le bras, chacun se fraya un passage sous les branches. Il y avait des enchevêtrements qu'il fallait franchir, des rocs escarpés à escalader.

— Allez-y, patron ! fit Bournac. Approche ici, Doreau, tu rumineras plus tard !

Laveau leur confia :

— Mes enfants, vous n'êtes que des barils.

— Merci bien, fit Bournac. Mais, alors, Doreau est un tonneau ?

— Je ne vous insulte pas, reprit Laveau. Sous cette dénomination, les noirs englobent les hommes et les colis. Et je parle comme un noir, voilà tout.

— Dites plutôt que nous sommes des paquets!... Il faut bien plaisanter, n'est-ce pas ?

— Un baril, quel qu'il soit, coûte, pour son transport, de soixante-dix à quatre-vingt-dix francs. Encore ses dimensions doivent-elles être réduites à celles, fort restreintes, exigées par celles des canots.

— Mais, dans ce pays, dit Bournac, ce doit être la monnaie de singe qui a cours !

— Non pas ! répondit Laveau. Le paiement s'effectue en pièces de cinq francs. Les pièces d'or ne sont pas nécessaires, quant aux billets de banque, ils n'ont pas cours, car jadis, de mauvais plaisants ont donné à ces noirs des découpures rectangulaires de journaux pour des billets de la Banque de la Guyane. Depuis ils se méfient.

— Je comprends pourquoi le patron s'est encombré de « ferraille » ! s'écria l'ex-châtelain.

— Une mission comme la nôtre pourrait être considérée comme tout à fait dénuée de ressources, si nous ne possédions que les sommes allouées par le Gouvernement. Notre tentative, dans ces conditions, serait certainement vouée à l'échec. La France ne fait point, pour ses explorateurs, ce que la Hollande, l'Angleterre, l'Allemagne ou le Brésil font pour les leurs... Sans compter qu'il

nous a fallu acquitter nos billets de passage et le
transport de nos objets de Paris à Saint-Laurent ;
les droits de douane ont été onéreux, l'achat des
pirogues également. Cela se chiffre, présentement
par plusieurs dizaines de milliers de francs.

— Heureusement, dit Bournac, que le Café de
la Paix n'existait pas chez Apatou et qu'il n'exis-
tera pas davantage à Pomofou, sans quoi il ne
nous resterait plus rien pour y prendre l'apéritif.

Laveau continua :

— Il y a deux sortes de missions : les pauvres
et les riches ! Les premières partent comme la
nôtre, obscurément ; les secondes s'en vont, comme celle du Duc de Montpensier, abondamment
pourvues de bouteilles de Champagne, à travers
les routes relativement fréquentées d'Afrique,
pour que des films cinématographiques puissent
enregistrer de cynégétiques exploits enthousias-
mant les populations.

— Vous avez tort de ne pas être de sang royal !
plaisanta Bournac.

— Cela ne servirait à rien, répondit le Chef.
Un prince ne peut prétendre à vivre comme nous,
chez les Caraïbes ou les Emerillons, ou les Trios,
que nul ne connaît, mais auxquels nous allons
rendre visite.

Bournac réfléchit un moment :

— Je suppose que ces braves gens ne se conduisent pas comme les Bonis !

— Tu as raison, Bournac. Toutefois, les Indiens ne travaillent pas pour rien non plus. Ce
sont des transporteurs fidèles et sérieux que nous
rétribuerons en menus objets.

— Nous aurions dû prendre avec nous le Bazar
de l'Hôtel-de-Ville.

Bournac s'improvisa chef de file. Des singes, de
cime en cime, fuyaient devant lui ; deux heures

s'écoulèrent sans qu'il tirât un coup de fusil. Il grogna :

— C'est la guigne !

Les coattas, positivement, avaient l'air de le narguer. Mais il prétendait bien exercer sa vengeance. Que l'un d'eux s'attardât un peu trop ou présentât le flanc convenablement, il apprendrait ce qu'il peut en coûter de se trouver devant un Européen qui a l'œil et, s'il le faut, du sang-froid !

Tout à coup, Bournac lança une exclamation :

— Oh ! un cadavre !

Jean doubla le pas autant que cela lui fut possible ; Laveau le suivit et Doreau vint derrière, tirant la jambe. Bournac, arrêté, penché sur le sol, méditait, analysant. Chacun l'ayant rejoint, même les nègres, il retourna du pied des ossements.

— Ce sont des ossements humains.

Oh ! ils ne sont pas nouveaux, mais ils constituent tout de même l'indice qu'un homme est passé là. Ce sont deux tibias en croix, un humérus, un crâne.

— Peut-être, observa Bournac, s'agissait-il d'un manchot.

— Rien n'est moins probable, dit Jean, car je pourrais tout aussi bien affirmer qu'il lui manquait les deux pieds.

Le chasseur trouva l'observation judicieuse.

— Ça ne peut être qu'un Boni assassiné, ou mort d'inanition, conclut-il.

Non ! ce n'était pas un Boni dont la petite troupe avait les restes sous les yeux. Ce crâne n'avait pas appartenu à un nègre.

— Il n'est pas besoin d'être fort en anthropologie pour constater que l'angle facial est beaucoup trop développé, remarqua Laveau.

En homme averti, il conclut : C'est un Européen.

Ce jugement péremptoire étonna les autres.

— Que faisait-il par ici ? demanda Bournac.

La question était embarrassante.

— Peut-être cette dépouille est-elle celle d'un chasseur, d'un balatiste, d'un chercheur d'or... A moins que ce ne soit celle d'un évadé.

— Un blanc ? fit Jean.

— Parfaitement.

Laveau expliqua :

— L'Européen n'a pas les connaissances d'un Peau-Rouge ; il ignore les fruits et les racines qui nourrissent ; le dôme de verdure qui couvre sa tête est trop épais ; obscurcissant le ciel, il voile le soleil. Toute orientation devient impossible au malheureux attiré par quelque mirage, ou poussé par ses hallucinations, et qui, cherchant des points de repère, s'égare, s'affame, s'affole. Il tourne autour d'un même point, comme un ours dans sa cage ; sa cervelle se vide. Le vertige le prend, la fièvre le terrasse ; s'il n'a pas rencontré le serpent qui, par sa morsure, le délivre de la vie, il tombe quand même... et c'est fini !

L'Européen, dans de telles conditions, ne se relève plus. Son corps vivant sert de pâture aux insectes. Des multitudes de fourmis, friandes de chair, accourent ; elles envahissent le moribond, fixent leurs pinces dans son épiderme, s'enfoncent dans ses narines, sous ses orbites, dans sa bouche. Elles lui dévorent les yeux et la langue. En quelques jours l'être entier y passe.

— Celui-ci, demanda Laveau, nous apporterait-il l'attestation d'un tel supplice, s'il pouvait parler ! Peut-être !

Jean frissonna. Bournac resta interdit.

— Mes amis ! fit-il, si ce sort est digne d'un assassin, il ne l'est point d'un explorateur !

— C'est pourquoi, quand vous vous enfoncez sous bois, il faut être très prudent. L'explorateur qui se perd, peut subir le sort du malheureux évadé ne trouvant pas d'issue.

Bournac retourna le crâne une fois de plus, du bout de son soulier et dit, en manière de conclusion :

— C'est égal, je voudrais bien savoir son nom !

Toute chose nous attire si elle cache un mystère. Et qu'y a-t-il de plus poignant que le mystère d'une vie, ou plutôt d'une mort ? N'est-ce pas là qu'il faut chercher le succès des journaux qui nous entretiennent des crimes et font vivre leurs lecteurs parmi les flaques de sang où râlèrent les victimes ?...

— Ce n'est pas un motif suffisant pour que nous nous éternisions, dit Laveau. Marchons !

Ils marchèrent durant plusieurs heures. A la fin, n'en pouvant plus, Bournac s'inquiéta :

— Est-ce que nous n'allons pas bientôt revenir sur nos pas ?... Je suis quelque peu enragé de voir du gibier qui se sauve devant moi sans que je puisse dérouiller mon fusil.

— Avec un peu d'habitude, nous ferons mieux ! dit Laveau.

On rebroussa chemin, bredouilles comme de simples chasseurs parisiens en battue du côté de Rosny-sous-Bois. Le charme était évanoui et chacun pensait, obsédé peut-être par la vision du criminel pâle et décharné, rencontré au village d'Apatou, regagnant les pénates de Saint-Laurent-du-Maroni, et qu'avaient rappelée les ossements blanchis.

Les noirs, eux, s'étaient reposés. On cassa la croûte en attaquant des conserves. Puis on fit la sieste.

Le lendemain, avant le lever du jour, Bournac **cria :**

— Eh bien ! est-ce qu'on va moisir ici ?

— Non pas, répondit Laveau, nous partons pour Grodetville.

— Qu'est-ce que ce port de mer ?

— C'est encore un village nègre. C'est moi qui l'ai baptisé en 1891 ; ceux qui l'ont fondé, sont les Bonis qui habitaient sur le Contesté franco-hollandais de cette époque ; ils sont passés sur l'autre rive du fleuve, sur laquelle ils demeureront probablement toujours.

Et Laveau ajouta :

— C'est la résidence du Grand Man Ochi, le roi des Bonis.

— On verra ce souverain ? demanda Bournac.

Laveau répondit :

— Comment donc !

Les sauts retardaient toujours la marche ; on cheminait sous le plein soleil ; on déchargeait les canots ; les colis étaient portés à bras, ou à dos d'homme, un peu plus loin, puis réembarqués. Et cela dura ainsi douze jours.

— Il y a tout de même un roi, dont j'ignorais l'existence, sur les territoires de la République, constata Bournac. C'est bien le cas de répéter que les voyages forment la jeunesse.

— Le Grand Man Ochi commande à Grodetville et à la région. J'ai compté, là-bas, six cents noirs en 1892, en rencontrerons-nous plus de quatre cents ? J'en doute. C'est la dépopulation, dit Laveau.

— Quatre cents sujets, quelle puissance ! s'exclama le Gascon.

— Ce n'est qu'un petit roitelet, assurément, Ochi. Son autorité est médiocre, en dépit de sa coiffure à trois galons. La France le protège, le rend presque riche puisqu'il touche 1.500 francs par an.

— Ça ne m'étonne pas alors qu'il ne prenne pas sa retraite ; dit Bournac.

— Il la prendra par force, car il s'est lancé, à estomac perdu, dans la consommation du tafia, lui aussi. Ce n'est pas qu'il aime la liqueur forte. Oh ! non, au contraire. S'il en boit, c'est pour toute autre raison : le Grand Man Ochi est très poli ; cela ne veut point dire qu'il soit tout à fait Régence ; il n'en a pas moins un certain degré de courtoisie. Il n'ose pas refuser le verre plein qu'on lui offre. La politesse, dans ce cas, c'est de la faiblesse. Et, comme les politesses et les faiblesses se répètent, il est alcoolique ; d'alcoolique, il est devenu tuberculeux.

Pauvre roi ! dès qu'on lui annonça l'arrivée des blancs, il accourut. Il voulait être aimable avec les nouveaux venus. Les vœux de Bournac devaient être à leur comble. Le Grand Man, au fond, ne se livrait qu'à une manifestation d'intérêt. Son amitié, utile à coup sûr, comme toutes les amitiés, s'entretient grâce aux petits cadeaux.

— Que faut-il lui offrir ? demanda Laveau.

Mais déjà le chef noir avait exprimé son désir. C'était un fusil qu'il voulait.

— Marchons pour le fusil ! dit Laveau.

— J'ai l'idée que c'est une chose sacrifiée, murmura Bournac trouvant la générosité trop grande. Un vieux pantalon lui serait plus utile.

Laveau le rassura :

— Vous verrez que vous avez tort !

Dans son ravissement d'enfant, le roi poussait des exclamations très drôles.

— On croirait une poule qui appelle sa couvée, remarqua Jean.

Malgré sa demi-sénilité, la royale personne trépignait, sautait, tournait sur elle-même.

— On dirait plutôt une antique toupie ! rectifia Bournac.

Le roi s'arrêta, et, très grave, d'un geste lent, montra le haut des arbres ; ensuite il effectua la mimique du singe qui saute ; puis, mettant en joue, il fit « Pan ! pan ! », précipitamment.

— Ça, dit Bournac, c'est un doublé qui manque d'intervalle ; il en faudra beaucoup comme cela pour avoir du gibier !

Le Grand Man rit à gorge déployée. S'il est vrai que le rire soit le consolateur des hommes et leur médecin miraculeux, Ochi n'est déjà plus aussi malade qu'on pourrait le penser.

— La poudre va lui faire oublier le tafia ! dit Bournac.

Le Grand Man donna une infirmation immédiate à cette supposition. Il commanda la liqueur bénie.

Les indigènes, assemblés devant les cases, manifestèrent un délire étrange et prolongé.

Bournac remarqua :

— Ils n'ont cependant pas reçu de fusil, eux!...

— Quand Auguste avait bu, la Pologne était ivre ! expliqua Jean, brièvement.

— Cela s'applique à tous les peuples respectueux de la discipline !

Ochi prit la parole. Il voyait bien que cette explosion de joie ahurissait ses hôtes, il crut nécessaire de leur en expliquer les raisons :

— Voilà ! Si l'on est dans cet état-là, c'est qu'il y a un mort !

— Un mort ? s'écria Bournac, ce n'est pas si drôle que ça !... S'il s'agissait d'une noce, à la bonne heure !

— Qu'est-ce qu'il dit ? interrogea le roi.

Laveau traduisit de son mieux.

— C'est l'habitude ! répondit philosophiquement Ochi.

Bournac, Jean et Doreau voulurent voir ce qui se passait.

— Peut-on circuler ? demandèrent-ils.

— Oui ! dit Laveau. Moi, je reste.

Ils s'éloignèrent.

Les noirs, couverts de grelots, munis de sortes de tambours, menaient grand tapage dans l'apprêt d'exercices chorégraphiques. Les tams-tams rendaient des sons assourdissants. Et Bournac ne put qu'observer :

— Les ours... où sont-ils ?...

C'était pour Jean un divertissement, Doreau, lui, restait, placide et digne.

Tous s'enhardirent jusqu'à rejoindre l'attroupement au seuil d'une case.

— C'est là que demeure le sujet de la fête, bien sûr ! supposa Jean.

Ils s'approchèrent du seuil.

Une odeur infecte emplissait la cabane, prenait à la gorge, provoquait des nausées.

Bournac, suffoquant, demanda, indigné :

— Pourquoi ne l'enterre-t-on pas ? Il y a de quoi donner le choléra !

Le Grand Man et Laveau arrivèrent à leur tour. Le roi expliqua :

— Depuis huit jours, le corps est étendu dans un hamac ; il est en pleine désagrégation. Les narines, les orbites, la bouche, sont enduites de glaise, selon la tradition. Mais les funérailles touchent à leur fin.

Justement des noirs apportaient un cercueil. La mise en bière allait s'effectuer.

Les femmes, à peine couvertes de camisoles, accentuèrent leurs évolutions contorsionnées. La plupart étaient franchement laides. Celles qui atteignaient la trentaine n'avaient que des chairs pendantes et flasques.

— C'est un tableau étrange ! dit Jean.

— On ne pourrait pas voir çà à l'Opéra, hein ? accentua le Gascon.

Laveau, de son mieux, expliqua au Grand Man

ce que de telles pratiques comportaient de dangereux pour la santé de ses sujets. Le roi opina du bonnet, comme un pantin articulé de la foire ; il ne comprenait pas la leçon des blancs. La mode est la mode, là-bas, comme ici ; il est bien difficile de résister à sa tyrannique emprise.

Les musiciens s'assirent sur la terre ; ils tapaient à tour de bras sur l'instrument de bois qui leur servait de tambour, ou bien ils agitaient une petite caisse sonore contenant du gravier. Leurs yeux roulaient, globes blancs dans de la suie ; les grimaces s'ébauchaient, les corps se balançaient et se tordaient.

— Cela durera toute la nuit ! affirma Laveau.

— Je leur souhaite du plaisir ! grogna Bournac, voyant la sueur couler sur la chair molle des nègres.

Le lendemain ce fut l'apothéose macabre ; le village se métamorphosa en scène théâtrale : deux noirs portaient le cercueil sur leur tête ; ils ressemblaient à des amphores, car leurs bras se rattachaient à la caisse, en demi-cercle. Ils marchaient, se balançaient à droite, puis à gauche ; le sarcophage paraissait adresser ur ultime salut.

— Pourvu qu'ils ne le fassent pas tomber ! dit Bournac. Ce serait du propre !

— Ils ont l'habitude ! fit Laveau. Le sol, déjà trop gras, sans accident, tout à l'heure, couvrira cette déliquescence.

Vers les cinq heures, le Grand Man appela ses hôtes :

— Venez !

Il les conduisit sur un tertre, au cimetière. Sur la terre fraîchement remuée, une sorte de boucan se dressait. La famille du défunt apporta des œufs.

— Ils sont vides ! dit le roi.

On exposa à tous les regards quelques bouteilles de tafia.

— Elles sont pleines ! indiqua le roi. C'est pour le cas où le mort se réveillerait.

— Il n'attraperait pas une indigestion, puisqu'il n'aurait de quoi confectionner une omelette ! remarqua Bournac.

— Oh ! le mort, voyez-vous, dit Ochi, ce n'est qu'un prétexte. Il y a des malins qui passeront et qui boiront.

Laveau expliqua :

— La crédulité de la masse sera satisfaite. En faut-il davantage ?... On renouvellera les provisions, épuisées à mesure. Et la famille sera heureuse en pensant que le mort, content, dort repu.

— Et ça durera ainsi éternellement ? demanda Bournac.

— Non ! comme tout passe, et que tout lasse, même chez les nègres bonis, les accès de générosité s'éteindront, et le mort fera son entrée dans l'oubli.

— Je parie que Doreau viendra prendre plus d'un verre ! affirma Bournac.

Doreau, toujours silencieux, redressa sa grosse tête de sénateur à longue barbe, mais chauve.

— Répète donc un peu ! cria-t-il.

Et, menaçant, il s'avança vers son camarade, qui lui dit :

— Ah ! ça te vexe ? J'en suis fâché. Mais je ne te crains pas... Tu sais mieux que moi ton amour pour le tafia ! Tu es pire qu'un nègre !

Doreau leva les bras.

— Qu'est-ce qu'il va faire ? demanda le roi, peu rassuré.

— Rien, répondit Laveau, il jure à l'autre de boire à son enterrement !

Puis il appela Bournac :

— Laisse Doreau ! lui dit-il. A quoi bon échanger des paroles désagréables ? C'est quand on est très loin qu'il faut vivre comme des frères !

— Jamais ! s'écria Bournac.

— Doreau ! commanda le Chef, ne donnez pas aux nègres une mauvaise idée des blancs ! Serrez la main de Bournac ! embrassez-vous ! et que ce soit fini.

— Volontiers, répondit le gros homme.

Et Bournac serra la main que l'autre lui tendait.

Ils regagnèrent silencieusement leur carbet, au milieu des plantations de pafrayers, de manguiers et d'orangers.

## III

## LE CONSEIL DU ROI NEGRE

— Il y a quatorze jours que nous sommes ici, dit Laveau. Il faut partir bientôt.

— Nous oublierons aisément les danses et le tafia ! fit Jean.

Laveau manifesta un avis contraire :

— Dans les jours pénibles, vous vous souviendrez que, chez le Grand Man, vous avez été heureux... car ils viendront ! et vous n'évoquerez pas sans une vague sympathie les cases où vous fûtes abrités.

Le Grand Man manifesta une certaine inquiétude. Il s'attendait à une demande que Laveau ne lui formula pas.

— Où irez-vous plus tard ? demanda-t-il.

— Au village de Counicaname, répondit Laveau.

Le Grand Man réfléchit un moment, puis il interrogea :

— Vous irez seuls ?

— Si vous voulez nous y conduire, répondit Laveau, nous n'irons pas seuls.

Le Roi nègre, comme s'il n'eût rien entendu, s'éloigna. Peu d'instants après, il réunissait son Conseil extraordinaire.

Les Bonis n'aiment pas accompagner les blancs chez les Peaux-Rouges. Les nègres ne vivent point en mauvaise intelligence avec leurs voisins ; ils craignent simplement que les voyageurs n'y portent leurs approvisionnements en marchandises.

— Ils se tiennent, dit Laveau, ce raisonnement, assez judicieux dans la forme et dans le fond :

« Nous achetons aux Indiens des chiens et des hamacs, moyennant échange de denrées dont les
blancs font usage. Si les blancs ne nous laissent
pas ces denrées, nous n'aurons ni chiens ni hamacs. » Ce n'est qu'une manifestation de l'esprit
mercantile, base fondamentale de tout rapport entre les hommes, embryon des appétits auxquels on
doit Mercure.

— Il est finaud, le vieux ! dit Bournac. Mais des
blancs, ils peuvent toujours attendre pour en voir
d'autres !

— Pas du tout, répondit Laveau. Les noirs descendent du côté de Saint-Laurent-du-Maroni, pour
leurs trafics. Ils rencontrent, un peu au hasard,
des gens qui se livrent à des travaux de prospection.

— Des Français ? demanda Jean.

— Non pas ! des Hollandais principalement,
mais qui ne travaillent pas pour nous. Le Gouvernement de Cayenne accorde des concessions à
certains ; il y a, par-ci, par-là, de petits centres
d'exploitation pour le balata, et surtout pour l'or.
La plupart de ceux qui viennent sur notre territoire, écoulent leurs produits à Albina, ville néerlandaise, en face de Saint-Laurent.

Jean voulut savoir pourquoi. Bournac le devina.

— Tiens ! fit-il, à cause de la douane !

— On pratique, en Guyane, la contrebande sur
une vaste échelle, dit Laveau.

— Eh bien ! moi, si j'étais le gouvernement,
s'écria Bournac, je leur en donnerais, des concessions !

— Vous êtes dans l'erreur, expliqua Laveau ;
cela ne prouve pas qu'il faille restreindre l'octroi
des concessions. Toutes les denrées n'échappent
pas aux droits. Et puis, la concession, n'est-elle
pas comme une promesse de mise en valeur du
sol ?... En l'absence des voies de pénétration, nous

ne pouvons rien souhaiter de plus. Nous ne pourrons nous montrer difficiles que le jour où nous aurons les routes qui, seules, multiplient les richesses d'un pays.

— La Guyane d'aujourd'hui, dit Jean, n'est pas encore la Gaule au temps lointain des Druides !

— Elle n'a même pas de sentiers, dit Laveau. Elle possède des trésors enfouis, inutilisables, comme un homme dont les ancêtres auraient caché des lingots, à vingt pieds sous le sol, sur d'inaccessibles sommets, et qui n'aurait que ses dix doigts pour se livrer à leur recherche. Une vie entière ne suffirait pas à la tâche. Il y aurait de quoi mourir à la peine, sans jamais être à la réussite.

— Une route longeant le Maroni est indispensable, déclare Bournac.

— On dit qu'il n'y a pas de main-d'œuvre !

Jean haussa les épaules, et Bournac poussa un grand éclat de rire.

— Elle est bien bonne ! s'écria-t-il. Et les bagnards ?... Et puis ces nègres, forts comme des Turcs ?...

— Evidemment, cette route, passant au pied des habitations longeant le fleuve, permettrait l'exploitation forestière intérieure ; les convois la suivraient, dédaignant la voie d'eau, ses chutes, ses transbordements onéreux. L'énorme force perdue des sauts permettrait le sciage sur place, par la production, aussi économique qu'abondante de la force motrice et de l'éclairage.

Laveau poursuivit :

— Car, il n'y a pas que le balata et l'or qui nous appellent. Il y a aussi l'exploitation du bois de rose, si commun partout, des bois de teinture, du café, du cacao, du coton, du moucou-moucou, qui foisonne, et dont les Anglais ont utilisé les fibres pour fabriquer d'excellent papier ; et de vingt autres produits végétaux dont je vous ai déjà entretenus. Les dos d'hommes et les pirogues sont trop préhistoriques pour qu'ils suffisent, au xxe siècle, même chez les Bonis !... Et comme, à Saint-Laurent-du-Maroni, les buffles se reproduisent admirablement, qu'il y en a quelques centaines, on élèverait rapidement leur nombre à des milliers ; on les attellerait à de grands chariots, ils vivraient, heureux, parmi les grandes herbes qui leur conviennent toutes. Plus tard, la route étant assez large, on songerait, assurément, à y établir un petit Decauville... Les vieux Guyanais s'en réjouiraient ; ils songent, par avance, aux bienfaits qu'attirerait, sur leurs régions, l'arrivée d'Annamites, voire même de Chinois, à qui le riz, plat favori, base de l'alimentation, ne ferait point défaut; ils apporteraient l'exemple du courage au travail de l'amour familial, des vertus tempérantes, exemple toujours utile, là même où l'on ne croit pas en avoir besoin.

Cette population, bien que sobre, commencerait, peu à peu son labeur, sa vie se mettrait au diapason de la nôtre ; le commerce des produits naturels du sol et des objets manufacturés se développerait, au grand bénéfice de la métropole. J'entrevois l'afflux des filets pour hamacs, des toiles en percale, des camisas ; des bimbeloteries, des armes, de mille autres marchandises, dont la vente enrichirait notre industrie nationale qui, présentement, ne s'aperçoit pas qu'un domaine immense, dont la France n'est pas l'équivalente, nous appartient dans l'Amérique du Sud.

— Faudra dire cela au Ministre ! c'est lui que ça regarde ! affirma Bournac.

— Le Ministre, répondit Laveau, n'a pas plus de pouvoir que le Grand Man. Moins, peut-être.

Bournac, peu initié aux questions économiques, remarqua :

— A propos, le Grand Man, je crois bien qu'il ne pense plus à nous !

— Il n'éprouve sans doute qu'une disposition médiocre à nous donner des hommes. Mais il daignera se souvenir du fusil que je lui ai offert. La reconnaissance n'est pas un mythe chez ces peuplades déracinées, encore pleines de quelques-unes des vertus qui existaient à l'âge d'or.

— Evidemment, appuya Jean, il ne peut être qu'empressé et dévoué !

— Le Conseil du Grand Man n'habite pas l'agglomération, remarqua Laveau. Il se compose des Capitaines des villages voisins. Quelques jours sont donc nécessaires. L'Assemblée prendra des décisions. En ce qui nous concerne, dira-t-elle : « Non ? » Rien n'est moins probable. Au cas où il en serait ainsi, le Grand Man lui obéirait-il ?... Pour nous satisfaire, il devrait accomplir une espèce de coup d'Etat.

Bournac ne peut se défendre d'une vague inquiétude.

— Vous ne voyez pas, dit-il, qu'on ne puisse aller plus loin !

Laveau le rassura :

— Le Grand Man peut parfaitement agir à sa guise ; le Conseil est une chose désuète et inopérante ; s'il est convoqué, c'est par respect de la tradition autant que par courtoisie !

— C'est cocasse qu'il faille tant de simagrées pour les choses les plus simples, même chez les Bougnats, sans charbon, parce qu'ils ne sont pas d'Auvergne.

Bournac avait tort de s'inquiéter. Les difficultés, vingt-quatre heures plus tard, furent aplanies. L'unanimité la plus touchante exista en faveur de l'équipe voyageuse.

— Ils ont donc le télégraphe, là dedans ? demanda Bournac. Le diable m'emporte, cela va plus vite qu'en France !

— A quoi bon des commentaires ? dit Laveau. Je ne sais qu'une chose : l'effort corporel de canotiers vigoureux est indispensable, et nous venons de l'obtenir. Quant au reste, il n'a pas d'importance. C'est le seul point à retenir, attendu que nous n'avons guère à attendre d'autres services de ces gens-là. On se mettra donc en route, sans retard, pour le premier village indien.

Quatre jours plus tard le poste de douane de l'Inini fut franchi. Une quantité de chercheurs d'or, de maraudeurs, comme on les appelle, — d'aventuriers, serait plus exact — peuplent les bords de la crique, c'est-à-dire de la rivière.

L'or !... Il y a de l'or !... Pour sa conquête, on défie la fièvre, qui, comme le disait Coudreau, « rapetisse le cœur ».

— Ces endroits, enseigna le Chef, jouissent d'une merveilleuse réputation de richesse. En l'espace de trois ans, plus de cent millions en sont sortis. C'est la caverne d'Ali-Baba ; il ne manque qu'Aladin et sa lampe merveilleuse, pour projeter les lueurs sur les trésors enfouis ; l'âme de ceux qui les cherchent, est plus ou moins détériorée par une activité immorale, maladive et continuelle. Ils donnent à la vallée toute son animation ; plus de deux cents individus composent ce peuple bigarré, qui n'évoque rien de ce que nous pouvons connaître en Europe.

Le fait est que, Anglais, Hollandais, Guadeloupéens, Martiniquais, gens de Sainte-Lucie, de la Barbade, et d'autres encore, sortis on ne sait d'où, du Levant ou du Couchant, s'agitent, grouillent, discutent, s'enivrent dans les cases où s'écoulent les entr'actes de la vie, qu'ils brûlent.

Le tafia coule à flots, semant l'ivresse, provoquant les saoûleries, préparant, au milieu des ébats florissants, des délirium tremens.

Les drames de l'alcool sont le couronnement d'existences anormales, où les jours de vie familiale passent à l'état de légende ou de rêves irréalisables. Et bien peu retournent, la sacoche garnie, aux lieux qui les ont vus naître.

Jean demanda :

— Rencontrerons-nous des compatriotes ?

— De Français, peu ou point. Qu'iraient-ils faire en cette galère ?... Tempérer l'action de ces étrangers, de ces maraudeurs, qui couvrent notre existence ?... Ce serait un but louable et peut-être nécessaire, mais ce n'est pas à ce genre de labeur que se complaisent les nôtres ; les chemineaux les plus résolus feraient piètre figure. Qu'on imagine le dépaysement de ceux qui prétendent avoir reçu de l'éducation !

Le Chef a raison ; pourquoi ces ouvriers de l'or, ces prospecteurs, ressentiraient-ils pour nous, pour notre pays, des affections particulières ? A vrai dire, rien ne leur en donne le motif. Ils sont sur notre territoire ? La belle affaire ! Ils pillent nos biens ? ils ne le savent même pas ! Tous les pardons leur sont donc acquis. Saint-Laurent-du-Maroni est à deux pas pour y écouler les trouvailles ? Ils n'en pensent point si long !... Il est une chose qu'ils n'oublient pas, une seule : Albina.

— Albina, demanda Bournac, qu'est-ce que cela?

— C'est la maison d'en face, la maison concurrente, la maison hollandaise. Elle paie plus cher, elle emporte, logiquement, la clientèle. Les chercheurs s'y pressent, et l'or, notre bel or, qui emprisonne les rayons du soleil et les germes de notre puissance ; l'or, produit de notre sol, nous échappe par lingots pesants, par flacons remplis, par colis nombreux !

Les compagnons trouvaient la leçon intéressante. Leur maître continua :

— Lorsque ces marchands ont cédé ce métal précieux, ils achètent les tas de marchandises dont ils ont besoin pour leur usage personnel et font des échanges avec les Indiens. Albina ouvre ses écluses : le flot des denrées s'écoule. C'est autant de perdu pour le commerce de notre Colonie et, par répercussion, pour celui de la France et pour son industrie. Les parasites s'incrustent aisément dans notre chair pour s'engraisser de notre substance ! Il en est à peu près ainsi vers Cormontibo également ; les chercheurs d'or se mêlent aux balatistes des environs de l'ancien placer Firmin Gaillot, très productif autrefois, mais qui n'a plus d'autre animation que celle résultant du séjour d'aventuriers tumultueux. Puis à trois heures de canotage, c'est l'or de l'Aoua. Il est célèbre. Millions sur millions furent extraits de la région. Les territoires exploités faisaient et font peut-être partie encore du Contesté. Ils seraient, pour la France, une excellente affaire — une affaire juste et nécessaire. Le placer de la Compagnie Hollandaise y est établi. La compagnie n'est hollandaise que de nom ; les capitaux de la Société sont français. Ils forment un total d'un million. Le siège est à Paris, rue de Trévise.

— Je voudrais bien visiter une installation sérieuse ! dit Jean.

Laveau répondit :

— L'Administrateur, M. Despeaux, est un excellent compatriote, un homme sagace et courageux ; il réside là-bas depuis vingt ans. Nous lui souhaiterons le bonjour en passant.

Les compagnons manifestèrent leur joie.

— Vous verrez l'homme qui aime le plus la Guyane. Il lui a donné la portion la plus active de sa vie ; il l'aime parce qu'il la connaît et que, malgré tout, elle n'a levé pour lui qu'un coin de voile cachant ses mystères et ses beautés.

Laveau s'interrompit un instant, puis il continua :

— Je l'aime pour les mêmes raisons... Est-ce que je pourrai jamais révéler ce qui se cache à l'Ouest, derrière ces Tumuc-Humac où Crevaux lui-même ne laissa pas plus de traces que n'en laisse une étoile filante traversant les ombres de la nuit.

— Il me semble, patron, que votre âme est poétique, aujourd'hui ! risqua Bournac.

— Comment ne pourrait-elle pas l'être ? s'écria Laveau... Avez-vous jamais vu, même en photographie, même en peinture, une végétation plus puissante et plus colorée ?... Quelles images donneraient une idée de la variété de tout ce que vous avez sous les yeux ? Quels fruits sont plus beaux ? Quelles fleurs plus éclatantes ? Vous ne savez pas si le vent existe ; le soleil ne vous aveugle jamais ; les insectes bruissent ; les animaux s'agitent ; tous les parfums s'exhalent, que ni Gellé, ni Pivert, n'ont jamais imités ! Trouvez donc le paysagiste qui brosserait le tableau des criques pleines d'une eau sombre où, comme des cadavres de géants, s'étalent les fûts d'arbres centenaires dans le cœur desquels vivent encore, dans la guirlande immense, les lianes, les orchidées blanches que Rothschild n'a pas !...

— C'est vrai, appuya Bournac. Si le faubourg Saint-Antoine englobait tout Paris, il y aurait assez de ressources ici pour que tout le monde soit marchand de bois et millionnaire !

— Il y a plus de cinquante variétés d'essences dans la forêt, continua Laveau. Elles sont toutes plus admirables les unes que les autres.

— Je ne connais pas leurs noms, dit Bournac. Mais, qu'est-ce que ce grand tronc tout droit et lisse comme une peau fine, et qu'on trouve partout ?

— C'est le balata, l'arbre industriel par excellence. Avec sa gomme, on confectionne des semelles de chaussures, des courroies de machines, des câbles sous-marins. Je vous en ai déjà parlé. Il deviendra l'espoir de l'industrie.

— C'est prodigieux ce qu'on en rencontre ! observa Jean.

— Et c'est ainsi partout ! Toute la forêt en est pleine. Nous n'en faisons rien !

— Et ces palmiers noirs ? demanda Jean.

— Celui-ci est le comou ; l'autre, la patawa ; le premier donne le bois satiné-rubané, violet-rouge ; l'autre, le lettre-moucheté, violet et noir. Ils sont durs comme du fer. L'ornementation les utilise. Voyez-vous ces feuilles lisses, dans le sous-bois ? C'est le maripa. Voilà le palissandre, puis le bois-serpent, qui a des veines comme la peau des reptiles. Ce colosse, c'est le panacoco, dont le cœur est noir comme de l'encre.

— Ca conviendrait pour fabriquer des cercueils de nègres ! fit Bournac.

— Tu plaisantes toujours ! dit Laveau.

— Parlez tout de même, patron, je vous entends.

Laveau se lança dans une énumération complète, où se mêlaient les noms de courbaril, d'ébène vert, d'acajou, de moutouchi, de bagot, etc...

— Pour le coup, dit Bournac, je ne retiendrai jamais tous ces noms-là !

— Ce sont, termina Laveau, les bois de lettres, le balata excepté !

Ce fut le tour de Bournac de trouver un peu d'éloquence :

— Vous devriez être Gouverneur ! fit-il. Au lieu de cela, je vois que vous êtes, comme moi, un pionnier. Seulement, vous savez prêcher, parce que vous connaissez votre sujet. Mais voilà, vous prêchez dans le désert. La seule chose qui m'étonne, c'est que vous puissiez le faire depuis si longtemps ; car il y a de quoi décourager les meilleurs dans cette négation du labeur, du mérite, du savoir, par les « officiels » qui n'ont jamais rien vu, ni rien su, et qui vivent, indifférents, à ce que vous leur révélez, comme des poissons à côté d'une pomme !

— N'importe ! dit Laveau énergiquement, on finira tout de même par savoir... Il suffit pour cela que les initiés ne se lassent jamais !

Et, tourné vers le sud-ouest, qu'il désignait du doigt, il ajouta :

— Nous nous sommes mis en route pour gravir les marches suprêmes de l'amphithéâtre que forme la France vierge, et nous les gravirons !... Nous parcourrons les couloirs qui sont derrière, afin de connaître les surprises qu'ils réservent ; un voile, jusqu'à ce jour, a marqué l'horizon, nous le lèverons pour qu'il n'empêche plus nos rêves de s'étendre et nos initiatives de se développer !

Et, se reportant vers le passé lointain, toujours attendrissant, l'explorateur, loin de se laisser envahir par les mollesses du souvenir, sentit sa volonté s'y tremper ;

— Le seuil des Tumuc-Humac est enveloppé d'ombres impénétrables et de mystères troublants; j'ai séjourné, durant deux années, avec ce pauvre Henri Coudreau, qui fut obligé de se faire Brésilien, afin de pouvoir vivre ; ce seuil, je vais le franchir enfin ; je m'enfoncerai dans les profondeurs... et je saurai ! Peut-être ne passerai-je, aux yeux de mes contemporains, que pour un esprit ridiculement aventureux. Cela m'est indifférent ! Il faut savoir.

— Ah ! patron, s'écria Bournac, c'est ainsi que

j'aime à vous voir !... Ce feu sacré, capédédiou !
ça vous donne un jarret de fer !

S'adressant à Doreau :

— Tu ne vois pas, si nous nous étions battus,
que nous nous serions conduits comme des brutes?

Doreau, qui ruminait, arrêta un moment ses
mâchoires, roula ses gros yeux aux sclérotiques
jaunes, dans la direction de son compagnon, ne
répondit mot, puis il se reprit à manger.

— Tudieu ! quel appétit ! murmura le Gascon
Avec tant de lest, il finira par s'alourdir.

Doreau n'entendit pas, sans quoi le serment de
vivre en frères se fût encore évanoui.

Laveau, perdu dans la profondeur de sa pensée,
ne saisit point cette petite scène ; l'idéal qu'il se
forgeait l'entraînait fort loin des mesquines con-
sidérations.

— Il faut savoir ! répéta-t-il à ses compagnons,
car l'avenir de la Guyane n'est pas sur la côte où
végète, s'alanguit, notre civilisation ; il faut dé-
bloquer les bords de la mer et faire que l'enfant
jugé rachitique et malheureux, ne s'étiole plus,
faute d'amour ; il ne faut plus qu'il reste exsangue, de par la négligence de ses tuteurs ! Il faut
qu'il prenne, enfin, toute sa croissance ; qu'il de-
vienne l'être vigoureux et sain auquel l'avenir
appartient, non seulement dans la prospérité, mais
dans la richesse et la splendeur !

Jamais Bournac n'avait si bien compris Laveau.
Il le définit justement ainsi : un homme d'apparence timide et froide, mais capable de la plus
grande passion, soutenu par une volonté inébran-
lable.

Comme on arrivait au placer de la Compagnie
Hollandaise de l'or, on accosta. Bientôt les amis
y pénétrèrent.

Le Directeur, M. Pimpin, s'avança, la main tendue, heureux de recevoir des Français, ses compatriotes.

M. Despeaux, prévenu de la visite, accourut ; les les cordialités les plus vives se manifestèrent, de part et d'autre.

— Vous êtes mes hôtes pour un moment ! dit-il.

Bournac et Jean avaient hâte de visiter l'exploitation.

— C'est le modèle du genre, affirma Laveau.

Ils constatèrent, en effet, que l'ordre et la méthode régnaient partout. Patrons et ouvriers, par leur intelligence et la discipline, assuraient à leur affaire une enviable prospérité.

Trois cents hommes sont occupés là : nègres hollandais ou nègres anglais, recrutés à Cayenne, dans une agence d'embauchage. Les travailleurs, ordinairement, se livrent à leur labeur avec un salaire fixe.

Le travail à la part s'exécute entre maraudeurs. Les travailleurs ont droit à la moitié de la production journalière, on défalque le prix des vivres sur ce qui leur revient ; l'autre moitié est acquise à l'exploitation.

— Je paie à la journée et je nourris mes hommes, dit M. Despeaux.

Et il exposa ainsi l'économie de l'exploitation :

— Le gibier et le poisson font presque la totalité des frais de table. Toutefois, si le personnel consomme des denrées d'importation : morue salée, couac, riz, thé, lait concentré, biscuits, etc., il en rembourse le prix.

« Ce n'est qu'à force de confort et de bien-être, que nous avons pu assurer la régularité de l'effort. Autrefois, s'il arrivait vingt ouvriers, trois jours après, il n'en restait pas une demi-douzaine. Excités par la découverte des pépites, ils concevaient immédiatement le projet de travailler à leur compte. Ils se répandaient dans l'Aoua, prospectaient, effectuaient des trouvailles, ou vivaient de misère, laissant entre les mains du marchand de tafia, la grosse partie de leurs bénéfices. Beaucoup de ceux qui sont passés ici ont fait la navette entre Cottica et Cormontibo. Ils n'en sont pas plus heureux, et, comme vous l'avez vu, leurs sueurs et leurs découvertes n'ont guère eu d'influence moralisatrice. »

M. Despeaux continua :

— Il convient d'ajouter que bien peu d'individus ont constitué, là comme ailleurs, des fortunes réelles en travaillant à leur compte. Toutefois, l'on ne peut nier que, dans le Contesté Franco-Hollandais, lui-même, certains n'aient trouvé une aisance plus ou moins relative. En quelques mois d'efforts, beaucoup sont revenus avec des quantités d'or qui variaient de vingt à cinquante kilogrammes. Leur effort prospecteur s'exerçait à la façon de celui des sangliers dans un champ de pommes de terre. Certaines criques n'étaient pas exploitées, d'autres étaient déflorées, fouillées superficiellement, avec des instruments primitifs. Et l'on peut en conclure que la fortune demeure là où la nature l'avait enfouie.

— Rien, dit Laveau, ne démontre mieux l'utilité de l'accord entre le capital et le travail que les résultats connus. Le plus merveilleux tour de force de MM. Despeaux et Pimpin réside donc en ceci : ils ont su braver la mode qui, pour conserver l'ouvrier, l'associait au patron ; ils en ont fait un salarié content de son sort, parce que ses lendemains sont assurés et qu'il trouve, au sein même du placer, l'existence facile, la nourriture abondante et variée, avec au surplus, quelques plaisirs gustatifs économiques, et impossibles à trouver dans d'autres conditions.

— Je vais vous montrer nos plantations, dit M. Despeaux. Suivez-moi.

Aux alentours de l'exploitation, les amis traversèrent des champs de manioc, de cacaoyers, de caféiers, en plein rapport, et d'une végétation magnifique.

Laveau émit une réflexion :

— Cela prouve, fit-il, que, si nous le voulions, nous n'aurions pas besoin d'acheter au dehors, du cacao et du café.

— Nous en tirons abondamment, ajouta M. Despeaux, des denrées fort utiles, pour nous ; je dirai mieux : fort précieuses. Nous n'avons pas besoin, en effet, de nous soucier d'un approvisionnement difficile, en produits du Brésil ou de l'Europe, car nous avons tout sous la main. Voici le potager.

— Il est immense, remarqua Bournac.

— Oui, mais il ne l'est pas trop.

— C'est épatant de voir des choux comme aux environs de Paris ! s'écria le Gascon... On se croirait, le diable m'emporte, à Arpajon !

Les choux, cabus ou de Milan, arrondissaient leurs têtes vertes, phénoménales.

— Ne dirait-on pas, demanda M. Despeaux, les hydrocéphales de la famille des crucifères ?

— En effet, approuva Jean, très admiratif.

Les carottes dissimulaient profondément leurs racines dans le sol meuble.

— Je vous prie de croire qu'elles s'harmonisent avec les choux, affima le Directeur, les radis, les salades, sont également plantureux.

— Sapristi ! dit Bournac à Doreau, si les radis poussent comme des calebasses, on ne peut en manger une botte à déjeuner !

— Le système que nous appliquons, conclut M. Despeaux, engendre l'amour du chantier. La nourriture à l'Européenne est un pas décisif vers l'accord entre tous. Le proverbe à raison : les chevaux ne se battent pas lorsqu'il y a du foin au râtelier.

Il entraîna les amis vers d'autres espaces.

— Voici les orangers ; à droite, sont les citronniers ; plus loin, les bananiers.

— C'est comme un bois ! remarqua Bournac.

— Il y a des milliers de pieds, précisa M. Despeaux. Les beaux fruits feront la joie de la table, au quart d'heure bienvenu du dessert. Les arbres sont merveilleux ; nulle part, ni sur la côte d'Azur, ni en Corse, ni en Algérie, vous n'en verrez qui les surpassent en beauté, en fécondité. Regardez cette floraison !

— Je n'ajouterai rien, dit Laveau, car il n'y a personne qui ne puisse tirer, de cette leçon de choses, la conclusion qu'elle comporte.

— Vous connaissez l'histoire d'Ali-Baba ? interrogea M. Despeaux.

— Il avait le mot magique qui ouvrait la porte de l'antre des richesses ! répondit Laveau.

— Parfaitement ! La France devrait l'avoir aussi !

— Elle l'a, dit le Chef. Mais elle ne le prononce pas.

— C'est vrai... Croirait-on que, ce qui tue notre Colonie, c'est l'or qui est partout... Oui, partout !

Jean s'approcha.

— Je ne comprends pas comment l'or peut détruire la prospérité d'un pays.

M. Despeaux voulut bien donner quelques explications.

— C'est simple, et j'abrège ! fit-il. La fièvre du métal précieux, à un moment, s'est emparée de la population entière. Toutes les forces vives du pays se sont portées vers les placers ; les derniers chantiers agricoles se sont vidés à leur profit ; pour eux, l'agriculture expira, tandis que naissait, venant des Antilles et même du Brésil, un courant d'émigration spontanée, qui n'a cessé de croître. Il en résulte une progression presque géométrique de la consommation, tandis que la production diminue dans une proportion inverse. Le renchérissement de la vie matérielle est un des fléaux de la Guyane.

— Pour tirer des conclusions contraires, dit Laveau, il n'y a qu'à observer ce qui se passe chez nous. Les conditions de la vie y sont tellement différentes de ce qu'elles sont dans les autres placers! Partout les mercantis gagnent bien davantage à récolter l'or qui tombe de la sacoche des chercheurs, plutôt qu'à se livrer eux-mêmes à des prospections plus ou moins efficaces. Qui, dans ces conditions, ressent la nécessité de planter ? Je me rappelle ce qui était aux placers de l'Aoua, lors de mon premier passage. Pour obtenir un litre de vin, l'ouvrier à la part devait donner, en échange, 15 grammes d'or, soit plus de quarante francs ; la boîte de lait condensé, qui vaut moins d'un franc sur la côte, atteignit le même prix fabuleux ; le lapin, cette viande d'un usage si démocratique en France, revenait à plus de cent francs ; une dinde dépassait cent vingt francs. Afin de réaliser des économies, il fallait se rabattre sur d'autres denrées : le sucre, par exemple, qu'on ne cédait guère à moins de trente francs le kilogramme ; le tafia, dont un louis payait le litre; l'huile de foie de morue, acquise aux mêmes conditions ; la morue, à neuf francs la livre ; le riz, à trois francs les deux cent cinquante grammes.

— On ne doit pas économiser beaucoup dans ce métier ! remarqua Bournac.

— Evidemment, dit Laveau. Comme la production de l'or est excessivement variable, il s'ensuivait qu'à certains jours, le chercheur malheureux était contraint, comme on le dit, à se mettre la ceinture. Un petit chantier peut donner en moyenne de deux cents à trois cents grammes par jour, au minimum ; l'importance de la production dépend surtout du lieu où se trouve située l'exploitation. Les terrains montagneux sont toujours plus riches que les vallées basses ; les terrains pochés donnent des résultats hors de toute prévision. C'est ainsi que Vitalo, dans le Sinnamary, mis à jour une pépite de 1.800 grammes ; que Firmin Gaillot, ancien vice-président du Conseil général de Cayenne, dans son placer de Cormontibo, en trouva une de 1.175 grammes, presque à effleurement du sol ; que, dans l'Inini, sept mineurs dominicains déterrèrent un bloc d'environ 7 kilogrammes ; que, selon les lieux, les pépites de cent à cinq cents grammes ne méritent pas d'être mentionnées.

— Combien vous produit mensuellement, en or, votre exploitation ? demanda Jean à M. Despeaux.

— Trente kilogrammes, répondit celui-ci.

Mais Laveau n'avait pas fini sa démonstration, il tenait à la continuer :

— Ce que je vous disais tout à l'heure, dit-il, montre bien l'impossibilité que trouve à vivre, la plupart du temps, l'ouvrier qui travaille à la part ; et l'on s'explique pourquoi la population de placers fut, en maintes circonstances, une population de rapine et de découragement qui, lorsque l'heure de la descente s'imposait, abandonnait sur le terrain les outils de labeur qu'ils avaient remontés à grands frais et à grand'peine !... Il appartenait à M. Despeaux de prouver que l'agriculture et l'exploitation d'un placer doivent être menées de pair. Son exemple devrait être propagé, encouragé, en territoire français, et notre compatriote, à juste titre, pourrait alors passer, non seulement pour un novateur, ce qui est bien, mais pour un rénovateur, ce qui, dans la circonstance, est mieux encore.

Il ajouta :

— Si je n'avais crainte de froisser la modestie de ces Messieurs, je vous dirais les efforts qu'ils ont tentés sous un autre rapport.

— Allez-y, patron ! demanda Bournac.

M. Despeaux fixa son attention ; M. Pimpin se rapprocha du groupe.

— Ils ont planté, dit Laveau, plus de soixante mille pieds d'Heveas Brésiliantis.

— Qu'est-ce que cela signifie ? interrogea Bournac.

— L'Hevéa Brésiliantis n'est autre que l'arbre à caoutchouc du Para, dont on connaît la valeur et l'utilité par nos temps de mécanique automobile ; ils ont effectué toute la plantation, en confiant à la terre de pauvres graines importées du Brésil. Les petites graines exilées ont germé, les germes ont grandi, à force de s'abreuver des sucs du sol, de la lumière du soleil, ils sont devenus des arbres magnifiques, tous bons à saigner, à gemmer. Leur exploitation, présentement, composerait une fortune.

— Les autres n'en peuvent-ils faire autant ? interrogea Bournac.

— L'exemple devrait être suivi, évidemment, affirma Laveau.

Un silence se fit. L'explorateur le rompit le premier. Il s'écria :

— La route ! Ah ! qui, parmi les pouvoirs publics, aura jamais l'initiative de construire la route rêvée, qui ne devrait point être du domaine de la chimère !... Nous pourrions alors inonder — qu'on me pardonne l'expression — notre port de Marseille, ou celui de Saint-Nazaire, ou celui du Havre, d'une infinité de graines oléagineuses ; elles donneraient les huiles en abondance ; ces

graines se perdent par milliers et par milliers de
tonnes !... Et le palmier, qui constitue la fortune
de certaines colonies anglaises, ne pourrait-il pas
faire celle de la Guyane ?... La nature, au sein
de toute notre colonie, se charge de répondre par
l'affirmative.

M. Despeaux eut un geste de découragement.

— On pourrait exhaler, comme cela, des regrets jusqu'à demain. Cela ne servirait à rien !...
Allons déjeuner !

Doreau marcha devant, d'un pas allègre.

## IV

## UN MENAGE UNIQUE : ROUGE ET NOIR

On a repris sa place dans les canots ; les nègres bonis pagayent plus fort que jamais. Voici les monts Atachi-Bacca, surmontés d'un plateau de sept kilomètres de profondeur, couronné majestueusement par la grande forêt vierge.

— Nous sommes toujours dans la région de l'Aoua, dit Laveau. Leblond, médecin-botaniste de Louis XVI, y rechercha le quinquina.

On dépassa la crique Araoua et son affluent, la crique Ouaki.

— Ici, dit le patron, les balatistes circulent encore à l'entour des placers.

Les pirogues fendaient le courant ; les heures s'écoulaient... les jours aussi !

— Nous approchons du fameux saut Couitiki !... Voyez, expliqua Laveau, les Bonis sont rares en ces parages ; leurs villages s'égrènent de plus en plus. Bientôt nous n'en verrons plus un seul !

— On ne pleurera pas ! murmura Bournac.

— D'autant plus que ceux qui habitent ici sont les plus mercantiles ; ils ont perpétuellement la la vision de l'opération commerciale possible ; ils s'en vont, comme des éclaireurs, à la rencontre des Indiens qui, à certaines époques, descendent à Saint-Laurent, pour y effectuer leurs échanges.

— Ils sont, remarqua Bournac, comme les regrattiers qui s'en vont, à Paris, du côté de l'Arc-de-Triomphe, à la rencontre des cultivateurs, pour leur acheter leurs denrées avant que ces denrées ne soient parvenues au lieu central d'écoulement, les Halles centrales.

Laveau continua :

— Le frère du Grand Man Ochi vit parmi eux, dans son village de Godoholo. Il est le premier noir qui ait réussi à amener une Indienne sous son toit ; il se nomme Aouinsaye et vit cordialement détesté des Peaux-Rouges, parmi lesquels il n'osera jamais retourner, car ils le considèrent comme coupable d'un abus de confiance phénoménal.

— On verra bientôt ce monsieur-là, alors ? demanda Bournac.

L'Awa dessine ses bords à des horizons éloignés. Sa largeur dépasse trois kilomètres ; les arbres qui s'élèvent sur les rives, les bordent comme des murailles très épaisses, garnies de tourelles.

— Nous allons nous arrêter, dit Laveau. La région est bonne pour la chasse et nous emporterons chez Aouinsaye, ce soir, de quoi faire un immense festin.

Bournac, qui se souvint être rentré bredouille un jour, demeura sceptique.

— On tuera toujours le temps ! gouailla-t-il.

— Et moi, dit Doreau, moi, je prendrai un bain !

Pour la première fois, l'ex-cuisinier devint loquace.

— Tu ne sais pas nager ! dit Bournac.

— Je ne sais pas nager ?... Je te parie que je traverse l'Awa.

Il se lança éperdument dans des théories et des démonstrations auxquelles mit fin l'accostage.

Bournac et Laveau prirent leur fusil ; il fut convenu que Jean resterait avec Doreau pour juger de ses exploits.

La chasse fut abondante. Les coups de fusil retentissaient, éveillant tous les échos de la forêt. Les nemrods rapportèrent de nombreux oiseaux ; les uns à queue rouge, les autres à queue jaune, d'autres tout noirs, des diables, comme on les appelle. Deux heures après, quand ils revinrent, chargés de proies, ils trouvèrent Doreau étendu, malade, le teint verdâtre.

— Qu'y a-t-il ? demanda Laveau.

— Il a failli se noyer ! répondit Jean.

Bournac éclata de rire, tandis que le jeune homme commençait son récit. Le courant avait pris son compagnon, qui n'avait pas eu la force de lutter ; ils sombrait, lorsque les nègres, heureusement, accoururent.

— Félicitons-nous que les circonstances ne soient pas plus graves, dit Laveau.

On reprit place dans les canots.

Bientôt un grand îlot surgit à l'horizon :

— C'est l'îlot Sainte-Hélène, dit Laveau. C'est là qu'habite Aouinsaye.

On atteignit le village. Aouinsaye, prévenu par les détonations, attendait.

Bournac ne fut pas peu surpris de voir, autour des cases, une multitude d'orangers, de cocotiers, de citronniers, de pistachiers : partout des ignames, de la canne à sucre, du riz de montagne. Le spectacle lui était pourtant déjà apparu à diverses reprises, car les nègres sont plus industrieux et plus agriculteurs qu'on ne le croit généralement.

Des pirogues de quinze mètres de long étaient amarrées.

Aouinsaye, le noir exécré des Peaux-Rouges, s'avança, reconnut Laveau que, spontanément, il invita à sa table.

— Nous acceptons, dit le patron.

Il ajouta, pour ses compagnons :

— Les pistaches sont excellentes et les cacahuètes sont non moins estimables. C'est un peu frugal, mais qu'importe ! Ce sont les produits d'Aouinsaye, et, s'il n'a pas la satisfaction d'habiter la petite maison aux contrevents verts, selon le rêve de Jean-Jacques Rousseau, du moins, il possède le fertile abatis, où les récoltes sont abondantes.

— Qu'on apporte le gibier ! commanda-t-il ensuite.

Par des gloussements répétés, le nègre manifesta son contentement.

Laveau entra dans quelques détails.

— Le capitaine, dit-il, à Gadoholo, est chez lui dans toute l'acception du mot ; comme il a eu beaucoup de femmes, il a eu beaucoup de fils, et se sont les siens qui habitent toutes les cases d'à côté.

— Ça va bien ! pensa Bournac. C'est le cas de dire qu'ici on pourrait laver son linge sale en famille. Mais les fils nous intéressent moins que l'Indienne, précisa-t-il.

— Elle sera peut-être, dit Laveau à ses amis, la cause qu'une flèche, tôt ou tard, percera le pauvre diable ! Si ce n'était le fusil d'Aouinsaye, ce serait déjà fait.

Le fusil d'Aouinsaye, cependant, n'est pas dangereux. Le noir n'a rien à mettre dedans. Il y a belle lurette que ses munitions sont épuisées. C'est un fusil à piston. La poudre n'est pas restée sèche, comme celle dont le Kaiser parlait toujours. Mais n'importe ! la crainte étant le commencement de la sagesse, l'arsenal rudimentaire d'Aouinsaye l'inspire. Il n'en faut pas davantage !

— Je ne comprends pas, dit Bournac, pourquoi les Indiens gardent une rancune perpétuelle. Chez nous, il arrive bien qu'une fille se marie contre le gré de sa famille, mais, à la première occasion, l'on se « rabiboche ».

— L'Indien a sa noblesse particulière, exposa Laveau ; il comprend la vie à sa façon ; il juge sa

race supérieure à celle des nègres ; il ne veut pas
mélanger son sang au leur. N'est-ce point là un
point de ressemblance avec le Yankee enrichi, qui
ne refuse pas de marier sa progéniture avec des
fils ou des filles de Peaux-Rouges, en tenant toujours et partout, le noir soigneusement à l'écart !
L'Américain et l'Indien étaient créés pour s'entendre, en dépit de l'histoire qui conte des faits tendant à prouver le contraire.

Le Chef poursuivit :

— A toute règle, il y a des exceptions. L'Indien n'est pas absolument incorruptible ; la passion ou les présents, les parures surtout, sont capables de faire fléchir son rigorisme. Le mariage
d'Aouinsaye en est la preuve la plus évidente. Le
nègre n'a pu, en effet, opérer son rapt, — car c'est
d'un véritable rapt qu'il s'est rendu coupable, —
qu'en offrant de nombreux cadeaux de valeur au
père de son épouse. Le mariage, néanmoins, a été
béni par la nature. Aouinsaye est le père d'un enfant qui ne lui ressemble pas : il participe tout à
fait de l'Indien.

Les compagnons purent remarquer à loisir
qu'Aouinsaye ne manifestait, en aucune circonstance, le moindre sentiment de jalousie.

— C'est un avantage incontestable pour
l'épouse, remarqua Bournac ; elle trouve à cela
une tranquillité, une quiétude susceptibles de lui
donner bien des satisfactions.

Jean hasarda :

— Peut-être, après tout, n'est-ce là qu'une manifestation des instincts de générosité qui composent le fond moral du noir ?

— On ne sait pas, dit Laveau ; regardez-le ; il
est ému des moindres prévenances qu'on a pour sa
compagne ; au moindre cadeau, il pleure de joie !

Laveau était trop galant homme pour ne point

renouveler, à plusieurs reprises, le plaisir qu'il causait à son hôte.

Aouinsaye resta confondu devant la magnificence de ses invités ; il se pâma d'aise en contemlant les verroteries, les perles, le clinquant, dont sa petite femme fut parée. Il bégaya, balbutia des remerciements à sa façon et selon son cœur.

— Trop beau !... C'est trop beau !

Comment pourrait-il montrer toute sa reconnaissance ?... Il interroge, fixant le chef :

— Que puis-je pour toi ?

— Rien !

Aouinsaye jeta autour de lui des regards scrutateurs. Il eût voulu rencontrer, lui aussi, l'objet à donner, le cadeau à faire, en échange du cadeau offert. Hélas ! il n'avait rien qui pût tenter un Français ! Il s'en désola, s'en attrista, s'en morfondit :

— Nous, jamais, jamais recevoir sans donner !

Ses regards portèrent sur son enfant vagissant, couché sur des feuilles de palmier ; la petite fille du nègre, enrhumée, était en proie à un accès de toux : il fallait la moucher... Le bon nègre se précipita sur sa progéniture, la prit dans ses bras, la contempla amoureusement, pencha son visage sur le sien... Bournac suivait la scène intéressé. Doreau exaltait déjà le mérite de ce brave père de famille.

Un cri retentit :

— Dégoûtant !

C'était Bournac qui le poussait. Horreur ! Pour moucher sa fille, le nègre, à qui l'usage d'un petit carré de toile était inconnu, opérait par succion. Le Gascon regretta bien vite son exclamation :

— Après tout, dit-il philosophiquement. Je n'ai qu'à me figurer qu'il l'embrasse !

Le lecteur nous pardonnera ces détails qui, certainement, ne trouveraient pas leur place dans une relation de voyage en pays civilisé. Mais ne sommes-nous pas en pleine Guyane, aux confins des villages bonis, en pleine forêt vierge ?... Les mœurs, les habitudes diffèrent des nôtres et, si l'on veut être exact, il faut tout rapporter fidèlement. C'est par l'accumulation des détails, en apparence puérils, qu'on donne la note juste ; les mille petits faits qui se répètent dans la vie journalière, sont les morceaux qui en composent un miroir fidèle.

Ce qui scandalisait Bournac, laissait naturellement Laveau indifférent.

— J'en ai bien vu d'autres ! dit-il.

L'Indienne est jolie. Jean lui a donné un nom dans lequel il a voulu traduire toute son admiration. Il l'a comparée à une fleur, à une grande fleur épanouie, à une orchidée. Il l'appelle du vocable indien : Catlia.

Un soir, il dit à son père :

— Catlia a manifesté le désir de retourner au premier village qui est son pays. Elle m'a demandé :

— Voudrais-tu m'emmener ?

— J'ai répondu, continue-t-il, que c'est le Tamouchi et que tu ne voudrais peut-être pas.

— Parce que ce n'est pas possible ! affirma Laveau.

— Pourquoi ?

— Aouinsaye, son mari, ne le permettrait pas !

— Je crois que tu te trompes, dit Jean. Elle l'a sondé. Aouinsaye a répondu :

— Si tu le veux !

Elle m'a ajouté, presque suppliante :

— Ce serait le plus grand plaisir que tu pourrais me faire !

— Mais ne craint-il pas que sa femme, une fois

chez les Indiens, ne puisse revenir ?... interrogea le Gascon.

— Il s'en soucie fort peu, répondit Jean. Elle lui a promis de le retrouver dans quinze lunes ?...

— A Pâques... ou à la Trinité, comme dans la chanson, conclut Bournac.

— C'est un projet chimérique ! renouvela Laveau. Et les Indiens, là-bas, au village de Counicaname, que penseraient-ils ? Eux qui en veulent au nègre pour l'avoir enlevée...

— N'en voudront pas aux blancs de leur ramener l'objet d'un rapt ! interrompit Jean.

Laveau réfléchit un instant :

— Tu as peut-être raison, après tout ! dit-il. Mais je ne déciderai rien sans qu'Aouinsaye me l'ait demandé. Quant à moi, avec lui, je me garderai bien de toucher à ce sujet.

Le lendemain matin, le nègre aborda le patron, encore dans son hamac. Il murmura dans son jargon :

— Veux-tu m'être agréable ?

— Oui !... que désires-tu ?

— Depuis quelque temps, ma femme est triste. Elle pense à son père. Elle veut le voir. Et moi, tu comprends, je dois céder. Mais je ne puis l'accompagner. Depuis longtemps, tu sais pourquoi.

— Mais tes peïtos...

— Justement. Ils te conduiront... Je la mettrai sous ta protection.

— Mais...

— Je veux ! dit simplement le nègre, ou alors tu t'en iras tout seul... comme tu pourras !

En face de cette volonté, il n'y avait véritablement qu'à s'incliner. Pourquoi contrarier des gens si aimables ?... Le grand art de l'explorateur, c'est précisément de ne froisser personne, afin d'être aimé de tout le monde :

— Bah ! dit Laveau, qu'elle vienne ! Après tout,

s'il ne faut que cela pour que vous soyez heureux tous les deux !

Et le patron pensa :

« Counicaname est une vieille connaissance. Tout ira bien ! »

Laveau avait, en effet, fréquenté jadis le capitaine, dont la petite agglomération, perdue à l'ombre des géants de la forêt, porte le nom. Il était jeune, à cette époque, moins jeune que Jean, c'est vrai. C'était en 1888. Il conta à Bournac un épisode de ce passé.

— 1888 ! dit celui-ci. Le Maroni aurait pu, depuis ce temps, rouler pas mal d'eau sous ses ponts... s'il en avait !

Laveau rassemblait des souvenirs : Gerville-Réache était alors Gouverneur de la Guyane !... Counicaname l'appelait le grand chef des Blancs. C'était lui, Laveau, qui, faisant partie de la mission Coudreau, avait présenté l'Indien au Gouverneur. Et le Gouverneur avait été d'une générosité qui dut faire époque dans la vie des tribus !... N'avait-il pas donné à l'Indien, escorté de ses soldats et d'une Indienne, quantité de peignes et de miroirs à deux sous, objets dont la convoitise damnerait l'âme de tous les Peaux-Rouges ?

C'était une tranche savoureuse de l'autrefois, qui s'évoquait ainsi. Laveau revoyait, en imagination, ces beaux jours sur lesquels le deuil avait depuis, jeté quelques tristesses ! Il soupira :

— Coudreau est mort...

Les idées s'enchaînant, il se posa quelques questions :

— Et Counicaname ?... Vit-il encore, celui-là ?... Et ses compagnons, et sa compagne, sont-ils toujours de ce monde ?...

— Je voudrais déjà, dit-il tout haut, avoir franchi le confluent de l'Itany et du Maroni !

— Nous ne sommes pas si pressés, patron ! répondit Bournac, puisque Jean se plaît ici...

— L'Indien, mon ami, il n'y a que cela de vrai !... C'est mon attirance, à moi. Chaque village compose un petit peuple d'une douceur, d'une discrétion, qui empêche de regretter les sous-civilisés qui encombrent les trottoirs de nos villes d'Europe.

— Et moi qui, au temps où j'habitais le château de Belle-Isle, les croyais des anthropophages!

— C'est la croyance de beaucoup, répondit Laveau. Nos géographes en chambre et nos feuilletonnistes n'ont rien fait pour détruire la légende : au contraire !

Après un moment, il ajouta :

— La saison est sèche, les eaux sont basses, les courants moins rapides. On ira vite. Il faut en profiter !

Les Bonis de l'escorte rôdaient dans les environs du logis d'Aouinsaye, en quête d'une bonne fortune, d'une découverte possible. Elle ne tarda pas : c'était une liane enivrante, le nicou, qui leur servirait à effectuer aisément une pêche miraculeuse... Ils firent la cueillette, en mirent le produit dans les canots,... pour opérer, non point sur leur territoire, mais au village de Counicaname, si toutefois les Indiens ne protestaient pas trop fort. Les Noirs sont gens pratiques et pleins d'audace. Ils effectueront un chargement de poisson, préalablement boucané, qu'ils redescendront sans accident, jusque dans leurs villages.

Laveau, qui s'en est aperçu, dit :

— Soit ! nous, en revanche, nous emporterons du gibier chez Counicaname. Demain, grande partie de chasse ! Nous traverserons le fleuve pour battre un coin de la forêt !

— Bravo ! Bravo ! crièrent Jean, Bournac et Doreau.

Et Bournac ajouta :

— Seulement, ce ne sont plus des oiseaux qu'il faut rapporter.

— Quelle erreur ! il y en a d'excellents et de toutes les espèces ! Est-ce que tu crois que les perdrix, les marayes, comme ils disent à Cayenne, sont à dédaigner ?... Elles pullulent ; il n'y a qu'à se baisser pour les ramasser. Et les hoccos, grosses dindes sauvages qui se font tuer bêtement, en venant vous regarder dans les yeux, si on imite leur gloussement, est-ce que cela ne constitue pas un excellent rôti ? Et les aras verts, qui passent dans les feuilles, et les aras rouges, et les autres, qui poussent des cris, en bariolant, de toutes les couleurs de l'arc-en-ciel, le fond sombre de la forêt, ne valent-ils pas une cartouche ?... Et les agamis, pintades sauvages qui vivent là, par bandes, comme dans une basse-cour, sont-ils si peu intéressants ?

— Vous voilà encore parti dans une énumération ! Vous n'en finirez plus, patron ! Il vaut mieux se mettre en route !... Pour tout concilier, nous tuerons ce que nous pourrons.

— C'est cela ! dit Jean. Nous tuerons ce que nous pourrons.

Le matin, un canot menait les chasseurs sur la rive. Les brumes en rideaux s'étendaient mollement sur la rivière, amortissant l'éclat du jour. Les grappes violettes des lianes pendaient aux branches et tous les arbres de la forêt, groupés, serrés en bataillons formidables, semblaient une muraille fleurie, absolument impénétrable. Des bouffées de parfums passaient dans l'air calme.

— Quelle vie idéale ! s'écria l'ex-châtelain qui se sentait profondément impressionné, en dépit de sa nature primesautière, par le spectacle grandiose de cette végétation luxuriante.

— En avant ! commanda Jean. On verra qui sera le champion !

Ils s'engouffrèrent dans le torrent de verdure.

A midi, ils avaient dix hoccos, quinze perdrix, huit singes coattas.

Le soir, tout cela boucanait sur les feux, dans l'île, au milieu des cases de Gadoholo.

— Counicaname, s'il n'est pas mort, va bien rire ! disait Laveau.

Dans les premiers rayons, à six heures, l'embarquement commença.

Aouinsaye fit, à tous, ses adieux. Pas un baiser pour Catlia.

— Dans quinze lunes ! lui dit-il, tandis qu'elle s'installait dans le canot.

— Dans quinze lunes ! répondit-elle.

— Ou dans trois mille ! rectifia Bournac, en aparté.

## V

## AU PREMIER VILLAGE INDIEN

Catlia s'est installée dans le canot de Laveau et de son fils, de Bournac et de Doreau. Jean, qui a voulu la rendre heureuse lui a donné quelques menues draperies dont elle s'est parée avec cette coquetterie qui doit dater de l'aube du monde, de la minute où

> ...la première dryade
> a rencontré le premier dieu.

Assise sur le pamakary de lianes en arceaux que recouvrent des feuilles de palmier, elle tient dans ses bras son enfant, la cajole, la berce, lui murmure des airs qui ressemblent aux modulations d'un chant d'oiseau, entrecoupé parfois d'un murmure de source, d'un bruit de vent dans la chevelure des palmiers.

En arrivant chez les Indiens ses frères, au premier village, celui du capitaine Counicaname, elle aura l'air d'une petite reine ; elle sera fêtée, choyée, nul ne tiendra rigueur à cette femme, de la faute qui lui fit épouser un noir.

Ne fête-t-on pas partout le retour de l'enfant prodigue ?

Catlia n'exprime point ces pensées. Mais ce qu'exprime ces pensées, elle le ressent, et cela se traduit, sur son visage, par un rayonnement de toute sa jeunesse et de toute sa joie.

— Est-ce qu'elle n'est pas absolument charmante demande Jean à Bournac.

— Moi, mon jeune ami, répond le Gascon, je pense à Marie que j'ai laissée au pays bordelais. Marie, c'est ma moitié

— C'est bien naturel ! dit Jean.

Ce disant, il tire d'une boîte un petit carré de toile blanche pour Catlia. L'Indienne manifeste sa reconnaissance par un sourire, puis, avec la grâce naturelle de la jeune mère penchée sur sa progéniture, elle essuie délicatement les narines roses de l'enfant.

Le temps passe ; les pirogues vont vite.

La saison est sèche ; les eaux sont basses. Le village indien de Counicaname surgit sur la rive !

Catlia pousse un cri de joie, auquel répondent d'autres cris de joie; les Peaux-Rouges aperçoivent les pirogues, véritables coques de noix à la surface mouvante du fleuve. Dès qu'ils distinguent les blancs, leur contentement se transforme en enthousiasme, puis, l'enthousiasme en délire ; les danses échevelées commencent au dégrad. Ah ! qu'auprès d'elles serait pâle le tango international !

Counicaname a reconnu Laveau. Mais le capitaine a bien vieilli. Tant d'années se sont écoulées depuis la précédente expédition ! Il exhibe triomphalement les vestiges des cadeaux qu'il reçut du Grand Chef des Blancs, M. Gerville-Réache, vers cette époque, on s'en souvient. Ce sont des débris de peignes et de vieux petits miroirs dont le tain est, à peu près, effacé. Mais tels qu'ils sont, ils suffisent ; ce sont les éléments d'un trésor précieux.

Toute la basse-cour est pareillement en émoi. Elle se compose d'une multitude d'oiseaux de la forêt qui, pris jeunes et apportés au village, s'apprivoisent aisément et restent fidèles au toit qui les adopte. Voici les hoccos, des couiouis, des honorés, des marayes, des parakois, des espèces de perdrix variées, des aras bleus, et jaunes, et noirs, qui parlent plus facilement que des perroquets et qui suspendent leurs nids près des carbets, au bord de la rivière ; il y a près de l'habitation de Counicaname, plus de cinquante de ces nids balancés au même arbre géant.

— Ici, dit Bournac, on chasse comme au plat !

Au milieu de toutes ces bêtes que poursuivent de jeunes Indiens s'exerçant aux exploits cynégétiques, armés de petits arcs et de flèches, c'est un vacarme de foire ; les agamis, grands gallinacés plus gros que la poule, très lestes à la course, remplissent le rôle de chiens de bergers. Ils poursuivent les volailles qui s'écartent, les ramènent à larges coups de bec. Leur poitrine brille d'un éclat métallique ; ils ont des reflets verts, bleus et violets.

— Ce sont des arcs-en-ciel qui marchent, observe le Gascon.

— La confiance naturelle que l'agami éprouve pour l'homme, en fait vite un esclave, expliqua Laveau ; il le quitte avec des expressions de regret ; il accourt au-devant de lui ; il est avide de caresses qu'il sollicite impunément ou pour recevoir des coups de pied dans ses ailes dont il sait si mal se servir. Sa confiance devient généralement funeste à sa liberté.

On en a vu qui défendaient les enfants avec habileté, avec courage même, contre ceux qui, leur déplaisant, ne tardent guère à être traités en ennemis. A coups de bec ils le leur font bien voir, et bien sentir.

Laveau émit une hypothèse :

— Le temps viendra, peut-être, dit-il, où, en Europe, dans les champs où paissent les oies et les moutons, le berger aura des agamis comme auxiliaires de sa houlette. Si les sociétés d'agriculture connaissaient l'agami, elles lui assigneraient dans nos fermes, la plus honorable des places. Les voyageurs l'appellent l'oiseau ventriloque, en raison des bruits singuliers qui viennent de son corps, à volonté. Certains, l'ont désigné sous le nom d'oiseau-trompette.

Au milieu de tout ce hourvari, Catlia est sortie du canot ; elle s'est mélangée aux autres Indiennes parmi lesquelles elle fait tache à cause de ses vêtements. Jean l'a suivie. Tous deux se sont jetés dans le tourbillon des danses. Mais à l'inverse de Catlia qui s'est parée, lui s'est dévêtu ; les femmes se sont empressées et ont enduit sa peau de roucou, couleur rouge dont elles ont teint aussi son visage.

— Qui verrait dans cet éphèbe, dit Bournac, un fils de la Bourgogne ?

Doreau tiré de sa torpeur ajoute avec emphase :

— Ses idées à coup sûr, ne sont pas reportées à l'Ecole de Cluny qu'il a quittée naguère !

Cependant, le Capitaine Counicaname goûte à la douceur des souvenirs évoqués. Il converse à l'écart avec Laveau, tandis que Bournac et Doreau se métamorphosent à leur tour en Indiens.

Counicaname est un homme affectueux et complaisant.

— Lorsque vous retournerez au pays des blancs, dit-il, j'irai, moi aussi, et j'emmènerai toutes mes femmes et mes « peïtos ».

C'est ainsi qu'il désigne ses soldats. Laveau reste muet. Il hoche la tête en ayant l'air de dire : Oui. Cependant il n'en est pas encore à l'époque de décisions si importantes.

— Nous verrons cela au retour ! dit-il... Mais il y a loin pour gagner les Tumuc-Humac, les traverser, descendre le Mapaony, le Yari, jusqu'à la crique Kouc, qu'ensuite il remontera jusqu'aux sources, pour, de là, rejoindre par terre celles de l'Oyapock, en achevant cette immense randonnée par l'Aoua et le Maroni !

En tout cas, Counicaname poussera avec Laveau

plus avant dans la forêt jusqu'aux autres villages indiens ; puisque les nègres Bonis qui sont venus doivent repartir.

Depuis l'arrivée, d'ailleurs, ils se sont éclipsés.

— Où sont donc les Bougnats ? demande Bournac.

Les nègres se soucient fort peu des danses et des itinéraires. Ils donnent libre cours à leurs instincts de pêcheurs surtout parce qu'ils sont chez des étrangers. Ils ont pris dans le canot leurs lianes et les feuilles de nicou pour enivrer le poisson ; ils battent l'eau, un peu plus bas. Les Indiens les ont regardés de travers, mais ils les laissent faire ; leur patience, leur bonté, leur souci d'hospitalité, vont jusqu'à supporter la rapine.

Un grand feu flambe au bord du fleuve ; la pêche boucane au fur et à mesure qu'elle s'effectue.

L'essentiel n'est-il pas que Counicaname soit, le plus tôt possible, débarrassé de ces noirs, dont la maraude est un attribut, à l'égal de la palabre ?

Leurs canots seront bientôt remplis jusqu'aux bords.

Counicaname soucieux et affairé, a envoyé ses « peïtos » prévenir les principaux « administrés ».

— Je vais au Conseil, dit-il bientôt !

— On n'est pourtant plus chez le Grand Man ! remarqua Bournac.

— Il y a tout de même un conseil, répond Laveau. Mais il n'est pas composé des capitaines d'alentour. Des gens du village, seuls, y assistent. Partout où il y a des décisions à prendre, il y a consultation de notables, à défaut de corps élus. On trouve donc, jusqu'ici, des embryons de gouvernement.

— C'est, dit Bournac, une Assemblée municipale qui va entrer en fonctions.

— Parfaitement.

— Et les femmes n'ont pas voix délibérative ?

— Moins que partout ailleurs ! Mais ne vous inquiétez pas de la solution ; je la connais, dit Laveau, malgré tout, Counicaname demeure le maître de ses actes. Dansez et ne vous occupez de rien !

Un jour passe, puis deux, puis trois !... Les nuits se succèdent également. Et c'est toujours la danse, la fête ! Bournac et Jean qui s'en sont donné à cœur joie sont exténués.

Cependant, même chez les Indiens les jours de liesse ne sont pas éternels. Hommes et femmes sont pareillement fatigués. Counicaname, qui attendait cet instant, prononce :

— Tenez-vous prêts !... Pour quitter le village indien, il faut un canot, un grand canot.

Or, ce canot n'existe pas, on va le confectionner. Ce travail ne s'opère pas en un clin d'œil. Qui s'y attellera ?

— Aponchy à la besogne ! commande Laveau.

Aponchy est là pour travailler. Déjà il a saisi la hache. Le voici qui s'attaque à un arbre de toute beauté ; cet arbre est un banda.

Le guide frappe à tour de bras. Les coups entament bientôt le cœur même du superbe végétal. Alors, un liquide jaillit, limpide, odorant, parfumé ; il épand une odeur suave comme tout un jardin de roses. Aponchy se précipite à la recherche de récipients.

— Le sang du banda est bienfaisant, enseigne Counicaname ; c'est un remède efficace contre les piqûres des puces pénétrantes, des tiques, des poux d'agoutis, minuscules et rouges, mauvais en diable ; c'est aussi un remède certain contre le ver macaque.

— Un macaque ? dit Bournac, qu'est-ce que c'est que cette bête-là ?

— C'est, répond Laveau, un ver qui pénètre

dans les chairs, s'y installe en produisant une grande douleur. On l'extirpe par une forte pression après l'avoir endormi avec du jus de tabac. Une fois j'en ai eu un sur le nez, et j'avais le nez comme une tomate. C'est Coudreau qui a extrait l'insecte.

Aponchy frappe toujours, et le banda saigne plus fort.

— On dirait que les femmes sont parfumées, mais plus finement qu'au boulevard ! constata Bournac.

Pensif, ensuite, il regarda les entailles s'ajouter une à une dans le bois ; il en revint bientôt à son idée coutumière.

— Ah ! si les marchands du faubourg Saint-Antoine voyaient cela !

— L'ébénisterie de luxe serait mieux approvisionnée ici que partout ailleurs, assura Laveau. La plupart des arbres de l'interminable forêt sont incorruptibles et de première dureté. Ce sont ces qualités qui nous ont fait choisir celui-ci. Nous aurions pu prendre tout aussi bien un wacopou qu'on ne trouve point aux abords du littoral et qui durcit en vieillissant ; un bon bois perpétuellement protégé contre la désagrégation ; un gaïac, lourd comme la pierre ; une ébène verte ou soufrée ; une angélique rouge-pâle presque impossible à scier et que l'eau de mer elle-même ne peut attaquer ; un courbaril gigantesque au cœur de terre de sienne ; un rose-mâle, un bagasse, un bois de fer, un parcouri, un couai, un taoub, que sais-je encore !

Pendant six semaines consécutives, Aponchy travaille à la fabrication de son canot, Bournac entraîne Laveau dans la forêt pour se faire désigner diverses essences. Le goût de s'instruire lui vient à mesure que le temps s'écoule.

— Et la marine n'utilise pas ces bois-là ? demande-t-il ?

— C'est toujours la même histoire, répond Laveau. Comment les sortir d'ici sans la route, la fameuse route, de laquelle je vous ai parlé déjà ! Ah ! si des scieries fonctionnaient près des sauts, la tâche serait bien simplifiée !

Aux heures de repas, on fait cercle au centre du village. Chez les Roucouyennes, tout le monde mange à la fortune du pot. Le peuple silencieux de Counicaname se nourrit, d'ailleurs, de choses excellentes qu'il cuisine au mieux ; voici de petits tubercules jaunes qui se tiennent, en grains de chapelet soudés ; nulle part on ne les a vus, c'est un produit du crû, exclusivement, pourtant, ils pourraient être cultivés en France ; ils deviennent gros comme une noix entourée de sa coque verte ; ce sont les napis, très différents des napocs, fort connus et beaucoup plus gros.

— Quelle finesse de goût !...

Laveau s'émerveille.

— On finirait ici par être un gourmand, dit-il.

— Quand on n'a rien à faire, on ne pense qu'à manger, fit Doreau !

— Brillat-Savarin et Charles Monselet eussent décrit plusieurs des plats préparés par ces Indiennes ! affirma Jean.

— Et si Louis Forest était avec nous, comme il apprécierait ces délices !

— Connaissez-vous les ignames violets qu'on ne rencontre pas sur la côte, et les patates jaune d'or, de la grosseur et de la forme d'une betterave rouge ?

— Avec des marayes autour ! fit Bournac.

— Parfaitement ! nous en mangerons ce soir ! annonça Laveau.

— A Madagascar, observa Doreau, j'étais cuisinier du général Galliéni. Mais je ne faisais pas des choses comme celles-là. On ne mangeait que des crèmes en buvant du champagne !

— Je crois, déclara-t-il, que le repos ne vous vaut rien. Vous risquez de vous rouiller en vous énervant... A partir de demain, nous irons reconnaître plusieurs criques sur la rive française, et nous prospecterons. Peut-être nos recherches seront-elles fructueuses.

— Est-ce qu'il y a des sentiers, par ici, patron ? demanda Bournac.

— Pas partout, malheureusement ! La marche en forêt s'effectue toujours à l'aide de la boussole. On couche parfois dehors : il arrive même de passer quatre nuits consécutives à la belle étoile, après avoir évalué les distances au podomètre. On écoute dans le silence nocturne des grognements : d'autres grognements se mêlent aux premiers, puis, des cris. La forêt en est toute ébranlée. Les échos répondent. On croirait que des centaines de taureaux en furie se livrent à des beuglements éperdus.

— Eh bien ! ça fera de la musique intéressante ! dit Bournac.

— Et nous l'écouterons patiemment ! appuya Jean.

Laveau leur dit :

— Plus d'une fois, en dépit de votre bravoure, vous serez effrayés par cette nouveauté. Counicaname et moi nous serons obligés de vous rassurer.

Bournac eut un haussement d'épaules qui signifiait : « Je m'y connais ! »

Le lendemain on établit les carbets pour dormir loin du village, et devant l'on alluma des feux,

Avant de s'endormir, Bournac fumait sa pipe, en compagnie de ses amis, dans la lueur rougeâtre des branches qui flambaient.

Un bruit de feuilles remuées par une troupe invisible attira leur attention.

— Qu'est-ce que c'est ? demanda-t-il.

Au même instant, une espèce de nain accroupi parut dans la lumière des tisons, un autre le suivait, puis un autre encore. Il y en eut bientôt toute une troupe, et la troupe grossissait sans cesse.

— Ce sont des crapauds-bœufs, dit Laveau. Le soir ils mugissent comme des veaux.

— On devrait dire des crapauds-veaux, alors ! s'écria Bournac. Mais ils ont presque cinquante centimètres de hauteur. Est-ce qu'ils sont méchants ces bestiaux-là ?

— Essayez de les caresser et vous verrez !

— Dieu m'en garde ! je tiens à revoir Marie.

— Ils me connaissent, moi, dit Laveau, vous allez voir.

Il prit un tison.

Doreau crut prudent de s'éloigner, mais il trébucha dans une racine et tomba sur des crapauds qui venaient du côté opposé.

— On croirait des glaçons ! hurla-t-il.

— Je vais prendre mon fusil ! cria Jean.

— Inutile ! dit Laveau, vous allez voir !

Ils furent attentifs. Le patron s'approcha du premier batracien géant qui contemplait béatement les braises.

Le crapaud ouvrit la gueule, toute grande, comme pour prendre le tison.

Et le tison s'y engouffra. L'animal resta placide et contemplatif.

— Ils mangent donc le feu demanda Bournac. Alors on va leur en donner.

— Si c'est votre façon de les chasser, vous ne réussirez pas ! dit Jean.

— Je crois, en effet, fit Bournac, que c'est plutôt une façon de les faire rester sur place.

— Laissons-les ! conseilla Laveau. Ils s'en iront bien tout seuls, dès que leur curiosité sera satisfaite.

Et les amis s'étendirent dans leur hamac.

Ils n'avaient pas encore fermé les yeux qu'une immense rumeur emplit la forêt. C'était comme autant de sirènes mugissantes.

D'autres sirènes s'éveillèrent une à une ; bientôt il y en eut dix qui mugirent à la fois. C'était un tumulte assourdissant.

Bournac se dressa sur son séant.

— Je n'ai jamais rien conçu de pareil, dit-il. Et je serais bien embarrassé de dire de quoi il s'agit. J'ai envie de grimper sur un arbre.

— Inutile, déclara Laveau, vous risqueriez d'être confondu avec ceux qui mènent ce vacarme.

Counicaname qui dormait ne se réveilla pas.

— Les singes ? demanda le Gascon.

— Les singes hurleurs, dit Laveau qui explique à ses compagnons ce que sont les mœurs de ces habitants poilus des futaies. Il entre, à ce sujet, dans d'amples détails.

— Ils sont là, conte-t-il, une bande de huit ou dix.

— Pas plus ?...

— Le mâle donne le signal du concert. C'est le chef de la bande...

— On pourrait dire le chef d'orchestre !

— Les femelles l'imitent, font chorus, et les petits se mettent également de la partie ; leurs voix se modulent sur celles de leurs parents. Ecoutez-les !

Bournac pousse une exclamation.

— Ah ! les animaux !... Quelle cacophonie !

— Quel charivari ! appuie Doreau.

Ce ne sont pas les singes qui font ouvrir les yeux à Counicaname, mais bien les éclats de voix de Bournac.

— Qu'y-a-t-il ? demande-t-il à Laveau.

Le patron cherche à lui traduire l'étonnement de ses compagnons.

Le chef indien pour tout commentaire indique qu'il est très friand de ce gibier qui saute allègrement de branche en branche, de cime en cime. Et il se rendort.

— Nous lui en avons apporté, dit Bournac, mais je n'en ai pas mangé !

— Moi non plus ! ajoute Jean.

— Vous avez eu tort, dit Laveau, ce singe rouge vaut, croyez-m'en, la poudre qu'on brûle pour le tuer. A la saison des pluies, toutes les graines sont mûres ; il est très gras. Les Bonis et les Indiens, avec juste raison, en font leurs délices. Quant à la graisse, elle est d'un jaune orange très pur. Elle peut servir de laxatif, voire de purgatif. Pour en chasser l'eau, le voyageur la fait bouillir ; et, à cause de la température élevée de ces régions, elle reste toujours à l'état liquide ; elle sert indifféremment pour la préparation des aliments, remplaçant ainsi le beurre et le saindoux ; on l'emploie, nécessairement, pour l'entretien des armes. Dans la suite nous aurons l'occasion de tuer souvent ces animaux qui animent la forêt et peuplent l'épais rideau de feuillage qui cache le ciel. Le singe sera une des bases de notre alimentation. Cette variété, d'ailleurs est loin d'être unique ; on rencontre abondamment les singes noirs, les couatas ; ils fourmillent, ils sont grands de taille, ont de longues mains, une queue interminable, démesurée, avec laquelle ils se suspendent aux branches les plus hautes. Leur poil est noir, très soyeux ; il constitue une fourrure magnifique. La chair est bonne ; celle de la guenon, cependant, est la meilleure. Le mâle est toujours un peu plus coriace ; de plus, il a une odeur légèrement pénétrante.

— Nous trouverons autre chose que du singe ? interroge Bournac.

— Comme la faune est très riche, répond Laveau, des gibiers différents pullulent ; le peccari, le cochon-marron, la biche, notamment. Il n'est pas rare qu'un énorme tapir, un maïpouri, comme disent les Indiens, s'offre au coup de fusil. La graisse de cet animal est abondante ; elle peut également constituer des provisions qui sont indispensables ; la prévoyance n'est pas la moindre des vertus de l'explorateur. Comme le tapir est herbivore, sa chair ressemble beaucoup à celle du bœuf, quant à la couleur de la robe. Mais je soutiens que, comme les autres, vous finirez par préférer le singe à tout cela, car nous ne vivrions pas indéfiniment de nos réserves.

C'est avec une véritable satisfaction que les compagnons de Laveau passèrent la nuit au village de Counicaname. Ils rendirent visite au canot en construction.

— Il s'achève ! dit Laveau.

— C'est qu'Aponchy travaille, reconnut Jean...

Et Bournac conclut :

— Il faut le laisser faire !

Personne ne lui apporte d'entraves, on lui évite les distractions ; Les excursions se multiplient et Laveau s'extasie devant l'abondance du balata.

— Quelle exploitation fructueuse on en ferait, du confluent du Maroni, jusqu'à la crique Yacana!

Il pratiqua, avec son sabre d'abatis, de larges entailles sur l'écorce ; un suc blanc s'échappa de ces blessures, abondamment.

— On dirait du lait, dit Bournac.

— C'est le latex, expliqua Laveau. Si nous voulions le recueillir il nous faudrait des récipients qui, une fois remplis, seraient transportés au village. C'est là qu'on le préparerait.

— Et en quoi consisterait cette préparation ? demanda Jean.

— On le verserait dans des caisses plates, d'une hauteur minime, au soleil ; l'eau qu'il contient s'évaporerait ; ce qui resterait serait le balata en plaque. On pourrait en obtenir soit en boule, soit en pain ; cela ne dépendrait que de la forme du contenant.

— C'est le caoutchouc ! dit Jean.

— Non, mon fils, tu commets ici l'erreur de bien des gens. Le caoutchouc est élastique, il s'allonge. Le balata n'a point cette propriété. New-York, Rotterdam, Londres, Hambourg sont les grands marchés de cette denrée qui, en tout et partout peut remplacer la gutta, et même le cuir. Paris pourrait être le vrai centre de ce trafic, vous vous en rendrez compte. Mais nous ne tirons pas d'ici plus de deux cents tonnes de cette marchandise, alors que des centaines de milliers de tonnes nous attendent.

— C'est sans doute parce que cela ne se vend pas très cher, dit Bournac.

— A Paramaribo, 9 francs le kilo ! répondit Laveau.

— Alors, s'écria Jean, qu'attendons-nous pour faire fortune ?

— Nous ne sommes pas venus ici pour nous livrer à une exploitation, répondit Laveau, mais pour voir. Les bonzes de la science et de la géographie prétendent que cet arbre n'existe qu'au bord des rivières, d'ores et déjà nous pouvons dire qu'il couvre des crêtes... Cela nous suffit !... Nous avons autre chose à faire.

On collectionne des fleurs, des plantes diverses, des champignons, de suaves orchidées.

— C'est infiniment plus doux, dit Laveau, que de collectionner les épistoles des ronds-de-cuir qui veillent, du fond de leurs bureaux, à ce que le progrès n'effectue pas des bonds trop rapides, susceptibles de leur donner le vertige.

L'herbier commencé prend tournure.

Que de soins pour confectionner un herbier !... Un herbier ne doit contenir que des plantes séchées ; mais Laveau doit apporter, à son retour, des fleurs vivantes. Il prend les orchidées les plus remarquables ; il les arrache sur les arbres de la forêt ; il les replante sur les arbres de l'abatis de Counicaname pour les reprendre lorsqu'il faudra revenir. L'orchidée est une plante parasite qui croît là-bas, comme le gui chez nous. Bournac photographie les plus beaux spécimens ; c'est une occupation qui ne lui déplait pas ; Jean qui sait dessiner, fixe sur le papier, les couleurs les plus vives, les plus harmonieuses de telle façon que le document abonde pour la joie de ceux qui s'intéressent aux belles choses — poètes, peintres... horticulteurs ou riches châtelains.

— Les champignons, père, dit Jean, me donnent un mal énorme !

Laveau se mit à rire.

— Pourquoi ris-tu ?... C'est si ennuyeux de ne pas réussir à les conserver !

— C'est que je me souviens de ce que m'a dit un jour, sur un ton bourru, un important fonctionnaire du ministère des Colonies ; j'étais allé le voir : « Ben, fit-il, vous allez en Guyane pour ramasser des champignons ?... Ce n'est pas très malin ! Moi, quand j'en veux, je vais au bois de Saint-Cloud ! »

— Et tu n'as rien répondu à ce malheureux ?

— Je lui ai réparti : « Monsieur, vous êtes encore moins malin que moi, quand je suis à Paris, comme vous, et que j'en veux, je vais aux Halles !... »

— Il aurait mérité, qu'on lui applique sur le nez une giroflée à cinq feuilles, fit Bournac.

En fouillant les criques, on a le temps de se remémorer bien des choses. Sur la montagne on casse des roches. On recueille des quartz.

— Regarde, Bournac ! comme celui-ci est beau !... Quel magnifique presse-papier !... Les grains d'or y sont gros comme des lentilles !

L'or !... Il est partout, en Guyane. Sa force d'attirance est un fait ; mais elle ne s'est exercée que sur des espaces minuscules ! qui donc est allé constater son existence en pleins pays Indiens ?... Qui donc s'est risqué derrière les grands plateaux pour y découvrir cet objet de tous les rêves humains ?

— Les plus résolus, dit Laveau, ont reculé devant les profondeurs sombres et enigmatiques du marécage et de la forêt. Ils ont eu peur de ne découvrir que l'empire du découragement et de la terreur. En avant ! mes amis... Nous, nous verrons ! et nous saurons !

Ils prospectent.

Toutes les criques ont des terres où la couleur du métal précieux apparaît avec son reflet si parculier ; ils recueillent de la poudre d'or qu'ils rapporteront en Europe.

— Cette poudre d'or sera la pièce à conviction qui démontrera péremptoirement, que, là-bas, on rencontre en mille endroits les fragments du trésor pour la conquête duquel nos contemporains des boulevards ne commettent pas que de bonnes actions, dit Laveau.

L'explorateur n'est jamais un homme inoccupé ; mais l'idéal serait qu'il possédât les connaissances générales les plus étendues : on a pu voir, en effet, que la géologie et la botanique devraient être ses deux sciences fondamentales ; les connaissances ethnographiques et linguistiques ne sont pas moins nécessaires.

— Deux et deux font quatre ! s'exclama Bournac, fort à propos.

Dans les heures de loisir, tout en fumant sa pipe, étendu dans le hamac, il faut étudier les dialectes des différentes tribus. Pour aboutir plus sûrement et plus vite, on effectue, quand cela est possible, la division du travail. C'est ainsi que Laveau se charge de toute la partie qui comprend les mots désignant chaque organe, chaque fraction du corps humain. Jean, lui, s'attache plus particulièrement à ce qui désigne les choses usuelles, les objets que l'on rencontre, les plantes que l'on a sous les yeux, les animaux que l'on mange, les minéraux que l'on recueille ; sa tâche est, évidemment, la plus considérable. Il est vrai qu'il a un auxiliaire précieux : Catlia.

Catlia a oublié qu'elle avait promis à Aouinsaye, frère du Gran Man, de redescendre au pays des Bonis, dès que quelques lunes se seraient écoulées. Elle ne songe plus à son époux : son enfant lui suffit.

— Je crois, dit Bournac, que ça finira par un mariage aux Tumuc-Humac.

— Les Indiens n'en seraient pas fâchés, répond Laveau.

Le blanc, pour les Indiens, représente le summum de la perfection.

Il y a encore, rectifie-t-il, des héritiers en mal d'époux dans la France que nous reverrons et où nous reviendrons, riches comme des Crésus !

— Je n'ai pas des perspectives sérieuses quant à mes noces, conclut Bournac, et je le déplore.

— Vous avez peut-être raison, dit Laveau, car il est à regretter de ne point voir plus souvent le mariage du blanc et de la femme indienne. Le produit, un métis, au point de vue physique comme au point de vue intellectuel, serait admirablement doué. Haute taille, muscles solides, esprit ouvert, il serait apte à soutenir tous les combats de la vie. Counicaname est un produit du genre. Patris, en 1762, en compagnie de Mlle Dujay, était remonté dans ces parages. La jeune fille fut enlevée par un Indien. Ceci prouve que, si l'Indienne est susceptible de faiblesses à l'égard de nos compatriotes, les Indiens, en revanche, peuvent ressentir une inclination marquée pour les blanches. Mlle Dujay, donna naissance à un enfant dont Counicaname est le descendant.

Bournac remarqua :

Counicaname décèle ses origines à l'œil le moins averti : il n'a pas tout à fait le type de l'Indien, type qui se rapproche tant de celui du Mongol, sa taille est petite, ses jambes sont courtes, ses attaches fines, ses membres, malgré tout, robustes, ses pommettes saillantes, ses cheveux noirs et durs, son corps est dépourvu du moindre poil ! il ne marche pas, les pieds en dedans, comme les gens de son village.

Il y a dans ceci des données ethnographiques susceptibles de servir de thème à de longues dissertations.

— Les Indiens, observa Laveau, ne sont pas exempts de calculs utilitaires. La famille de Catlia, connaît, comme toutes les autres, l'histoire de Counicaname. Or, Counicaname, est devenu Capitaine... C'est un homme respecté... C'est un des puissants d'ici... Et le père de Catlia pense que, si sa fille avait un petit blanc, peut-être que lui aussi, plus tard, deviendrait capitaine... Comme Counicaname !

Ce côté spéculatif n'empêche aucunement, les Indiens, en général, de mériter mille sympathies.

— Sous leurs apparences frêles, ils cachent une endurance à toute épreuve, une résistance rare, une force peu commune. Quels magnifiques entraîneurs que ces indigènes ! s'écria Bournac.

Les fusils des voyageurs sont évidemment plus sûrs que les flèches des natifs. Presque journellement, les pécaris sont abattus; les Roucouyennes les rapportent dans des catouris confectionnés avec des feuilles de palmier ; ils y culbutent les proies et fixent les fardeaux sur leurs épaules ; un bandeau végétal ceint leur front qui supporte à peu près tout le poids de la charge. L'un après l'autre, les porteurs regagnent le campement. Ils parcourent, ainsi, très facilement, jusqu'à quinze kilomètres, en dépit de la raideur des pentes et de l'inexistence des sentiers. Leurs sens sont infiniment plus avivés que les nôtres. On connaît l'acuité de leur vue, la finesse de leur ouïe, la sensibilité extrême de leur odorat. Tous les voyageurs en ont parlé ; leurs récits comportant souvent une grande part de vérité, en dépit des trames romanesques, étranges, fantastiques, parfois surnaturelles, ont charmé notre jeune âge. Les chapitres de Gustave Aimard, de Mayne-Reid, de Louis Boussenard se sont inscrits dans nos mémoires. Mais ce ne sont pas eux qui formeront jamais de véritables pionniers. Ils comportent trop de fantaisie ; les élèves de nos collèges sont incapables de ne point la confondre avec la vérité. Nous n'insisterons donc pas, ici, sur l'adresse, l'agilité surprenante qui permet aux Indiens de grimper aux arbres les plus élevés, simplement avec l'aide d'une couronne de lianes dont ils entourent le tronc et dans laquelle ils introduisent leurs pieds. Cela aussi est connu. Mais ce qui l'est moins, ce sont les vertus natives de l'Indien. La sobriété est peut-être la principale, car il sait se priver, vivre de peu, presque de rien, souffrir sans se plaindre. Ses diètes habituelles ont pour résultat l'entretien merveilleux d'un estomac propre à engloutir, pendant les jours de liesse, — et aussi pendant les nuits, — des flots de cachiri et des kilogrammes de viande cuite au piment.

N'épuisons pas le sujet tout d'un coup ! Au fur et à mesure que Laveau pénétrera dans la forêt vierge, en s'acheminant vers les Tumuc-Humac, nous aurons l'occasion de relever mille petits faits de la vie quotidienne, intime ou collective des Indiens des différentes tribus.

Un soir, en rentrant, Aponchy s'écria :

— Le canot est fini !

— Allons l'admirer ! dit Laveau

C'est l'évidence : Aponchy a bien travaillé. Son canot est grand, spacieux, commode. Tous les colis y tiendront parfaitement: il remplacera avantageusement les petites pirogues des Roucouyennes ; elles manquent d'ampleur ; avec des bagages, on s'y trouve trop à l'étroit.

Counicaname est ravi. Quelque diable le tente :

— C'est entendu, affirme-t-il, je vous conduirai jusqu'au dernier village de l'Itany, au pied même des Tumuc-Humac.

A cet effet, le capitaine mobilise ses soldats, ses peïtos, pour réparer ses embarcations et les mettre en état d'effectuer honorablement ce long voyage.

Oh ! Counicaname ne travaille pas tout à fait pour rien, on peut en être sûr ! Laveau a conclu avec lui un marché ; l'heure du départ qui approche, correspond un peu au fameux quart d'heure de Rabelais, autant avant qu'après, n'est-ce pas ?

— Nous allons, dit Laveau, étaler sous les yeux des Indiens nos marchandises d'échange.

— Comme les types de la foire aux puces ! précise Bournac.

— C'est une opération nécessaire, répond Laveau. Il faut attirer l'attention, flatter les regards, mettre en valeur les objets les plus insignifiants, en tenant compte de l'instinct qui attire

les naturels du pays, plus particulièrement vers
des choses bénévoles, sans grande valeur, mais
qui brillent et semblent capables de parer avantageusement les hommes et les femmes. Sur ce
tas, mettons des peignes ; sur cet autre, plus loin,
des miroirs ; ailleurs, des outils. Chacun fixera
son choix. On totalisera les lunes probables de
travail ; on totalisera les bibelots. Voilà, c'est payé!

— Oui ! mais s'ils se sauvent, après, fit Bournac, on n'aura pas de gendarmes pour les rat-
traper.

— On n'en a pas besoin, répond Laveau.
L'Indien qui a promis de travailler, travaille ; il
respecte sa parole. De combien d'Européens n'en
pourrait-on pas dire autant ! Beaucoup, en effet,
auraient par delà les côtes de la Guyane, à faire
l'apprentissage de la sincérité.

Tout le monde est affairé. On charge dans le
grand canot le plus encombrant : armes, munitions, pharmacie, instruments pour levés de plans,
baromètres pour l'évaluation des altitudes.
Laveau, Bournac et Doreau y prennent place.
Quant à Jean, il viendra, dans une pirogue légère,
minuscule, en compagnie de Catlia. Non loin des
eaux tumultueuses d'un rapide, sous les lianes
qui s'enlacent, s'enchevêtrent, s'unissent, se
marient, dans le déluge des orchidées, c'est la fête
bruyante du départ.

— Veinard, va ! s'écria Bournac

En avant les rames ! les bras sont fort. Le convoi
nautique s'ébranle. Les oiseaux de basse-cour
poussent de grands cris, les agamis au bord du
fleuve gémissent à mesure que ce cortège s'éloigne. La flottille de Counicaname suit de près. Elle
porte le reste des bagages, les vivres, principalement. Le capitaine indien est accompagné de dix
de ses peïtos, à raison de deux par canot ; sur le

neuvième, il n'y en a qu'un, mais les femmes de Counicaname complètent le chargement.

Les sillages s'entrecroisent ; les rives bruissent ; les herbes frémissent. Tous les animaux de la forêt sont en émoi. Des milliers, des millions de cigales, perdues dans les profondeurs des frondaisons impénétrables, crissent, heurtent leurs stridentes cymbales, formant un orchestre invisible, toujours préparé pour les éternelles liesses de la nature, dans les régions équinoxiales. Des bandes de sapajous, alertes et curieux, à la mine éveillée de titis parisiens regardant passer le bœuf gras, sautent, gambadent, mus par la surprise, par la joie ou par l'effroi : ils s'arrêtent bientôt, osent tourner la tête, regarder entre les feuilles, avides de contempler des physionomies inconnues. Peut être entrevoient-ils, eux aussi, des mondes nouveaux d'où les êtres susceptibles de révolutionner leur domaine, sous des airs pacifiques ont surgi. Comme le village va disparaître, aux yeux de ceux qui s'éloignent, Counicaname propose d'adresser un salut retentissant à ceux qui restent. Les blancs braquent leurs fusils dans les arbres, et, sur un signal, la salve éveille tous les échos des profondeurs où rampent les serpents, où bondissent les tigres. Les sapajous, pris de panique, grimpent sur les hautes branches ; ils poussent des cris qui, répétés de cime en cime, avertissent tout le peuple de la forêt de l'événement extraordinaire qui vient de s'accomplir. Les Tumuc-Humac en frissonnent sans doute, elles-mêmes, grâce à cette primitive télégraphie.

C'est le 10 novembre 1913

Deux jours de canotage suffiront pour atteindre le village du Tamouchy Païké, au bas de la crique Oulémary, où, dit-on, habitent les fameux Indiens Oyaricoulets, les inabordables.

## VI

## NON LOIN DES INDIENS OYARICOULETS

Lorsque les nègres Bonis parlent des Oyaricoulets, ils les désignent ainsi : Indiens à grandes oreilles.

— Il ne faudrait pas croire, dit Laveau, que les oreilles des Oyaricoulets s'allongent à la façon de celles des ânes ; elles ne sont pas sensiblement différentes de toutes les oreilles que nous connaissons aux hommes des autres races — du moins en ce qui concerne la partie supérieure de la conque ! Quant à la partie inférieure, c'est une autre affaire: les Oyaricoulets travaillent à sa déformation, par préjugé, par croyance, tradition, de la même façon que les Chinoises travaillent à la déformation de leurs pieds.

— La façon dont les Oyaricoulets déforment leurs lobes mérite d'être connue : à l'instar de nos coquettes qui se parent de boucles d'oreilles, plus ou moins riches, ils y percent un trou ; seulement, dans ce trou, ils enfoncent une cheville de bois d'abord très petite : au bout d'un certain temps ils remplacent la petite cheville par une plus grosse ; peu à peu le trou s'agrandit et le lobe s'allonge.

— Les Oyaricoulets sont de vrais sauvages !

Tel est l'avis de Jean

— Ils n'ont aucune relation avec les Roucouyennes, dit Laveau. Il circule sur leur compte une quantité de légendes que Counicaname et Paiké admettent comme article de foi. Les habitudes de leurs voisins, leurs mœurs ? ils n'en connaissent rien de précis, ni d'exact. C'est en se fréquentant qu'on apprend à se connaître ; comme ils ne se fréquentent pas, ils s'ignorent. Ils savent tout au

plus que le dialecte en usage dans la crique Oulémary constitue une autre langue que la leur.

— Quiconque s'approche est fléché, confie Counicaname.

— Ce n'est pas très encourageant, dit Laveau.

— C'est pourquoi, ajoute Jean, les paisibles
Roucouyennes sont peu désireux de voisiner.

— Ceux qui ont eu l'occasion de monter dans
ces parages ne s'en sont point félicités, en effet ;
ils n'ont trouvé que des êtres humains rebelles à
tout contact, à toute civilisation, le sauvage
classique, quoi.

Laveau fait appel à ses souvenirs :

— En 1890, dit-il, en redescendant vers Saint-
Laurent-du-Maroni, avec Henri Coudreau, nous
avons rencontré au placer de Cormontibo, qui est
celui de Firmin Gaillot, un créole de Cayenne
nommé Jeannette, et Jeannette nous a raconté
une histoire : « Avec un noir, attiré comme lui
par les possibilités de trouver de l'or, il s'en était
allé chez les Oyaricoulets pour y effectuer quelques prospections. L'or était en abondance là-bas.
Mais, en travaillant, le noir fut blessé ; il est mort
presque aussitôt. Quant à Jeannette il fut visé
aussi ; une flèche l'atteignit sous le menton ; il
put s'enfuir et n'échappa à la mort que par
miracle.

Jeannette était heureux et désolé tout à la fois ;
il avait découvert un véritable pactole ; mais ce
qu'il raconta ne mit jamais les mineurs en humeur
de s'aventurer dans d'aussi dangereux parages.

— Et personne ne l'a tenté, depuis ? demanda
Jean.

— Quelques efforts individuels se sont mani-
festés : il y a trois ans d'autres chercheurs d'or
ont voulu renouveler la tentative de Jeannette ; ils
sont arrivés au premier village des Oyaricoulets ;
ils ont voulu y pénétrer... Mais les flèches sont

parties toutes seules... Les coups de fusil constituèrent une réplique bruyante et les Indiens s'enfuirent. Pas tous pourtant : une femme qui allaitait son enfant n'a pas pu les suivre. Restée en arrière, les aventuriers s'approchèrent d'elle et la capturèrent avec son petit ; pour la ramener, ils lui constituèrent une escorte. Présentement elle est dans le Ouaki, affluent de l'Aoua où quelques prospecteurs vivent côte à côte. Pauvre Indienne !... Combien elle regrette son toit de feuilles de palmiers et son abatis plein de manioc !... Les nouveaux compagnons tentèrent d'adoucir son sort et d'atténuer sa tristesse ; elle était nue comme un ver: ils lui donnèrent du linge. Peu à peu elle s'est habituée à son nouveau genre de vie ; maintenant, paraît-il, elle parle créole et son enfant se développe normalement.

Il n'est personne qui n'ait quelque chose à dire au sujet des Oyaricoulets. Aponchy lui-même a la cervelle meublée de souvenirs ; il tente de conter une histoire qui remonte à une date indéterminée. La mémoire d'Aponchy n'apparaît pas très fidèle. Il dit :

— Autrefois, les Bonis ont fréquenté leurs mauvais voisins. Mais des combats terribles...

— C'est le même refrain !... Comme dans toute bataille sérieuse, il y eut des morts et des captifs ; les nègres ramenèrent à Cotica cinq Oyaricoulets qui y sont restés pour y mourir.

— Les Oyaricoulets ne tiennent pas beaucoup à éclairer les mystères dont on entoure leur tribu, fit Jean.

— Moi, j'aime mieux ne pas y aller ! s'écria Doreau.

— Ce que nous venons de dire, continua Laveau, constitue à peu près tout le stock de connaissances relatif à cette peuplade du Contesté Franco-Hollandais. Cette tribu, évidemment, n'est pas la seule. Dans une autre crique, à deux jours au-dessus de Yamaïke, il y a d'autres Oyaricoulets très nombreux. Ils ne sont pas davantage connus. Les Roucouyennes ne les abordent pas davantage, pour les mêmes raisons. Ce qu'ils savent, c'est que ces frères rébarbatifs sont très pauvres, qu'ils ne possèdent ni haches, ni sabres, ni armes autres que l'arc et la flèche. Ils n'ont même pas ce pan de linge rudimentaire qu'on nomme calembé. Mais, en revanche, leurs arcs sont d'une longueur démesurée; la flèche qui part, vole bien loin ; les tireurs sont habiles ! Apparaissent-ils en nombre au bord des cours d'eau ? les Roucouyennes effrayés s'enfuient aussitôt ; et, cependant, tout certifie que ces ennemis ne sont point anthropophages : ils descendent sur le bord de l'Itany, dans la saison sèche, pour s'y livrer à la pêche. Ils laissent sur les bancs de sable la trace de leurs pieds et des trous dans lesquels ils ont déniché les œufs d'ignane dont ils sont très friands. Convient-il de s'étonner de ce manque de sociabilité ! Non. En effet, ceux qui ont tenté de pénétrer chez eux n'ont pas montré suffisamment de douceur. Les coups de feu, les rapts, la violence sont des moyens néfastes. L'Indien est excessivement impressionnable : il faut crier de très loin pour qu'il ne puisse jamais croire à quelque surprise toujours possible ; parler son dialecte est une nécessité ; il en est une autre : paraître sans armes, solitaire... Il n'est pas interdit à l'explorateur de dissimuler le winchester soigneusement, et de laisser du renfort derrière soi, pour s'appuyer sur la force si les événements l'exigent. C'est une affaire de tact en même temps que de ruse.

— Sur quel point nous dirigeons-nous ? demande Jean.

— Sur le village de Païké. Il porte le nom d'un

capitaine, survivant de la petite bande de Pilipou, que j'ai présentée autrefois à Gerville-Réache.

— Nous y serons bientôt, dit Counicaname. Nous n'avons qu'à atteindre l'autre rive.

— La rive hollandaise ! précise Laveau.

— L'ancien village est en face, complète Counicaname.

Païké se promène ; il aperçoit les pirogues depuis un moment. On accoste ; il demeure d'abord interdit. Son émotion se dissipe promptement ; un cri de bonheur s'échappe de sa poitrine. Ce sont des gens de connaissance qui abordent. Des blancs ?... Ne sont-ce pas des physionomies connues ?.. Ah ! quelle joie !... Il ne la contient plus.

Il en est qu'il croit reconnaître de loin parmi ces visiteurs. Souvent il a songé à la rencontre possible ; mais tant d'années se sont écoulées qu'il n'y comptait plus. La surprise, habituellement, double le plaisir ; Païké s'élance ; comme un cabri, il saute, il court. Où va-t-il ?... Il va vers son pagara, petit panier qui renferme des objets utiles et des souvenirs. Il sort de la cabane en portant le précieux réceptacle qu'il pose à terre ; penché vers lui, il en extrait un lambeau de soie rouge et un morceau d'antique chapeau, reliques vénérées ! Ce lambeau d'étoffe est bien peu de chose, mais, dans ses plis fanés, il renferme le passé et les émotions d'autrefois. Laveau le lui a donné jadis ; le débris de coiffure est également un vestige d'une ancienne générosité.

Cette puérilité atteste manifestement que la reconnaissance demeure au cœur des Indiens, alors qu'elle s'atrophie et meurt promptement, la plupart du temps, dans celui des blancs.

Païké, joyeux vivant, ne veut pas qu'on s'ennuie à ses côtés. Il déborde en paroles de bienvenue, en promesses multiples :

— Nous irons à la chasse ! En attendant, on va boire en votre honneur !... On va danser !

Il donne des ordres :

— Qu'on prépare le cachiri !

— Le cachiri ?... Qu'est-ce que c'est ? demande Bournac.

— Laveau explique : C'est une boisson fermentée, que nous produirions, nous, par des galettes de cassave concassées, dont les fragments seraient déposés dans un tronc d'arbre creusé en forme de canot et que nous remplirions d'eau. Celui des indigènes résulte de procédés analogues: la galette de farine de manioc, la cassade est masliquée par les jeunes femmes qui la déposent en bouillie dans des calebasses.

— Pouah ! quelle saleté, s'écria Bournac.

— Non pas, répond Laveau. L'opération est exécutée, tandis que les vieilles filent le coton qui servira à la fabrication des hamacs. La fermentation expulsera toutes les impuretés. Nos vignerons écrasent bien le raisin avec leurs pieds et vous n'êtes pas dégoûtés du vin.

— On n'en a même pas assez ! fit Doreau.

— Les calebasses sont vidées ensuite dans le fameux tronc d'arbre, poursuivit Laveau ; l'eau y est versée ; des feuilles de palmier ou de bananier recouvrent le tout. Le lendemain, une écume formidable entraîne toutes les impuretés. Le breuvage est prêt.

Bournac et Jean font tout de même la grimace. Ils préféreraient employer le marteau d'un casseur de pierres ou le mortier d'un pharmacien plutôt que les quenottes des femmes indiennes.

Païké est contemplatif, sentimental.

— Bon Tamouchi Laho ! s'écrie-t-il, le regardant. Dans son langage caraïbe il ajoute : « Yépé tamouchi laho, you Toaké apoye amolé. »

« Je suis tellement content de te revoir ! »

Rien dans notre langue ne peut rendre la satis
faction de l'Indien. Tous les termes d'une traduc-
tion sont très inférieurs, comme expression, aux
mots qu'il emploie. Ceci, au reste, n'est-il point
commun à toutes les traductions ?

Laveau mué en Laho. C'est fatal, Païké n'étant
aucunement polyglotte.

Cela ne prête point à rire, parce que le brave
Païké est sérieux et qu'il met tout son cœur dans
ses phrases.

Les réceptions, dans tous les villages indiens,
sont identiques. Une fois de plus, les femmes
apportent la grande et commune marmite au centre du village ; elle contient le piment et le singe
bouilli, pot-au-feu de là-bas, dont les vapeurs
épandent un fumet peu réjouissant pour l'odorat
de nouveaux venus.

— Ah ! le voilà enfin le fameux singe! s'exclame
Bournac.

Jean avance la tête, curieusement, pour voir.

Doreau se pince les narines entre le pouce et
l'index et voudrait fermer les yeux. Il ne trouve
pas un mot pour exprimer son inappétence. Il
reste muet, pétrifié, ne sachant pas s'il doit faire
un pas en avant ou cent en arrière.

— Ah ! mon vieux, lui crie Bournac, ce ne sont
pas les crèmes de Galliéni !... Mais ce n'est tout
de même pas une raison pour faire à un tel point
le mijoré. Cela ne te va pas !

Si Doreau avait pu reprendre un billet pour un
retour précipité vers la terre de France, avec quel
empressement il se fut précipité au guichet ! Malheureusement, quand on est au centre de la forêt
vierge, il faut s'y tenir.

— Souvent, remarque sagement Laveau, il faut
savoir manger de tout, pour manger à sa faim !

On fait cercle autour de la marmite. Païké se
prodigue en invitations. Il crie à tous les vents :

« Yépé em tapicaye ! »

— Qu'est-ce qu'il chante ? demande Bournac à
Laveau.

— Accourez, soldats, amis, femmes, enfants,
voici la manne ! voici le bonheur !

Paiké trempe sa galette dans l'unique soupière.
Il invite tout le monde à en faire autant. Puis,
saisissant un morceau de viande à pleines mains
dans le bouillon, il le retire et l'offre, tout dégout-
tant, à ceux qui l'entourent.

— Pauvre type, remarque Bournac ! il n'a pas
d'autre couvert que celui du père Adam !

Une nouvelle grimace appuie la remarque.

— Ce Bournac ! dit Jean. En qualité de châtelain, il voudrait plus de protocole. Mais, que diable, on n'est pas à la table de la reine d'Espagne,
à l'Escurial !

Laveau tire de sa poche, du sel, précieusement
enveloppé dans un papier. Jean qui imite son
père dans tous ses gestes, en fait autant.

Doreau soupire :

— Nom de nom ! à Madagascar, c'était dur,
mais c'était mieux !

— Vas-y donc à Madagascar ! crie Bournac toujours un peu agressif.

Le premier moment d'émotion et d'interloque-
ment est vite passé ; on fraternise, sur les visages,
la répugnance s'efface.

Laveau prêche d'exemple. Païké lui offre la
grosse tête ronde du singe qui mijote encore.
Bournac continue à faire le loustic :

— On croirait la bobine d'un cocher de fiacre..
ou celle d'un artiste de la Comédie-Française !

Laveau a sur ses compagnons cette supériorité :
l'adaptation parfaite à la vie indienne. Il prend la
tête du singe, saisit son couteau, ouvre la boîte

crânienne, en extrait la cervelle qu'il mange de bon appétit.

— C'est bon ? interroge Bournac qui l'observe.

Laveau répond simplement :

— On dirait du veau !

— Et ça va être chaque fois la même chose ?

— A peu près, mais nous ne mangerons pas toujours sur la place du village autour de la marmite des Indiens ! Nous aurons, un peu plus tard, notre cuisine particulière. Alors, mais alors seulement, nous nous arrangerons à notre guise.

— Doreau ! dit Jean, tu trouveras là ton véritable emploi.

— Je ne demande pas mieux. Je voudrais que ce fût tout de suite !

— En attendant, conseille Laveau, c'est toujours des vieux préceptes du bon Horace qu'il faut faire son profit : « Quand on n'a pas ce que l'on aime, il faut aimer ce que l'on a ».

Celui qui sait se conformer à cette doctrine, n'est jamais véritablement malheureux. Le repas continue.

Le chef indien répète comme un refrain :

« Trempez ! mangez ! »

Les femmes ont apporté des cololos, tapis blancs minuscules.

— Asseyons-nous !

Au centre, sur un paillasson, s'étale un supplément de cassave, il y a de quoi se rassasier.

Toutefois, le repas ne dure point une éternité. Lorsqu'il est terminé, le tamouchi exhibe majestueusement des cigares...

— Il porte ça, comme un curé le Saint-Sacrement ! remarqua Bournac.

Les autres n'ont garde de rire. Ils semblent fascinés par les grands cigares, que les mains de Païké ont roulés et qui sont composés des feuilles de tabac du pays.

Il arrive cependant que le tabac fait totalement défaut dans les cigares ; dans ce cas, ils sont confectionnés avec l'écorce du taouri. Cette écorce est généralement épaisse de deux doigts. Les Indiens la dédoublent à l'infini ; pour cela ils mettent sur champ un morceau rectangulaire ; ils frappent sur le plan supérieur ; une mince lamelle se détache, légère comme un papier de soie ; c'est cette lamelle que l'on roule : une autre donne un ligament pour maintenir la forme cylindrique.

— C'est le cigare tamouyou, analogue au fameux calumet de la paix de l'Amérique du Nord, dit le patron.

Le tamouchi allume. Il fume. A partir de cet instant il offre les cigares aux blancs qui l'entourent.

— Les nègres sont toujours dispensés d'en recevoir ! dit Laveau.

Pourtant, une exception est faite pour Aponchy. Le noir se redresse, fier comme Artaban, heureux d'être considéré. Aponchy, n'est pas un peu plus qu'un vulgaire Boni ! Est-ce qu'il n'est pas, lui aussi, capitaine? Si les autres l'oubliaient, il ferait bien voir que, lui, ne l'oublie pas ! Droit comme un « i », il met sa taille en valeur, et n'en perd pas un millimètre.

— Qu'il est beau ! s'exclame Bournac.

— Il est typique ! appuie Jean.

— Bien mieux, il est unique ! complète Laveau.

Ce n'est plus l'Aponchy de son village, vêtu d'un seul calambé. L'habit ne fait pas le moine, dit le proverbe, mais il le pare, et c'est bien le cas pour ce Boni : un pyjama, des guêtres, un pantalon, c'est une métamorphose !

— Dommage qu'il ait les jambes en manches de veste ! remarque Bournac !

Mais, à cela près ; cette vague difformité dont

sont affligées tant de belles de nos cités est amplement rachetée par le superbe képi de major à trois galons qu'Aponchy ne quitte plus, même pour dormir ; de plus, il s'est ajusté sur le nez une paire de grosses lunettes dont il n'a pas besoin et qui le gênent.

— Ainsi, dit-il, j'ai bien plus l'air Capitaine !

— C'est un singe ambitieux ! dit Bournac.

Aponchy subirait la torture si la torture devait le rendre plus beau. Qu'est-ce en effet qu'un peu de souffrance pour rehausser sa personne ?

— Au fait, avoue Bournac, il y a bien des blancs à Paris qui pratiquent à l'instar des negres !

— Surtout des blanches ! rectifie Laveau.

Pendant qu'Aponchy aspire de larges bouffées de fumée dont il fait voluptueusement des volutes qui lui mettent une espèce d'auréole bleuâtre, les Indiens ont tendu les hamacs, à l'intention de Laveau et de ses compagnons, qui vont pouvoir s'y étendre.

— Quelle prévenance ! dit Jean.

— Allons nous y installer, demanda le patron, cela leur montrera que nous apprécions fort leurs intentions.

Le visage du Tamouchi Païké rayonne.

— Le voilà qui vient s'assurer que nous sommes bien, dit Laveau.

Païké, en effet, s'approche.

La première conversation sérieuse va avoir lieu. Il s'adresse au patron qu'il presse de questions :

— Que viens-tu faire ici, Tamouchi Laho ?

— Je suis venu pour te voir !

— Resteras-tu longtemps ?

— Le temps me presse.

— Pendant combien de lunes ?

— Oh ! pas une lune !

— Où iras-tu ensuite ?

— Chez Yamaïké, puis plus loin !

— Faudra-t-il t'accompagner ?...

C'est bien là qu'il voulait en venir !

Une mission doit toujours être accompagnée.

— Si tu veux ! dit Laveau, cela me fera plaisir car j'ai beaucoup d'amitié pour toi.

— Moi aussi !

Païké accompagnera donc Laveau dans la forêt vierge ; ses femmes et ses peïtos, suivront également. Réunie aux femmes et aux peïtos de Counicaname, la caravane prendra des airs d'importance.

— Eh bien ! mon vieux c'est dommage qu'on n'ait pas un cinéma, déplore Bournac.

Qui pourrait dépeindre la splendeur des soirées dans les tiédeurs de la forêt vierge ? Groupés au pocolo, on parle : on échange des idées sur la contrée, on augmente son vocabulaire, on s'initie aux habitudes de la tribu. C'est familial, charmant, presque poétique. Mais ce qui l'est moins, c'est l'inévitable absorption du cachiri, qui pendant tout ce temps-là fermentait. Quand le vin est tiré, il faut le boire : il en est de même du cachiri quand il est fermenté ; la couleur n'en est pas appétissante ; Bournac, Jean et Doreau en sont à la période des épreuves ; et c'est assez douloureux pour eux ; encore un peu les Indiens s'en apercevraient ; les novices sont terribles.

— Il faut boire ! leur dit Laveau. Vous vous y habituerez. Plus tard même, vous souhaiterez d'en avoir.

Il ajoute :

— Et puis, si vous ne buvez pas, ce serait une insulte à ces braves gens qui n'en méritent aucune !

Au reste, ce breuvage est un stimulant comme le cidre ou comme le vin.

— Le cachiri, je l'aime, comme les Indiens eux-
mêmes ! affirme le patron.

— Si l'aimer est un devoir, on s'efforcera ! dit
Jean.

— Boire est donc une obligation ? interroge
Bournac.

— Même si c'était un supplice, il faudrait s'exécuter, répond le patron.

Est-il utile de retracer les danses en l'honneur
des blancs ?... Et les chasses ?... Et les autres réjouissances ?...

— Cela ne manque pas certainement d'intérêt,
dit Laveau, mais le filage du coton, la fabrication
des hamacs, ne le sont pas moins

— Ce sont eux, demande Bournac, qui font
toutes ces choses-là ?

— Bien sûr, ils ont la matière première... et
l'adresse ! Partout on rencontre le coton à l'état
sauvage. Ne l'avez-vous point trouvé déjà chez
les Bonis ?... Les Roucouyennes, les Oyampis
l'emploient pour la fabrication de leurs couches,
de leurs calambés et l'enveloppement de certains
objets.

— Comment se fait-il alors, qu'on ne le sache
pas en France ?

— C'est toujours la même chose, répond Laveau, on le sait, mais on fait semblant de ne
pas le savoir...

Aucune des peuplades de la Guyane n'est étran-
gère à cette culture. Le commerce ne recherchant
pas ce produit chez elles, elles n'ensemencent que
pour recueillir ce qui est strictement nécessaire
à leurs besoins ; abandonnées à elles-mêmes elles
ne prennent aucune des précautions essentielles
pour assurer l'abondance et la bonne qualité des
produits.

Laveau hésita un moment.

— Je pourrais, dit-il, vous faire une petite le·
çon de choses, mais...

— Mais quoi ?...

— J'ai peur de vous ennuyer !

— Au contraire ! Allez-y, patron !

— Un hectare de terrain grossièrement cultivé
en cotonniers produirait un minimum de 1.600 kilos de coton brut : si les négociants achetaient ce
coton 0 fr. 20 le kilo, par exemple, mis à part, il
y aurait un revenu de 320 francs par hectare pour
un travail peu pénible en lui-même.

En outre, comme il faut 3 kilos de coton brut
pour produire 1 kilo de coton égrené, le négociant paierait 0 fr. 60 ce dernier qui vaut en
France, et en temps normal, 1 fr. 50. Il y aurait
donc 0 fr. 90 pour couvrir les frais d'égrenage, de
fret et il resterait un bénéfice sérieux, soit la moitié : 0 fr. 45.

Et pour l'hectare : $0,45 \times 530 = 238$ fr. 50.

Il faut tenir compte dans ces calculs, de la valeur industrielle de la graine du cotonnier évaluée
à 0 fr. 20 le kilo, ce qui donnerait pour deux
kilos de graines correspondant à 1 kilo net de
coton, un produit de 0,40, à ajouter au profit du
négociant.

Ce qui ferait à l'hectare : $0,40 \times 1.070 = 424$ fr.

L'hectare au total rapporterait donc net :

| | |
|---|---|
| Graines .................. | 424 » |
| Coton .................... | 238 50 |
| Total ........... | 662 50 |

Le cotonnier croît d'une hauteur de 2 à 4 mètres. Il vit six ans, environ. Ordinairement la première récolte a lieu à la fin de la seconde année ;
à la troisième et à la quatrième c'est en plein rap-

port ; à la cinquième on atteint le maximum. Il y a ensuite diminution, comme il y a eu progression... Les intervalles entre les pieds pourraient être occupés par des plantations de manioc, d'ignames, de patates, de caféiers et de cacaoyers. Vous savez ce que M. Despeaux retire, au point de vue de l'alimentation de ses ouvriers, de plantations analogues.

— Alors, on pourrait cultiver cette plante ailleurs que dans la région du Saut Hermina ? demanda Bournac.

— Vous en avez la preuve. De toutes les cultures, celle du coton est une des plus économiques et des plus productives. Elle ne nécessite ni de grandes avances, ni beaucoup de bras. Dans toute la Guyane française, elle pourrait être entreprise, en pleine sécurité, si nos compatriotes avaient en général, plus de hardiesse et d'initiative ! Les concessions importantes de milliers et de milliers d'hectares pourraient être délivrées. La main-d'œuvre nécessaire au défrichement serait fournie par l'Administration elle-même, au prix mensuel de 25 francs par homme, plus la nourriture.

— Oui, mais pour avoir des espaces, dit Bournac, il faudrait abattre le bois !

— Parfaitement ! Ce serait tant mieux, car les coupes magnifiques qu'on aurait par suite du défrichement des forêts pourraient être utilisées par la Marine, ou l'industrie ; on trouverait par ce débit, des compensations tout au moins partielles, peut-être supérieures aux dépenses nécessitées par l'organisation des cultures cotonnières. L'eau serait utilisée sur toute l'étendue de la concession pour l'installation des scies qui débiteraient le bois sur place pour simplifier les transports.

C'est ainsi qu'on ferait d'une pierre deux coups.

— Et c'est ainsi, Patron, qu'un de vos rêves se trouverait réalisé !

— Oui ! Bournac. En défrichant un abatis, tu n'aurais pas lieu d'émettre la sempiternelle lamentation :

« Ah ! si les gros marchands de bois du Faubourg Saint-Antoine voyaient cela ! »...

# VII

## LA FETE A YAMAIKÉ

Païké, deux de ses femmes, son fils, ses soldats, ont achevé leurs préparatifs de voyage : ils emportent chacun leur hamac, leur pagara tressé de feuilles de palmiers et qui leur servira de valise pour les menus objets : les peignes, la petite glace, le roucou qui rougit la peau, les morceaux d'encens qu'on fixera au bout d'un bâton, et qu'on allumera, la nuit, pour se préserver de l'assaut du tigre ; du fil, composé des fibres d'une feuille qui ressemble à celle de l'ananas et provenant d'une espèce d'aloès. Ce fil est nécessaire à l'entretien des flèches ; on en fera de même de la corde pour bander les arcs.

L'encens est une denrée que l'on emporte en abondance. Rien, en effet, n'est moins rare que cette substance ; beaucoup d'arbres la produisent.

On en pourrait récolter des quantités considérables pour l'exportation, dit Laveau :

— Le curé de mon village, serait bien ici, remarque Doreau qui veut faire le loustic, à l'instar de Bournac.

— En route ! crie le Patron, puisque l'on n'aborde pas chez les Oyaricoulets, on atteindra le dessus de leur crique où se dresse le grand village indien de Yamaïké.

— Combien nous faudra-t-il de temps ? demande Jean.

— Trois jours au plus.

— Yamaïké est sur la rive française ; les cartes le portent sur la hollandaise. Il faisait en effet partie, autrefois, du Contesté.

Le trajet s'effectue sans encombre.

Lorsque l'équipe accoste, c'est la fête à Yamaïké, la vraie fête, la fête unique et rare dans le monde des tribus indiennes : on danse le maraké.

— C'est une chance, dit Laveau.

Les réjouissances n'ont pas lieu exprès pour recevoir des amis ; mais les amis en profitent tout de même, ce qui prouve que le hasard fait bien les choses.

Jean, Bournac et Doreau veulent savoir ce que c'est que cette cérémonie.

— Le maraké, explique Laveau, c'est l'initiation à la vie, à ses épreuves, à ses âpretés, à ses souffrances, dans l'espoir de pouvoir vaincre toutes les difficultés, afin d'être apte plus tard à goûter encore aux bonheurs, quelque rares qu'ils soient ou quelque espacés qu'ils apparaissent.

— Qui initie-t-on ? demande Doreau.

Pas les vieux assurément ; ils n'ont plus grand' chance à apprendre de la vie qui ne leur a pas ménagé ses surprises ; quant à ceux qui sont trop jeunes, ils n'ont pas encore le droit de goûter à tous les fruits défendus et l'initiation les négligera pareillement ; ceux qui seront les favorisés ou ses victimes, ce sont les adolescents, mâles et femelles. Ils apprendront en l'espace de quelques jours, tout ce que l'on peut souffrir physiquement ; dans l'apprentissage spécial de la vaillance et du courage, ils feront preuve d'une endurance étonnante. Ces dures leçons, ont, paraît-il, dans la forêt vierge, la plus réelle utilité. Nul ne pourrait s'en passer. A qui les aura reçues, la vie sourira davantage, parce que ceux-ci seront préparés à ses coups, à ses assauts, à ses luttes continuelles. Il en résulte, aussi, des enseignements dont la moralité échappe à notre conception.

Quiconque a passé le maraké est à même de

tout supporter, de tout comprendre, et les plus grands maux eux-mêmes sont impuissants à détruire une seule des racines de la philosophie un peu primitive des Indiens.

— Vous connaissez tout cela comme votre *pater*, vous, Patron ! dit Bournac.

— Et cela ne m'a pas servi à grand'chose en France, répondit Laveau.

Jean ouvre de grands yeux :

Elle est là, réunie, cette jeunesse, espoir des Roucouyennes. Et, pour la circonstance, on a coupé tout ras, des cheveux qui étaient longs. Tous ces corps d'éphèbes palpitants, frémissants, évoluent côte à côte, dans l'attente un peu fiévreuse de la consécration !

Le jeune homme demande à Catlia si elle a participé déjà à cette fête.

— J'ai subi la consécration, répond-elle.

La consécration, cette fois, se fera dans les pompes inaccoutumées ; il faut que le souvenir en subsiste, impérissable au cœur de ceux qui doivent être ses victimes.

— Voyez, déclara Laveau, ils sont là plus de quatre cents venus du Haut-Itany, sur l'invitation du Tamouchi Yamaïké ; pas un qui ne soit animé de l'espoir bienfaisant du cachiri coulant à flots, et par l'espoir de la danse à laquelle tout Indien voue un amour réellement extraordinaire. Ils ont revêtu, pour la circonstance, des oripeaux particuliers et des coiffures composées de grandes plumes multicolores disposées en couronnes flamboyantes ; ils portent des trophées enfantins, de grands bâtons surmontés de touffes de verdure, d'oiseaux rares mis à mort et rembourrés de coton.

— On croirait des diables ! dit Doreau.

— Des sorciers, des possédés du démon, dit Bournac.

Les paquets d'encens brûlent partout dans la nuit ; ils épandent leur lueur, emplissant l'atmosphère de leur senteur âcre ; les pacolos en champignons, les abords mystérieux de la forêt vierge, se teintent d'un rouge infernal ; les invités s'avancent, effectuant trois pas en avant, puis deux pas en arrière, en rythmant les mouvements sur le chant monotone des mélopées : puis, la main droite sur l'épaule de qui précède, chacun tourne en rond, forme un maillon de chaine humaine composée d'être grouillants, énervés, rougis, au roucou, comme des diables, et se livrant à des frénétiques sarabandes, où les jarretières faites d'herbes dont les graines tintent dans les gousses sèches à la façon des castagnettes, où les cheveux dénoués flottent au vent, toison abondante qui achève de donner au tableau des allures vraiment extra-humaines, au milieu de la cacophonie des chants primitifs et naïfs, des sons invraisemblables qui s'exhalent des grands bambous, des toulés, érigés en flèches et qui sifflent, beuglent ou mugissent tout comme un troupeau de bêtes féroces, de serpents, et de singes hurleurs.

C'est une vision étrange, presque apeurante, grandiose tout de même, dont nulle scène de théâtre ne pourrait donner même une faible idée.

— C'est le cadre qui en impose et qui fait tout, dit Laveau. On ne transporte pas en pays civilisé, celui de la forêt vierge ; tout ne serait qu'amoindrissement et les plus belles imitations ne dépasseraient pas les limites d'un pitoyable avortement.

Les paquets d'encens fument et flambent toujours. Et voici pour les éphèbes, l'instant solennel et décisif de l'épreuve : on les amène devant le pacolo, la maison neuve construite pour la circonstance et où on les enfermera pendant de longs jours, dans la fièvre, la souffrance, les méditations. On apporte des figures d'animaux en osier, aras ou chiens, ignames ou tapirs, cochons ou tigres, entre les baguettes entrelacées, de grosses mouches, sortes de guêpes équatoriales sont prises à la taille depuis plusieurs jours : elles ont jeûné : on les a excitées pour qu'elles usent et abusent de leurs droits venimeux ; elles sont là par unités, par deux, par trois, par six. Les vieillards se sont saisis du terrible appareil ; ils approchent les insectes prisonniers et furieux de la poitrine des jeunes filles, et d'autres parties de leurs corps, tout frémissants d'une crainte qu'elles s'efforcent de dissimuler. Et les aiguillons s'y enfoncent, ils y laissent la gouttelette empoisonnée qui, comme une perle limpide, circule en leur canal étroit. Le contact laisse dans l'épiderme ces armes de l'insecte. Et la douleur commence, l'inflammation, l'enflure, la fièvre !

Les jeunes gens regardent et subissent à leur tour, sans défaillir, le pénible contact. Toutes les piqûres étant administrées, la flagellation va l'être aussi. Des coups de verge leur sont appliqués avec une énergie que stimule des cris dont l'intonation a la nuance d'une psalmodie hiératique.

Bournac en frémit, Jean aussi, Doreau est livide.

Au fur et à mesure qu'ils ont subi l'épreuve, les éphèbes sont introduits dans le pacolo ; ils y demeureront pendant quatre jours et quatre nuits, vivant de cassave sèche et buvant de l'eau, tandis qu'au dehors la danse continue, échevelée, diurne, nocturne, avec ses mimiques, ses lueurs, ses odeurs, toute sa liesse débordante de folie qui eût déconcerté l'imagination d'un Teniers ou d'un Van Ostende.

La « musique » s'éternise. Les calebasses de cachiri se vident sans arrêt. Le capitaine est heu-

reux. La multitude des indigestions pendant que
l'ingestion continue est l'indice probant que tout
le monde est content et qu'il a bien fait les choses.

— Il n'est pas possible, dit Bournac, de se tré-
mousser aussi longtemps et de fatiguer son estomac sans avoir besoin du concours de la pharmacie et de la médecine !

— Patience ! cela vient, répond Laveau. Les
Indiens, comme les Noirs, sont friands de
remèdes, et, chez eux, l'explorateur peut se trans-
former, utilement, en docteur Purgon ou Diafoirus.

— Notre rôle va commencer alors ?...

— Rien n'est moins probable. Les Indiens qui
ne possèdent pas de faculté, d'université ne sont
tout de même pas, comme on pourrait le croire,
dépourvus de praticiens ; les praticiens sur toute
la surface du globe ont fait leur apparition en
même temps que les autres hommes.

— Oui, dit Jean, il me semble que Montaigne
signale le cas d'un village exceptionnel, qui
n'avait pas de savant, et vivait heureux pour cette
raison : les paisibles habitants de cette agglomération lointaine perdirent jusqu'aux traces du
moindre bonheur le jour où un loustic s'avisa de
leur enseigner l'anatomie.

— Eh bien ! dit Laveau, ce professeur d'anatomie on le rencontre pareillement quand on
s'achemine vers les Tumuc-Humac. C'est toujours
un gaillard un peu plus malin que les autres et
qui prétend tirer profit de l'assujettissement de
ses camarades à la maladie et à la mort. Ici, c'est
Counicaname.

— Counicaname est médecin ?...

— Oui, et il ne perdra pas son temps.

En effet, au dernier jour de la fête, son succès
est énorme. Tous ceux qui ne sont pas malades
veulent le devenir afin de pouvoir profiter de ses

conseils ; les gens qui sont descendus pour multiplier les veilles, les agapes, les libations, les danses se sentent pris de fatigue parce qu'ils savent que le médecin est là, et, que dans son atmosphère, ils se retremperont comme des privilégiés à qui il serait permis de se plonger dans la Fontaine de Jouvence.

Etrange vertu de la médecine !

— C'est une affaire de confiance ! dit Bournac.

— Comment expliquer qu'en sa présence, les membres perdent de leur souplesse native, les organes sains de leur excellent fonctionnement?... Comment expliquer que tous ces rouages humains parfaitement réglés se découvrent comme par enchantement une tare quelconque qui menace de les frapper d'arrêt ? Car si Counicaname eut été là de prime-abord, chacun eut été indisposé !... Si l'on voulait philosopher comme Montaigne le faisait, on en arriverait, on le conçoit, aux mêmes conclusions.

— En effet, dit Bournac, sans Counicaname il n'y aurait pas de maladie à Yamaïké pendant les fêtes ; mais comme il est là, il faut que tout le monde soit touché... en imagination !

— Dans des cas aussi peu graves, observa Laveau, les guérisons sont bien faciles à obtenir. Ainsi qu'au bon temps des sorciers, quelques incantations suffisent, accompagnées de quelques oraisons d'astrologue et de quelques passes magiques ou magnétiques. Le grand ennemi, il faut bien qu'on le sache, ce n'est pas le microbe ni l'épuisement d'un organe essentiel : c'est le diable, c'est Yolock, c'est lui qu'il faut chasser ! Làbas, il prend très volontiers pour asile le corps des hommes ou des femmes. Counicaname, en jouant le rôle de piaye, remplit pareillement celui d'un prêtre exorcisant.

— Les religieux du moyen âge, remarque Jean,

prêtaient de la même façon leur concours aux hystériques, aux sorciers et tous autres individus possédés du démon.

— Le piaye est un bon morticole, poursuivit Laveau ; il se doute bien que ses traitements sont un peu dérisoires. Mais que lui importe ? Son art lui rapporte plus ou moins, mais toujours quelque chose ; si ce n'est un chien, c'est du gibier ; si ce ne sont pas des plumes d'aras, ce sont quelques hamacs. Il gagne pour meubler son pacolo, quoique modestement. Il a pour coucher des amis, s'il en reçoit chez lui.

— Nos docteurs de la Faculté sont plus modestes et plus exigeants, dit Bournac ! Mais il est vrai qu'ils ne travaillent pas à la façon de Counicaname et de ses confrères.

— Ils font étalage de plus doctes formules et mettent les cornues des laboratoires au service de leurs clients pour des analyses ou des synthèses dont le piaye ne connaît pas le premier mot. A quoi bon les connaître... Ses pratiques lui suffisent et les plantes équatoriales ne sont pas sans vertu : la preuve en est que les Indiens ne meurent pas plus souvent que nous, toute vérité de La Palice mise au rancart.

— Counicaname ! dit Jean, mais où donc est-il ?... Je ne l'ai plus revu depuis que nous sommes ici.

— En effet, confirma Laveau.

— Je l'ai vu ce matin qui entrait dans un carbet, là-bas, tout au bout du village, indiqua Doreau.

— C'est un logis qu'on lui a préparé dès son arrivée, expliqua Laveau ; on l'appelle l'otomane. C'est non seulement sa résidence, mais c'est l'infirmerie, l'hôpital au besoin.

— Si nous allions le voir ? demanda Bournac.

— Pourquoi pas ? répondit Laveau.

Les quatre hommes se mirent en marche. Catlia demanda à Jean s'il allait la laisser seule.

— Non, dit-il, viens avec nous ; tu te sens avec nous comme avec les tiens et tu as bien raison.

Quand ils arrivèrent, justement Counicaname introduisait un malade qu'il poussait devant lui... Dès que le malade fut entré, Counicaname le suivit et ferma la porte faite de feuilles de palmier.

— Ecoutez ! dit Laveau.

— Pas possible ! il égorge le client ! fit Bournac.

Laveau sourit.

— Non ! il travaille ! assura-t-il... Il pousse des gémissements à fendre l'âme, agite des palmes et produit ainsi un bruissement analogue à celui des frondaisons de nos peupliers agités par le vent, il prononce des phrases inintelligibles, il chante des refrains incompréhensibles, donc intraduisibles ; d'autres fois, pour varier il pousse des cris aigus, imite des voix rauques, glousse comme une poule, hurle comme un loup, glapit comme un renard, rugit comme un lion.

— Si Yolock ne décampe pas, dit Bournac, c'est qu'il a mauvais caractère.

Laveau continua :

— Il décampera et tout à l'heure Counicaname se chargera d'en apporter les preuves au patient.

— Je serais bien content de la voir aussi, cette preuve, dit Jean.

Un coup sonore retentit à la porte.

— Voilà, confia Laveau, Counicaname est en train de l'acquérir. Il a bandé son arc, puis il a dirigé une flèche rapide et pointue sur la porte du carbet par laquelle Yolock doit s'enfuir. Cette flèche au moment où je vous parle, il la rapporte triomphalement au malade ; la lance est rougie par le sang.

— Le piaye, dans ce cas, doit être un prestidigitateur, affirma Bournac.

— Oui ! ce sang est celui du diable. Le piaye l'assure. Mais ce qu'il tait, c'est qu'avant de la tirer, il l'a lui-même ensanglantée.

— Les possédés sont des buses ! fit Bournac.

— Evidemment, un possédé ne doit pas chercher à pénétrer le mystère. La confiance, voilà la vraie source de la guérison. S'il se méfiait, s'il mettait en doute, ne fût-ce qu'un instant, les affirmations de l'opérateur, tout le charme s'évanouirait, il resterait sans doute à jamais affligé de ses maux.

— L'Evangile a raison, reconnut Jean : Bienheureux les pauvres d'esprit, le royaume des cieux leur appartient.

— Oui, dit Laveau, ils sont contents puisqu'ils espèrent. Et c'est la meilleure interprétation qu'on puisse faire de la parabole.

Le Tamouchi Yamaïké amène sa fille.

— Qu'a-t-elle ? demande Laveau.

— Elle est affligée de grandes souffrances !

— Cette fois dit Bournac, ce ne sont pas certainement des souffrances imaginaires. Regardez le sein droit de la pauvre femme.

En effet, ce sein est énorme, gonflé, comme une outre.

— Est-ce que le diable est aussi là dedans ? interroge Bournac.

— C'est ce que le piaye lui répondra car ses connaissances anatomiques sont vraiment par trop rudimentaires pour qu'il puisse formuler un autre diagnostic. L'instinct et l'habitude lui donneront cependant des indications utiles.

— Peut-on savoir ce que va dire le piaye ? demande Bournac.

— Je ne sais. Entrez avec moi !

Counicaname, tout à son sacerdoce, ne fit point

attention aux amis. Il pratiqua une légère incision, puis des succions répétées et puissantes ; il en cracha le produit, comme s'il se fut agi du venin d'une vipère.

Les atroces douleurs s'atténuèrent peu à peu. La médecine sauvage avait atteint le but que s'assigne la médecine des civilisés.

Comme la malade va mieux, Laveau dit à Yamaïké :

— Nous allons partir bientôt.

Le chef indien ne partage point cet avis.

— Non ! répond-il, il faut attendre la fin des danses.

« Oua ! Aouap apsic yépé Tamouchi Toulépoc avoimpo. »

— Si jamais je comprends ce charabia ! grogne Bournac .

Yamaïké ajoute quelques mots. Il dit à Laveau :

— Puisque tous les capitaines sont ici, tu ne peux hésiter à nous donner ton consentement au sujet de ce que nous avons décidé : nous te conduirons tous ensemble jusqu'au dernier village. Mais, laisse les danses s'achever, je t'en prie !

— Entendu !

L'argument était irrésistible.

Le Tamouchi Yamaïké pourra être éminemment utile ; il est encore vert, en dépit de ses soixante-dix ans !

— Vous irez à la chasse, suggère-t-il, pendant que les autres s'amuseront. Et vous rapporterez beaucoup de viande.

La viande, c'est un moyen d'entretenir la fête.

— On ne manquera pas de donner satisfaction à ces braves gens, affirme Bournac.

— Mais on ne fera pas que ça, ajoute Laveau. A côté de l'agréable, il faut l'utile. Bournac et Jean prendront une quantité de vues photographiques : d'Indiens, figures de danses, pas divers,

groupements variés, décors du village, de la forêt
vierge, etc...

— Je veux bien, mais cela ne vaut pas le cinéma !

C'est Bournac qui parle et il a raison.

On ne peut songer sans enthousiasme au parti
que pourrait tirer une maison de films cinématographiques, de scènes aussi typiques, aussi pittoresques dans leur cadre naturel dont nulle des-
cription, si éloquente soit-elle, ne peut donner
même une faible idée, tant la splendeur en est
impressionnante, grandiose et sauvage ! Il y aurait, de par cette opération, une fortune à réaliser
par nos spécialistes. En même temps, nous ferions
connaître les beautés ignorées de notre belle colonie et l'on saurait mieux combien notre France
équinoxiale doit nous être précieuse !

Hélas ! les Tumuc-Humac sont bien loin ! Et ne
va pas là qui veut. Le premier venu n'y serait
pas reçu les bras ouverts et ce n'est pas pour lui
que les Indiens organiseraient le maraké.

Laveau va à la chasse. Il aime ce sport. Les
hoccos sont extrêmement nombreux ; les dindes
sauvages pullulent ; les perdrix foisonnent. Les
coups de fusil sont fructueux et la réussite est
inévitable. Et puis, le tigre, lui aussi habite dans
ces parages. Il est moins dangereux qu'on ne le
croit couramment et, se trouver face à face avec
lui n'est pas sans attrait. C'est une question d'habitude et de tempérament dit Laveau.

Les cochons marrons, quoique plus vulgaires,
ne sont pas à dédaigner. Combien d'autres variétés d'animaux intéressants, oiseaux ou quadrupè-
des, s'offrent de minute en minute en holocauste
aux dieux des exploits cynégétiques.

Quand on est las d'utiliser le Winchester, on
peut se livrer à d'autres plaisirs ; la pêche abondante et facile est une diversion. Les garde-chas-

se et les gendarmes sont absents, répète Bournac ;
liberté absolue de délaisser la gaule et les engins
à la loi pour opérer des récoltes miraculeuses à
l'aide de la dynamite.

— L'opération si bien conduite par saint
Pierre, ajoute-t-il, et dont nous entretient l'Evangile, auprès de cela, n'est que de l'enfantillage !

Toute médaille, dit-on, a son revers. C'est bien
agréable de tuer des bêtes et de dépeupler les
eaux, mais il faut revenir au village, chargé de
son butin. Le poids du butin est encore lui-même
peu de chose : ce qui est tout, c'est la vermine
dont généralement il est couvert.

Voici les puces pénétrantes aux terribles su-
çoirs ! On s'enduit la peau de roucou pour les
éloigner. Mais le remède n'est pas toujours suffisant ; elles le bravent, l'affrontent, y résistent
comme la vermine sait résister à tout. S'il n'y
avait que quelques puces, peut-être pourrait-on
les éloigner et les vaincre ! mais elles fourmillent;
les chiens les rapportent aux pattes ; elles s'im-
plantent dans leur chair, y grossissent, s'y gon-
flent au point de devenir semblables aux petits
pois. Les toutous sont en proie à des démangeai-
sons très vives ; ils se grattent désespérément ; ils
se mordent avec acharnement pendant des heures
entières ; ils écrasent les parasites entre leurs
dents et des milliers de petits œufs blancs sont
mis à l'air ; ils y éclosent aussitôt ; c'est la multiplication invraisemblable des puces.

Voici les poux d'agoutis ; ils sont minuscules,
rouges et venimeux ; au point de vue des effets,
ils sont pires que la gale ; ils se plantent, eux
aussi, dans la peau, sous les bras, dans le creux
du nombril, partout où ils se croient en sécurité,
pour se livrer à la curée de l'indigène et du voyageur. Croirait-on que le pou d'agouti est une raison d'échanges spéciaux entre les blancs et les

Indiens ? L'Indien accepte volontiers pour deux sous d'épingles, moyennant quoi il portera des colis des jours entiers. Ces épingles remplaceront avantageusement les arêtes de poissons pour faire la guerre aux parasites ; les pointes s'introduiront dans les replis les plus cachés des chairs pour y tuer les satanées petites bestioles qui tapissent parallèlement la tête des perdrix, des agamis, des cochons et surtout du tapir. Ce dernier souffre tellement de cet envahissement microscopique, que, pour se soulager, se débarrasser, il se jette à l'eau, plonge, se délecte dans les flots ; on le rencontre en naviguant en pirogue ; on l'aborde et on le tue aisément.

Voici les tiques. Elles aussi se plantent dans la chair. Elles laissent à l'air un derrière qui deviendra volontiers gros comme un haricot. C'est la cause de maigreur, d'anémie des chiens indigènes.

Voici d'autres insectes, des espèces de termites qui rongent sans vergogne le linge, la crosse des fusils, les caisses et les malles des voyageurs : ce sont les poux de bois. Ce sont les plus redoutables en raison de leurs appétits particuliers, de leurs tendances et de leurs occupations spéciales. Quand ils se montrent, il convient de les expulser sans retard ; leurs bataillons circulent à votre porte ; il faut les empêcher d'entrer. La nuit, Laveau et ses compagnons les aperçoivent qui grimpent le long des poteaux qui soutiennent le poids de la case ; ils s'en vont, armée redoutable, à la conquête des bagages. Le pétrole les détourne de leur route, en dégageant, sans aucun doute, d'innombrables gaz asphyxiants. La horde envahissante est si nombreuse qu'elle se fraie dans les herbes un sentier visible, ainsi que certaines espèces de fourmis rouges qui circulent par millions et dépouillent, en une nuit, les plus forts géants de la forêt de leurs frondaisons.

Ces fourmis, véritables fléaux de la culture en Guyane, sont des destructeurs méthodiques ; les unes ont la spécialité de couper ; les autres ont pour attribut de ramasser et de porter. Celles qui coupent sont au faîte de l'arbre ; elles commencent leur moisson ; leurs pinces travaillent comme des sécateurs ; les feuilles tombent, tournoient, s'accumulent sur le sol où elles sont aussitôt ramassées par **d'autres fourmis qui** les saisissent, les portent triomphalement comme des drapeaux ; lorsque le vent souffle, le drapeau clapote trop fort et ce clapotement couche celle qui le porte. Mais aussitôt, celle-ci se relève, mue par une ardeur nouvelle ; le sentier qui est suivi frémit et l'on voit dans sa direction les herbes qui tremblent au frôlement des insectes et de leur fardeau. Ces feuilles sont destinées à la confection des nids, qui, en peu de temps, prendront une ampleur invraisemblable et s'érigeront en véritables mamelons couverts d'une terre fraîchement remuée.

Que d'insectes inconnus qui feraient la joie de vingt savants comme Buffon et d'un nombre encore plus grand d'entomologistes comme notre pauvre et regretté J.-H. Fabre ! Mais la société de travail et d'observation de Fabre aurait dû être modifiée ; il n'aurait pu se coucher durant des heures entières, pour étudier dans l'herbe les mœurs des insectes, car il aurait dû craindre tous ceux que nous venons d'énumérer et surtout la fourmi dévoreuse de cadavres, laquelle s'attaque pareillement aux vivants et dont la morsure extrêmement violente est presque intolérable.

Beaucoup de ces insectes innombrables ont des formes analogues, mais leurs tailles sont très différentes et leurs couleurs sont infinies.

En rentrant de promenades en forêt, des excursions sur les rocs où l'on recherche des quartz curieux, dans les criques où l'on veut découvrir l'or, des terres où l'on a prospecté, on se joint aux femmes du village d'Yamaïké. Selon l'habitude, elles se réunissent au centre de leur minuscule cité, cheveux dénoués et flottants, pour y faire leur toilette en commun. Leurs hommes y viennent aussi, dans un but analogue. L'un chasse la vermine sur l'autre ; le cercle s'élargit ; les insectes capturés sont écrasés, au petit bonheur, sous l'ongle ou sous la dent. Cela dépend du jour, de l'heure, de l'appétit, plus que d'une règle générale et immuable.

— Laissons-les à leur nettoyage dit Laveau ; nos occupations ne doivent pas être les mêmes.

Les amis se livrent à des mensurations, à des coupes de cheveux.

— Alors, remarque Bournac, nous nous amuserons à couper des cheveux en quatre !

Ces cheveux, rapportés en Europe, pourront servir à nos savants dans la détermination des races, argumente le patron. .

Les Indiens, qui sont de grands enfants, se prêtent de bonne grâce à toutes ces petites opérations, à tous ces prélèvements et leurs yeux en paraissent amusés.

Ils n'ont jamais rien vu ; ils n'ont jamais rien lu ; leur mentalité à l'âge mûr correspond à celle d'un gamin de dix ans, en dépit d'une prodigieuse mémoire et d'une faculté d'observation vraiment inouïe, mise en éveil par le désir de connaître, lequel se traduit chez les vieux aussi bien que chez les adultes.

Bournac en est tout ahuri.

Les femmes âgées surtout sont curieuses d'avoir des détails intimes sur les blancs. Le dernier soir du maraké, l'une d'elles s'est approchée de lui, pendant qu'il reposait dans son hamac... Timide d'abord, presque tremblante, elle s'enhardit peu à peu :

— Tu as des femmes, chez toi ? demanda-t-elle.

— Oui, j'en ai dix !

C'est que Laveau a recommandé à ses compagnons d'être vantards sur ce sujet, s'ils voulaient jouir de beaucoup de considération.

— Sont-elles habillées comme Catlia ?

— Oh ! mieux que ça !

— Est-ce qu'elles sont faites comme nous ?... Est-ce qu'elles s'épilent ?

— Non.

La vieille prit peur et s'enfuit·

— Ce sont d'innocentes créatures, dit Laveau, qui rêvait sur son pacolo. Il ne faut jamais élever la voix avec elles. Les laisser faire n'entraîne à rien.

— Mais où est Doreau ? demande Bournac tout à coup.

— Et Jean, dit à son tour Laveau.

Il s'en allèrent à la recherche des absents, tandis qu'on ouvrait aux jeunes filles et aux jeunes gens sequestrés les portes du pacolo, car le maraké venait de prendre fin.

Ils virent Jean et Catlia qui regardèrent sortir les couples pâles, amaigris, exténués... Mourants aussi... Tous deux se comprenant sans parler s'acheminèrent sous les lianes, où Catlia berça jusqu'à l'heure où les feux s'allument, son enfant dans ses bras.

## VIII

## LA CARAVANE EN ROUTE POUR PANAPI

— Patron, dit Bournac, le Capitaine Yamaïké nous a offert le cachiri. Si nous lui offrions le punch colonial.

— Les Indiens ne boivent pas de tafia.

— Oh ! une fois n'est pas coutume, insista Bournac. Je suis sûr qu'ils accepteraient, trouveraient ça bon et seraient contents !

Jean qui rentrait avec Catlia jugea l'idée excellente.

Les Tamouchis seront amusés par les lueurs bleuâtres de l'alcool qui brûle.

— Et ça nous changera des fumées de l'encens.

— Puisque cela vous fait plaisir, dit Laveau, qu'on apporte les dames-jeannes !

Bournac courut aux bagages prendre le nécessaire.

— Ça sent bon tout de même ! fit-il en débouchant un récipient.

Jean voulut aussi respirer cette odeur, pour se convaincre que Bournac disait vrai.

— Tu t'es trompé, dit-il. Bournac, tu as pris le pétrole !

— Le pétrole ?... Je jure bien que non !... Je connais bien, pardi ! la dame-jeanne du rhum.

Laveau contrôla pour les départager.

— Vous avez raison tous deux, prononça-t-il. Il y a du pétrole dans le rhum, ou du rhum dans le pétrole.

— C'est trop fort, murmurèrent Bournac et Jean.

Laveau répéta :

— C'est trop fort.

— Qu'est-ce qui a fait le coup ? interrogea
Bournac... Et sans attendre la réponse, il ajouta :
— En tout cas, ce n'est pas moi.
— Ni moi ! fit Jean.
— Ni moi non plus ! accentua Laveau.
Une même pensée traversa la pensée des amis :
— Doreau !
— Où est-il ? demanda le patron.
— Il y a longtemps qu'on ne l'a pas vu, répon-
dit Bournac.
— Tiens ! le voici fit Jean.
Doreau s'avançait en titubant. Une fois près de
ses compagnons, il s'écroula sur un pacolo.
— Je suis malade !... Malade comme un chien !
bégaya-t-il.
On tenta de lui expliquer la déconvenue. Il se
borna à répondre .
— Je ne comprends pas... Je ne comprends pas!
Des vomissements le prirent.
— Douterez-vous, à présent, patron ? demanda
Bournac.
La preuve évidente que Doreau s'était trompé,
venait de surgir.
— Qu'il ait avalé le pétrole, ce n'est rien ! cria
Bournac. Mais que s'étant aperçu de son erreur, il
ait gâché ce qui nous appartient, cela ne va plus.
— Laissons ! ne discutons pas, conseilla La-
veau. Les Indiens, je vous l'ai dit, n'aiment pas
qu'on élève la voix. Le punch est fini... Comme
le maraké, voilà tout.
Et chacun se coucha. Mais Bournac, énervé, en
colère, ne put fermer l'œil.
— Nous allons partir, cela changera les idées,
dit Laveau. Allez chercher Yamaïké.
Yamaïké arriva aussitôt.
— Nous nous mettrons en route demain pour
Panapi, au-dessus de Coulé-Coulé :
— Bien, répondit Yamaïké.

Et il s'éloigna pour donner ses ordres.

Laveau traça son itinéraire.

— Nous suivrons l'ancien sentier de Crevaux, celui qu'il a pris pour descendre vers l'Amazone par le Yari !

— C'est long ! demanda Jean.

— Six nuits consécutives à coucher en forêt !

— On fera son possible pour que le campement ne soit pas trop désagréable, fit Bournac.

A partir de Yamaïké, la rivière foisonne de coumaraous et d'aylmaras. Lorsque le soir descendra et que, sous les grands arbres, l'atmosphère ressemblera à celle des cathédrales, les parties de pêche commenceront. Le poisson frétillant constituera les habituels soupers en plein air; avec la dynamite, on n'est jamais bredouille, et l'on ne s'en revient pas au carbet établi à la hâte, la tête basse, comme les pêcheurs parisiens qui s'en sont allés perdre la journée du dimanche sur les bords fleuris de la Marne ! Les blancs apportent là-bas, des méthodes inconnues des Indiens et qui émerveillent les hommes, les femmes et les enfants. Est-ce qu'ils n'accomplissent pas des miracles ?... Ne résument-ils point tout le savoir-faire et tout le génie humain ?... Lorsque la cartouche aura éclaté au sein des eaux profondes, la gent aquatique remontera à la surface en y étalant les écailles blanches de son ventre qui brillent de la nacre à laquelle on aurait mélangé de l'argent ; les Peaux-Rouges ébaubis, sauteront comme mus par un ressort électrique, dans des pirogues descendant au fil du courant, effectueront la récolte prodigieuse ; les poissons qui ne sont qu'à demi touchés, se débattent entre deux eaux, et cherchent à reprendre leur sens, à plonger de nouveau, à disparaître. Mais en une seconde, l'arc est bandé, la flèche est lancée. Cette fois, c'en est bien fini et le gibier qui ne peut plus fuir est recueilli à son

tour. Les blancs détruisent en masse — la guerre
en est la preuve. — Les Indiens ont plus d'habileté ; s'ils travaillent, c'est pour vivre ; ils n'ont
pas d'autre but, alors que chez nous, il en
existe de si incompréhensibles ! on se prend à se
demander si les Indiens admiratifs ont véritablement raison quand ils se tournent du côté
du soleil levant pour indiquer que là est la Patrie
de ceux dont la couleur est pâle : les parachichis.

Yamaïké a emmené ses femmes et ses peïtos,
ainsi qu'il l'avait décidé. Le nombre de pirogues
s'est accru d'une bonne demi-douzaine. C'est une
véritable flottille, une véritable caravane — mais
une caravane sans chameaux — qui campe au
bord des eaux de la rivière tumultueuse, sous les
grands palmiers hauts de cinquante mètres, à la
cime desquels les Indiens grimpent lestement
pour couper des régimes de comou. Le comou est
une graine beurrée avec laquelle on obtient, en
la traitant par l'eau chaude, une boisson analogue
au cacao. Sous les ramures pendantes, les lianes
entrelacées au milieu des fleurs variées, des orchidées somptueuses, l'abati est vite délimité et le
carbet bientôt installé.

Chaque jour Bournac s'écrie, en montrant ses
photographies :

— Pigez-moi ça patron !...

— Ces photographies proclame Laveau, sont
d'un curieux et saisissant effet, dans le décor féerique ! Les canots de bois de rose sont amarrés et
les Indiens rouges circulent dans le rouge du
couchant. On ne sait pas bien si c'est un paysage
de paradis terrestre, de théâtre ou d'enfer.

Les roches qui surplombent les bords de la rivière s'étagent en gradins. Sur ces gradins qui
furent d'anciens polissoirs pour aiguiser les haches de pierres des tribus d'autrefois, depuis des
temps immémoriaux, les ménages prennent place,

s'installent, et c'est un coup d'œil dont rien, en Europe, ne peut donner une idée.

Le soir du deuxième jour, c'est au saut Vénéré-tépou que le campement a lieu : c'est le plus haut de l'Itany. La rivière, ici, se rétrécit tout à coup, s'étrangle, puis dessine un large coude ; des îlots émergent. Trois chutes précipitent leurs eaux, dans un roulement formidable, par-dessus des barrages de roches établis en gradins ; les courants doublés sont d'une force terrible ; l'onde qui bouillonne, tumultueuse, à chaque étage, tourbillonne creusant la pierre, peu à peu, ainsi qu'une vrille.

— C'est dans ces trous qu'on pourrait chercher le diamant, dit Laveau. Il n'y a pas de raison pour qu'il n'y en ait pas. Ceux du Brésil ne sont pas un mythe.

Bournac s'émerveille. Il voudrait que ce soit immédiat. Il se voit déjà retirant du fond des entonnoirs le carbone entouré de sa gangue, caillou rond qui ressemble à un galet.

Le patron l'en dissuade.

— Plus tard ! dit-il.

Aponchy propose de s'installer sur la rive hollandaise. C'est en effet là qu'est le passage durant la saison sèche ; le lit de la rivière est moins hérissé d'obstacles et les excavations qui grondent sont moins nombreuses.

— L'hiver, dit-il, tout est submergé. On peut, en descendant, franchir le saut n'importe où. Mais il est, autant et plus que tout autre le saut de la Mort s'il n'a pas assez plu... car les roches se dissimulent à peu de profondeur dans le courant et les pirogues s'y brisent.

— Le Saut de la Mort, dit Jean... J'ai lu quelque part que des chercheurs d'or qui revenaient avec de bons chargements avaient sombré ainsi plus d'une fois en en franchissant de semblables.

Aponchy répondit :

— Si l'on pouvait voir au fond des entonnoirs, on y découvrirait des richesses, d'ici à Hermina.

Laveau qui réfléchissait murmura :

— Pour qui connaît l'Indien, Vénérétepou veut dire barrière de rochers. Le nom est assez significatif.

— Si le saut est rapide et furieux, du moins il n'est pas long, fit Bournac.

— En effet, il n'a guère que deux cents mètres et le transbordement de nos bagages sera rapidement effectué.

— Nous n'y procéderons que demain matin, décida le patron.

Aponchy en fut ravi.

Une grosse tortue de terre entraînée par les eaux, se débattit contre le remous assez faible d'ailleurs, près de la rive. Elle flottait et manœuvrait son appendice caudal à la manière d'un gouvernail.

— On va la prendre ! cria le nègre.

A cet effet, l'on accoste au plus vite et l'on décharge une pirogue pour la lancer à la conquête du saurien géant. La pauvre bête fut capturée, hissée à bord.

Aponchy la tourna sur le dos, puis saisissant son sabre d'abatis, qu'il introduisit par l'arrière, à grands renforts de coups, il fendit la carapace. A l'aide de son couteau, il détacha l'animal en supprimant les adhérences supérieures. Et ce fut le premier élément d'un dîner délicieux.

—- Le tigre fait moins de manières, dit Laveau. Il sait décortiquer cette proie d'un coup de patte.

Doreau ne se soucia guère de l'incident.

— Je suis malade !... malade comme un chien ! répétait-il.

Le pauvre diable était en proie à une fièvre intense.

— Une fièvre rapportée de Madagascar ! explique-t-il.

— Oui, complète Laveau à part, mais qui s'aggrave par les intempérances toujours fatales au voyageur.

Le contraste entre les amis est presque violent. Laveau, Bournac et Jean perdent de leur graisse. Ils sont sveltes, d'une légèreté presque indienne. Doreau, lui, est de plus en plus gros, donc de plus en plus lourd. Il se boursoufle ; il enfle. Sa chair est molle, son teint plus cireux que jamais. L'épiderme se décolore tout à fait et ce symptôme ne dit rien qui vaille à ses compagnons.

— On n'a pas besoin de la science de Counicaname pour savoir qu'il file un mauvais coton ! affirme Bournac.

Jusqu'à présent, à la dérobée, il a bu le contenu de la dame-jeanne qu'il a remplacé par du pétrole. A présent, le voilà sevré, la dépression qui commence à cause de la privation risque de s'aggraver.

Il commande à Doreau :

— Prends de la quinine !... en voilà !

Il lui remet des comprimés que l'autre regarde d'un œil terne.

L'équilibre des forces ne se rétablit guère là-bas, lorsqu'il est rompu.

Le pittoresque du site, sa grandeur et sa beauté sont capables de faire dévier une conversation attristante.

Les Indiens, en longue file, portent pièce par pièce, jusqu'en haut, tous les objets... C'est dans la brume matinale un tableau dont rien ne peut donner l'idée exacte. Puis les pagayeurs attachent une corde solide en fibre de comou à l'avant des pirogues qu'ils hèlent à la crête des roches. Elles ont l'air, par moments, d'avoir été placées là par des équilibristes, puis elles se retrouvent, vers le sommet du haut, dans le courant d'où les pagayes les sortiront.

— C'est moins dur qu'au Couitiki ! fit Bournac. Là, il a fallu guider les bateaux sur le plancher des tapirs.

Deux heures plus tard, on glisse de nouveau sur l'Itany. Sans perdre de temps, on arrive au débarcadère, au dégrad, comme on dit, de Coulé-Coulé.

Laveau explique à ses compagnons que deux grands villages : celui du Tamouchi Panapi et celui du Tamouchi Yatalman sont situés au-dessus du chemin de la crique Coulé-Coulé.

— C'est vraiment de là, dit-il, que partira notre randonnée. Aucun Européen, je vous l'ai déjà affirmé, n'est allé plus loin. Nous le dépasserons, nous ; coûte que coûte nous avancerons en nous engouffrant dans l'inconnu.

Doreau tremble.

— Il ne fait pourtant pas froid ! dit-il.

Laveau jette sur lui un regard de pitié ; il se demande jusqu'à quel point le malheureux sera une entrave pour la réalisation d'aussi importants projets.

On décharge les marchandises.

Le lendemain matin, Aponchy décide vingt Indiens à partir avec lui, par ce sentier, où plus tard, Laveau ressuscitera quelques souvenirs vieux d'un quart de siècle. Le guide nègre emporte des vivres ; il emporte aussi des armes ; enfin des outils. Pour effectuer son trajet qui consiste, en quelque sorte, à franchir le seuil des Tumuc-Humac, sept jours complets lui seront nécessaires. Ayant descendu la crique Mapaounani, il rencontrera le Saut Canamaraca. C'est là qu'il doit trouver le bon terrain, l'emplacement convenable pour l'installation de l'abatis qui sera le jardin de Laveau et ses compagnons ; au centre de ce jardin s'élèvera le carbet, maison de campagne d'un caractère exotique véritablement insoupçonnée, lieu de villégiature bien supérieur à celui que peut nous offrir une station balnéaire quelconque.

— Aponchy, lui dit Laveau, tu sauras trouver de quoi peupler le domaine ; tu es perspicace et fouinard ; tu découvriras les beaux plants de manioc, de bananiers, de patates et d'ignames qui sont indispensables. Tu parles un peu roucouyenne ; cela te sera d'une grande commodité. Je compte sur toi.

— Oui ! dit le nègre. Comptez sur moi. Vous serez content.

Accompagné de deux nouveaux porteurs qu'il a recrutés, il part.

— Bon voyage !...

A une demi-journée au-dessus du dégrad de Coulé-Coulé niche le village de Panapi.

— Cette petite agglomération, explique Laveau, est à deux jours du Piton-Vidal ainsi dénommé, parce qu'un commandant de vaisseau de la Compagnie Franco-Hollandaise, qui aida à la délimitation du Tapamahoni, prétendit imposer sa connaissance des lieux.

— Dame ! un commandant !... fit Bournac.

— Ce brave commandant formula quelques erreurs manifestes, notamment en affirmant que l'Itany constitue une branche mère du fleuve Maroni. Comment s'étonner que les cartes de ces régions soient encore à l'heure actuelle très approximatives ? Elles ont été dressées d'après les indications de divers explorateurs ou géographes qui n'ont pas connu ces lieux et n'ont par conséquent, effectué que des suppositions.

— Mais puisque cela suffit au Gouvernement

français, dit Bournac. Vous avez tort, vous, d'être plus colonial que le Ministre.

— Au village de Panapi, nous ferons des vivres, nous séjournerons, nous excursionnerons, nous perfectionnerons nos collections.

Tel est le programme que dressa le patron.

Il ajouta :

— Mais ce n'est point là le plus important ; ce dont il s'agit surtout, c'est de décider le Tamouchi Panapi à se joindre à notre expédition : le capitaine Counicaname, le capitaine Païké., le capitaine Yamaïké, les, femmes et les peïtos, sont au terme de leur voyage, vous le savez ? Ils vont redescendre. L'heure des adieux va sonner.

— Et l'heure des adieux, au fond de la Guyane, en pleine forêt vierge, dit Bournac, est tout de même, une heure émotionnante, bien que ceux que l'on quitte soient de simples Peaux-Rouges.

— Et Catlia ? Interrogea Jean.

— Catlia, je ne sais pas, répondit Laveau. C'est aux Indiens à décider.

Catlia s'évertue à faire comprendre à Jean qu'elle ne retournera pas, parce qu'elle veut aller plus loin.

— Ce n'est qu'un détail sans importance !... dit Laveau.

Il se parle à lui-même :

Si Panapi ne consentait pas à se mettre en route, ce serait grave. Ma désillusion serait énorme. Dans une équipe toute fraîche, comment nous serait-il possible de parcourir les régions ignorées qui s'étendent dans les infinis mystérieux, aux limites indéterminées ?... Avec Panapi, nous remonterions le plus loin possible la partie de l'Itany susceptible de navigation.

— Qui vivra verra, dit Bournac.

Cela servit de conclusion aux diverses préoccupations.

On négociera, en revenant de la chasse, autour des marmites, répandant leur fumet de singe bouilli ; c'est au moment où chacun aspirera la fumée des cigares spéciaux offerts et fabriqués par Panapi qu'auront lieu les tractations. Elles aboutiront, car les Indiens, qui vont redescendre sont enchantés de leur voyage.

Counicaname s'approche lamentable, et dit :

— Counicaname est triste, il a un gros chagrin ; il lui est arrivé un grand malheur !

— Quel malheur ? demande anxieusement Laveau.

Jean qui a vu la scène la dépeint :

— Comme il portait un énorme flacon de mercure, vers la pirogue, il a trébuché ; ses pieds se sont pris dans des racines traitresses et, parce qu'il était chargé, que le flacon pesait plus de quinze kilos, il n'a pu se dégager ; il lui est arrivé un accident extraordinaire pour un Indien : Il est tombé !... Le récipient a heurté une roche et s'est cassé. Le mercure a répandu sur le sol sa nappe argentée et mobile ; le Tamouchi s'est précipité pour recueillir le précieux ingrédien, en criant :

— Caracouli !... Caracouli !...

La caracouli, c'est le mercure,

Laveau sourit ; Jean continua :

— Le brave chef ne trouvait pas autre chose pour exprimer son désespoir enfantin. Penché sur le métal liquide, il essayait de le saisir à pleines mains, mais le vif-argent se formait en boules qui roulait parmi les feuilles, au sein des herbes, comme si elles eussent été enchantées. Il n'en pouvait saisir une parcelle ; en face de son impuissance, désolé, il laissa retomber ses bras en poussant un cri qui indiquait toute sa déception : Aïe ! »

Mais son fils était venu à son aide, plus leste

que le singe ou le tigre, il s'était jeté à plat ventre, et la bouche grande ouverte, il barrait le passage au caracouli fugitif, il parvint ainsi à en recueillir plus d'une demi-livre. Quels efforts !... La scène était plutôt risible ! Mais elle montre le degré d'ingéniosité d'un Indien, pour capturer une substance presque insaisissable, qu'il déposait, au fur et à mesure, dans la bouteille en prenant bien garde de n'en pas avaler ! »

Le chef Indien attendait anxieusement la fin de cette longue explication.

— Mon brave Counicaname, dit Laveau, ce n'est rien. Tu vois je ne t'en veux pas.

Il le prit par le cou à la mode indienne et lui murmura :

— Jépé yaquérénou !

Ami, mon meilleur ami !

L'Indien sentit des larmes de tendresse et d'orgueil qui lui perlaient aux cils.

## IX

## LES ADIEUX A PANAPI

Counicaname veut à tout prix compenser la perte qu'il a fait subir à Laveau ; il se multipliait auprès de Panapi pour lui vanter la bonté, le courage des blancs, afin de le décider plus vite à s'embarquer avec eux.

Mais tant de peine était inutile, le siège de Panapi était déjà fait et sa détermination prise.

— Tu peux être tranquille, dit Counicaname a Laveau. Tu n'auras pas à marcher seul, Panapi t'accompagnera !... Maintenant... You yépé nisa.

— Quoi ! s'écria Laveau. Tu as bien dit You yépé nisa, nous partons ?

— Oui !

— Pas encore, fit le Patron, demain c'est bien.

— Nous partons ! a répété Counicaname.

— You yépé nisa.

Et les peïtos qui se sont approchés, répètent les mêmes mots : Nous partons !

Chez ce peuple primitif, l'acte suit la parole. L'Indien est ainsi fait, et la séparation s'effectuera placidement, sans effusion.

On peut avoir vécu des mois, des années avec ces gens-là ; leur avoir rendu les plus signalés services, avoir tous les droits à leur reconnaissance éternelle, la plus grande froideur subsiste et les démonstrations amicales n'existent jamais.

— Père, dit Jean. N'est-ce pas le moment de parler de Catlia ?... Demande au Tamouchi, je t'en supplie, ce qu'elle doit faire ?... Elle m'a dit que si elle devait nous quitter, elle s'empoisonnerait.

— Ce qui prouve, remarqua Bournac, que les

femmes sont partout les mêmes. Laisse-la donc, petit !... Dès qu'elle sera dans le sentier de Coulé-Coulé, elle n'y pensera plus.

— Bournac, ce n'est pas gentil ! répliqua Jean. Pourquoi me contraries-tu au lieu de m'aider ?

— C'est vrai ! grogna Bournac. J'ai tort et le Patron aussi... Il faut te faire plaisir.

Counicaname demanda à Laveau :

— Que disent-ils ?...

— Mon fils, répondit le Patron, demande si Catlia reste avec nous.

Counicaname parut surpris et gêné de cette demande.

— Son père, dit-il, doit l'emmener !

— Et toi, interrogea Laveau, n'es-tu pas le capitaine ?

— Le Tamouchi n'a nul droit sur les enfants de ses peïtos... Pourtant fit-il, je puis le prier... Peut-être cédera-t-il.

Counicaname et l'Indien échangèrent un regard, puis quelques mots que nul n'entendit :

— Eh bien ?...

— Yépé... C'est fait !... Parce que c'est toi ! Catlia, attentive, eut une expression de satisfaction sur son visage. Ce fut tout.

Païké et Yamaïké s'avançaient à leur tour :

— Je m'en vais, dit Païké.

— Nisa amentaye ! répéta Yamaïké.

— Nisa amentaye ! prononça chaque soldat.

Aussitôt, sans attendre de réponse, ils tournèrent le dos. Bientôt Laveau et ses compagnons les virent en longue file, les gens de Counicaname en tête, qui s'engageaient dans le sentier de Coulé-Coulé.

Catlia expliqua :

— Si Panapi n'avait pu promettre... Tous seraient restés volontiers.

— J'en suis sûr dit Laveau ; ils auraient encore

effectué des marches pendant des semaines et porté leurs fardeaux sans se plaindre jamais, fidèles, déployant leurs efforts, jusqu'au Saut Canamaraca de la crique Mapouani où Aponchy et sa suite attendent qu'on les rejoigne.

— Mais Aponchy n'est pas parti, comme vous le croyez, Patron ! je l'aperçois là-bas.

En effet, Aponchy arrivait d'un pas décidé. Se rendant compte de l'étonnement des amis, de loin il se mit à palabrer :

— Je viens, dit-il, en son jargon, parce que moi connaître Tamouchi Panapi et que moi recommander Tamouchi Laho...

Puis il expliqua que son équipe l'attendait et qu'il repartait, aussi vite qu'il était venu.

— Bien ! dit Laveau.

Il crut utile d'ajouter :

— Merci !

— Il ne faut pas, contesta Bournac, froisser la mouche du coche !

Aponchy pour mettre en évidence sa bonne volonté et son initiative conta de quelle façon il avait rencontré et recruté deux nègres de Sainte-Lucie égarés dans ces parages et qu'il avait joint à ses Indiens.

— Va ! lui confirma Laveau. Tu es un brave. Je compte sur toi !

Et le nègre s'éloigna.

— Quant à nous, dit le Patron, s'adressant à ses hommes, il nous faut reconstituer notre équipe avec tout le personnel nécessaire. Au travail !

Le recrutement aura lieu à Panapi qui s'étend au Piton Vidal. Les braves Peaux-Rouges qui le peuplent sont très laborieux. Ils possèdent de vastes « abatis » dans lesquels ils récoltent tout ce que la nature peut produire : manioc et maïs, ignames et patates, riz de montagne, coton, roucou et papayer, le connoui, sorte de tomate sauvage, la canne à sucre, le giraumon, etc... etc..., des cotonniers qui, bien que cultivés grossièrement, produisent en abondance.

Les Indiens n'ont aucun intérêt à s'attacher d'une façon particulière à cette culture ; ils n'en réclament que pour leur fil et leur hamac ; le surplus peut se perdre. Cela n'a pour eux aucune importance.

— C'est partout la même remarque attristante ; dit Laveau.

Panapi est en pleine Tumuc-Humac. Accompagnés de gens du village, les voyageurs effectuent aux alentours de longues randonnées, afin de reconnaître, jusqu'à deux jours de là, dans le contesté franco-hollandais, les montagnes qui se dressent, les énormes rochers qui émergent, les gros mamelons de quartz dont ils effritent de minuscules parties pour les collections qui seront laissées chez les Indiens, afin de les reprendre, s'il y a lieu. Enveloppées dans le coton, avec une étiquette indiquant l'altitude à laquelle elles furent cueillies, elles attendront.

A chaque pas, s'envolent les coqs de roche, au bec fièrement courbé, à la gorge dorée, au corps couvert d'un plumage magnifique, rouge vif.

— Autrefois, dit Laveau, ils étaient recherchés. La pièce valait couramment cinq louis, car les dames, avaient, sur le continent, un grand amour pour les toquets qu'on en tirait.

— Il faut bien en tuer quelques-uns, à titre de spécimens, proposa Bournac ; je les préparerai, pour la conservation, à l'aide du savon arsenical et d'autres produits chimiques.

— Ton savoir-faire sera précieux ! répondit Laveau.

L'ombre qui se dessinait dans les perspectives

des voyageurs devient, cependant, de plus en plus nette.

— Je ne peux plus marcher, pleura Doreau.

A tous les maux qui l'affligent s'en ajoutent d'autres ; il a les pieds couverts de puces pénétrantes ; Bournac, patiemment les lui extrait, accomplissant ainsi un devoir d'entr'aide. Mais il faut attendre la fermeture des plaies ! Doreau est là, étendu, inerte.

— Fais-nous la cuisine, pendant que nous sommes en reconnaissance ! dit le Patron.

Le malheureux s'attache uniquement à confectionner des sauces. C'est l'utilisation rationnelle de son ancien métier.

Outre le gibier, chacun rapporte de la forêt luxuriante, aux essences déjà citées, les gros fruits jaunes du Taca, qui ressemblent à une poire, laquelle serait pourvue d'un noyau. Les Indiens le mangent avec beaucoup de plaisir ; on récolte également la petite prune du Monbain, qui évoque à s'y méprendre notre mirabelle, dont les tortues terrestres sont si friandes, qu'elles se font saisir sans le savoir, en effectuant leur repas ; mais au lieu d'être sucrée, cette prune est aigrelette ; les Indiens la pressent à la main, pour en extraire le jus dans des calebasses ; ce jus fermente et donne une boisson piquante et agréable. La vanille est de plus en plus abondante ; elle grimpe à tous les troncs, s'y enlace, se suspend aux branches, à l'aide de ses grandes feuilles grasses et pointues.

— C'est drôle, remarque Laveau. Au point où nous en sommes, il y a un arbre que je ne rencontre plus ; c'est le copahu !

— Sans doute qu'il n'aime pas à vivre dans ces solitudes, dit Bournac.

— Si vous recherchez les causes de cette disparition, fit Jean, vous allez empiéter sur la tâche des naturalistes futurs !

Le jeune homme, évidemment, préfère apprendre à Catlia la façon de se servir d'une carabine. Pendant qu'ils tuent les oiseaux multicolores que Bournac empaille, le Patron donne suite à ses préoccupations...

Panapi, de son côté, appelle Yataliman, Yataliman vient. Une conversation s'engage, et Laveau les rejoint. Ce conciliabule, c'est le conciliabule habituel, traditionnel. On pourrait même dire que c'est un marché qui se traite. On cherche à s'entendre ; on débat les conditions.

— Tout va bien ! affirme Laveau.

Et les parties de chasse n'en semblent que plus douces et plus poétiques à Jean :

Yataliman lui-même est si heureux qu'il arrive, un matin, tout exprès de son village, pour formuler une invitation ; il voudrait que François Laveau lui rendit visite.

— Si tu viens, c'est là-haut que nous nous entendrons définitivement, affirme-t-il.

Dans ces conditions il n'y a pas à hésiter.

— Filons ! crie Bournac. Filons, puisque c'est le filon !

On part sans délai. Le but de la course est si rapproché que la course est une promenade.

A peine arrive-t-on au village que Yataliman, arrêtant tout le monde, demande :

— Yolock peut-être est-il ici !... Puisque vous avez des armes à feu, tâchez de le tuer.

— Tiens, remarque Bournac, Counicaname expulsait quelquefois le diable, mais il ne le tuait jamais, en dépit de son arc et de sa flèche. Celui-ci est plus pratique puisqu'il veut s'en débarrasser pour toujours....

— Préparez vos armes, commande Laveau. Nous allons exécuter un feu de salve du côté du soleil couchant, car c'est toujours à l'occident que le diable se tient !

On arme les Winchester et la salve éveille tous les échos de la montagne et de la forêt sans limites.

— Encore, dit Yataliman, Yolock a la vie dure. Peut-être bien qu'il n'est pas mort.

Quatre fois de suite les salves se répètent.

— Cette fois, Yolock n'est plus à craindre ! assure Laveau.

— Merci, répond Yataliman, et il offre un cadeau de bienvenue : du maïs tout frais, très long, de couleurs variées qu'il avait, dans son carbet, au séchage.

— Merci, dit à son tour Laveau.

L'Indien propose :

— Nous allons causer tout de suite !

La conversation sérieuse s'entame. Elle ne sera pas interminable. Les affaires se liquident promptement.

— Je donnerai neuf porteurs, dit le Capitaine. Quatre d'entre eux sont mariés, ils ont des enfants de dix à quatorze ans. Les femmes et les enfants les accompagneront.

— Pour peu qu'ils aient chacun trois femmes et douze enfants ! dit Bournac, ça fera du populo !

Reste la question de prix.

— Vous savez, dit Yataliman, que vous allez très loin... Qu'il faudra beaucoup de lunes avant de revenir... Qu'il y a des sauts... des tigres... des serpents, mille difficultés enfin ; qu'il faudra sabrer sans trève ni repos car la forêt est complètement inextricable.

— Nous ne pouvons rien contredire, reconnut Laveau. Nul blanc n'a jamais mis les pieds dans ces régions que vous-même connaissez à peine. Nous avons confiance dans votre loyauté et nous vous paierons ce que vous demanderez.

— En avant, la foire aux puces, dit Bournac.

Yataliman est dans l'extase ; les couteaux l'attirent, les haches le subjuguent, les miroirs le fascinent ; les peignes l'hypnotisent.

— Il a les yeux plus grands que le ventre, cet animal-là ! risque tout bas le Gascon.

La distribution s'effectue. Les exigences ne sont pas énormes. Tout le monde, de la sorte, est content, ceux qui donnent et ceux qui reçoivent.

Panapi qui écoute est dans l'admiration. Spontanément il promet tous ses peïtos, ses enfants, ses femmes et son frère. On fera, chez lui, des vivres, pour la campagne : le couac et la cassave, véritables bases de l'alimentation, le réel pain quotidien. Les porteurs se chargeront, en outre, des munitions, des boîtes de saindoux qui suivent depuis Saint-Laurent-du-Maroni, des bouteilles d'huile, des fournitures rudimentaires, indispensables tout de même à des gens qui n'attachent pas à la table la grande importance qu'ils réservent aux interminables marches dans d'inextricables fourrés.

Panapi et Yataliman ont une idée :

— Tnélé, malé, pou, Tamaminé cachiri.

— Nous allons faire du cachiri ! Avant le départ, il faut une danse.

Ah ! oui, c'est bien de cela qu'il s'agit !

— Hâtons-nous ! dit Laveau ; dans quelques jours, les canots, les pirogues doivent être prêts, le chargement autant que possible, effectué sans retard !... Nous avons promis, ajoute-il au Grand Chef des blancs, d'être à cinq jours d'ici lorsque la lune sera écoulée ... Une promesse est sacrée pour vous. Elle est aussi sacrée pour nous... Croyez-m'en.

— Je comprends, fit avec un air de profond regret Yataliman.

- Je comprends aussi ! fit Panapi. Alors, donne ..es ordres !

— Dix Indiens jeunes et vigoureux vont partir

en avant du côté de l'Itany Ouest où les Blancs
ne sont jamais allés. Ils trouveront aux abords
de la rivière, sur les deux rives, des arbres tombés de vétusté, mis en croix, couverts de lianes
qui composent autant de nœuds à trancher... Il
faudra couper, couper, dépenser, « l'huile de
bras » sans mesure, effectuer un véritable travail
plus pénible que tous les travaux que vous avez
accomplis jusqu'à ce jour.

A la fin de chaque journée, ils établiront le carbet dans lequel ils coucheront et dont nous prendrons possession la nuit suivante.

— Bien ! firent les deux Tamouchis. Tu seras
satisfait.

— C'est la division de la besogne pour aller plus
vite, observe Jean.

— Nous nous garderons toutefois, dit le patron,
de confondre vitesse avec précipitation !...

Yataliman et Panapi réunissent leurs hommes
et leur font part des instructions reçues.

— Il faut beaucoup chasser ! il faut beaucoup
pêcher. De grandes provisions sont nécessaires.

— Nous les réaliserons ! promettent les soldats.

Chaque soir le gibier boucane à côté du poisson.
Cela constituera les vivres de réserve ;

On récolte abondamment de grandes feuilles de
palmier comou avec lesquelles on fera des catouris, sortes de hottes reliées au front du porteur
par une écorce plate employée en guise de bre-
telle.

Chacun a préparé sa charge, et l'avant-garde
s'ébranle.

— Suivez la chaîne des monts qui séparent les
sources du Parou et du Yari ! vous rejoindrez les
Tumuc-Humac occidentales, ont dit Yataliman et
Panapi.

Laveau calcule qu'il faut certainement parcourir plus de 100 kilomètres. Il dit à ses collaborateurs :

— Cette marche constituera une reconnaissance du terrain supérieur de 100 kilomètres, en profondeur, à celle effectuée par les missions Crevaux et Coudreau. Ce sera autant d'ajouté à notre territoire colonial qui, dans cette région, peut et doit s'étendre bien plus loin encore.

— Et, si vous ajoutez, Patron, plus de 100 kilomètres en profondeur à notre domaine, que vous donnera-t-on en échange ? interrogea Bournac.

— Je n'en ai pas souci, répondit Laveau.

Il s'interrompit un instant et poursuivit :

— Il faudrait plus de six jours pour atteindre la partie navigable de l'Itany.

— Vous comptez juste disent les Indiens. Durant ce temps, ajoutent-ils, long, il faudra rouler les pirogues, devant soi, sur des rondins afin de transporter, le plus loin possible tout le matériel.

— Ah ! le Duc de Montpensier !... Je voudrais bien te voir à ce truc-là ! s'exclama Bournac.

Le départ a lieu dans la direction du Nord-Ouest et, bientôt, on fait sud, carrément. Les arbres de la forêt prodigieusement hauts de leurs cîmes enlacées et touffues masquent le ciel ; le soleil lui-même ne sert point à diriger l'équipe ; nul ne le voit ; les frondaisons équinoxiales le dérobent aux yeux et interdisent à tous regards de plonger en avant, pour y découvrir les points de repère presque indispensables.

— La vue de cette végétation découragerait les plus hardis, s'écrie Bournac, qui n'ont au fond de leur âme l'indestructible volonté d'aller plus loin ! rectifie le Patron.

— Ah ! mon Dieu ! que je suis essoufflé ! clame Doreau.

Il est contraint de s'asseoir.

— Ne porte plus rien, dit Bournac. Tout ce qu'on te demande, c'est de te porter toi-même !

Dès cet instant, Laveau se rend compte qu'il est affligé d'un fâcheux impedimenta. Mais il est impossible de quitter Doreau, de l'abandonner, de lui dire de retourner sur ses pas. Toute marche en arrière est désormais impossible. L'idée de redescendre serait une chimère qui n'est pas caressable.

— Doreau nous retardera, voilà tout, dit-il. Le mieux, pour tout le monde est d'en prendre son parti tout en essayant de soulager le malheureux, avec la sollicitude la plus abondante et la plus fraternelle.

— Allons, Doreau, courage !... ça va mieux, déjà !... nous arriverons.

Il secoue la tête, puis reste inerte. Doutant du résultat. Il s'affale de nouveau.

— Peut-être manque-t-il de force !... suppose Bournac qui regrette de ne plus avoir la dame-jeanne de tafia.

— Nous avons d'autres stimulants, dit Laveau : l'alcool de menthe, par exemple.

— Et des reconstituants, ajoute Jean : du sucre et des phosphates variés !

On prépare des mixtures, et Doreau boit...

Les Indiens, pendant ce temps, trépignent sur place. Ils s'énervent. La lenteur obligatoire, est, pour eux, une grande déception. Eux, qui courent comme des biches, voudraient, de tout leur cœur, aller plus vite. Ils finissent pourtant par se résigner. Pour que la caravane puisse passer, — à la file indienne, c'est bien le cas de le dire — un sentier de cinquante centimètres de largeur est indispensable ; le tracé en est long et difficultueux. Les arbres morts, géants formidables, couchés par la vieillesse, la foudre ou les coups de vent barrent la route et forment des obstacles presque insurmontables à chaque instant, il faut changer de direction ; on contourne les troncs, les cimes ; parfois on se livre à des exercices d'acrobate, on escalade, on grimpe, on saute. On arrive tout de même à passer, et, c'est bien là l'essentiel.

— A pareil métier, on devrait gagner les indulgences plénières, dit Bournac.

— Elles ne serviraient pas à grand' chose, répond Laveau. La moindre attention du gouvernement, à notre retour, vaudrait mieux.

En dépit de tous les efforts, de toutes les peines, de toutes les sueurs, il est parfaitement impossible de parcourir plus de trois kilomètres par jour.

— Est-ce que vous comprenez, maintenant, demande Bournac, qu'un aimable fonctionnaire de l'Instruction Publique, quand il veut des champignons, préfère aller les cueillir dans la forêt de Sèvres ?

— Pauvre fonctionnaire !... répond Laveau. On ne le voit pas bien dans la forêt vierge !

Partout rampent les serpents qui fuient dans les herbes et les lianes ; il en est qui sont aux pieds ; il en est qui sont sur les têtes. On aperçoit ceux qui fuient, car on est bien forcé de les apercevoir, l'œil ne quittant jamais le sol, et le regard ayant toutes les peines du monde à s'élever de quelques mètres. On s'arrête au bord des criques traversées, aux têtes des sources, aux pieds des monts.

Sur le sable, près des eaux qui chantent, des boas enroulés, immobiles, attendent le gibier ; leur tête petite et plate, en disproportion avec leur grand corps, émerge ; des yeux fixes brillent au-dessus d'énormes boudins en tas : tout à l'heure, le reptile monstrueux se détendra comme

un ressort pour bondir sur la proie qu'il étouf-
fera : biche, igname ou cochon.

— Sommes-nous exempts d'être des proies ? interrogea Bournac.

Jean et le Gascon sont des passionnés de la
chasse. Toujours le fusil en mains, ils font une
guerre acharnée, dont les boas savent quelque
chose ; ils ajustent la tête. Le coup armé de double zéro part.

Le Gascon qui vient d'en tuer un s'écrie :

— Le colosse, bondi, s'est déroulé, comme un
ressort de montre, puis il est retombé lourde-
ment comme une andouille dans le courant qui
l'entraîne, longue épave ensanglantée.

Jean et Bournac ne sont pas des chasseurs qui
tuent ; ils sont aussi, à l'occasion, des naturalistes qui étudient. Les mœurs du boa les intéressent. Jean, tout particulièrement s'amuse à
voir l'exécution de petits cochons sauvages attirés
vers ces prunelles immobiles et luisantes comme
des escarboucles ; les pauvres petits cochons apercevant l'ennemi s'arrêtent, tous étonnés ; ils oublient qu'ils sont venus pour boire ; attirés, sé-
duits, ils se précipitent, imprudents ; la bête qui
les enlace, les brise, les disloque en un instant.
Le boa qui bave abondamment, enduit le cadavre
d'une espèce de gélatine gluante, comme une
araignée entoure la mouche de son fil interminable et fin ; puis, la petite tête plate ouvre une
gueule démesurée ; la gueule aspire comme une
pompe puissante ; la proie qui s'allonge est bientôt engloutie. La torpeur du goinfre commence
et ses escarboucles s'éteignent... il dort, il digère,
si bien qu'on peut, en toute tranquillité, l'assom-
mer à coups de bâton.

— Je ne me fie tout de même pas à ce genre
d'exercice ! confesse le Gascon.

Les singes qui bondissent de cime en cime si

allègrement, qui descendent des arbres pour remonter à leur faîte avec tant de célérité, en dépit de toute leur finesse, de leur ruse native se laissent prendre également au piège du boa somnolent. Comme le mâle précède la femelle et les petits, c'est lui qui met pied à terre le premier. Le voilà saisi, happé ; il pousse un cri. C'est l'avertissement, l'adieu.

La femelle s'arrête, brusquement, elle médite pendant une seconde, puis remonte prestement aux branches qu'elle n'aurait pas dû quitter. L'alarme est donnée ; le peuple des singes est en émoi et le vide s'opère autour de l'endroit tragique.

— Le boa par sa taille, dit Jean, est certainement le roi des serpents.

— Il y en a d'autres, répond Laveau qui méritent bien une citation ; vous en connaissez quelques-uns ; c'est d'abord le fameux crotale, avec ses écailles au bout de la queue et que certains, bien à tort, ont assimilées à des sonnettes ; c'est aussi le serpent-liane, vert comme les feuilles, et qui se perd dans l'opulente végétation ; le serpent à tête de crapaud, d'un vert perroquet, grand consommateur d'oiseaux de toutes sortes, d'autant plus redoutable pour ceux qu'il avale qu'il est d'une invisibilité presque complète ; le serpent corail long d'un mètre et demi, mince comme un porte-plume et qui file dans les branches ; son véritable élément, comme l'eau, est celui du poisson, et comme l'air, est celui de l'oiseau ; en voici d'autres qui sont rouges, d'autres qui sont noirs, d'autres qui sont bleus, d'autres qui sont jaunes comme de l'or ; ils rampent sous les feuilles mais, en réalité, sont peu dangereux, en raison de la petitesse de leur tête, de l'étroitessse de leur mâchoire qui les met dans l'impuissance de mordre le corps humain.

Voilà les grages : ils sont de deux sortes. La première noire et rouge, atteint la taille de deux mètres ; la seconde est grise, de la même longueur, couvertes de fortes écailles, d'une grosseur prodigieuse si on compare cette grosseur-là à la longueur de l'animal ; celui-ci porte à la queue, comme le scorpion, un dard noir de cinq centimètres qui lui sert de poignard pour transpercer sa victime moribonde ; pourtant, sa morsure est déjà suffisamment cruelle, puisqu'elle extermine l'individu en moins d'une demi-heure.

— Ces dangers permanents sont bien peu de chose ! dit Jean.

— D'autant plus que nous avons emporté quelques flacons de sérum Calmette, mis à notre disposition par l'Institut Pasteur ! dit Laveau.

La nuit, justement, un Indien se leva pour ranimer, dans le carbet, le feu qui brûle sans cesse et qu'on allume pour éloigner les tigres. Pour sortir de son hamac, l'Indien avait appuyé la main sur le sol ; un cri de surprise retentit ; ce cri de surprise était aussi un cri de douleur. Un serpent a mordu l'Indien.

Tout le monde est en émoi. Laveau court à la pharmacie, prend une bande de caoutchouc et serre très fortement le bras du malade, afin d'arrêter la circulation du sang ; puis saisissant la seringue Pravaz, il l'a remplie du fameux sérum aussitôt injecté dans les veines du Peau-Rouge.

Le sérum, naturellement, n'a pas empêché une enflure énorme de se manifester, ni la fièvre d'accabler l'Indien. Quelques jours après il avait oublié l'accident.

— Nous avons des lianes, dit Yataliman, dont le suc produit le même effet.

— Ce remède est plus sûr, répond Laveau. Il est préparé chez le Grand Chef des Blancs. Nous rapporterons les flacons inutilisés, ajouta-t-il à ses compagnons ; l'Office colonial les fera parvenir à l'Institut Pasteur pour analyse. On déterminera si, après un séjour de deux années dans les Tumuc-Humac, avec les alternatives de chaleur et d'humidité qu'il a subies, ce sérum a conservé toutes ses vertus primitives ! Il y a là, en effet, un renseignement fort précieux à obtenir, en vue des explorations futures.

En forêt, on agrémente les menus de façons diverses et selon les goûts du moment. Le serpent lui-même est comestible ; les Indiens utilisent, pour leur cuisine, une variété noire de la grosseur d'une anguille de belle taille ; ils le consomment dépouillé et rôti à feu vif. C'est encore un aliment qui n'enchante ni Bournac ni Jean.

— Sapristi ! dit le Gascon, chez nous on avale des couleuvres...

— Mais on ne les voit pas ! assure Jean.

A présent, tous deux, préfèrent le singe, parce qu'ils se sont accoutumés à le voir mijoter dans la grande marmite et que Doreau sait bien l'accommoder ; ils le préfèrent même aux autres gibiers.

— Tant il est vrai que tout n'est qu'une affaire d'habitude, conclut Bournac.

Doreau sent ses forces diminuer. Il tente d'avoir de l'appétit et manifeste une évidente bonne volonté à s'assimiler les victuailles les plus diverses. Hélas ! les résultats ne sont pas en proportion de cette bonne volonté et de ce sacrifice.

— Pauvre vieux, nous le laisserons dans les bois, dit le Gascon, pris d'une infinie commisération. Plus jamais il n'a un mot rude pour ce compagnon que la destinée ne favorise pas.

On applaudit à ses tentatives de préparer finement les morceaux.

— Au fait, reconnaît Laveau, ce n'est pas parce que l'on est dans la forêt vierge qu'on doit manger comme des primitifs.

La douce Catlia est devenue gourmande comme une chatte.

— Pardi ! dit Jean, Charles Monselet, lui-même, serait heureux d'être à notre popote.

— Dommage qu'il soit mort ! s'écrie le Gascon, on l'aurait amené la prochaine fois !

— Le grand art, dans la cuisine, ne consiste pas dans la préparation, soutient Doreau. Est-ce que tout l'intérêt d'un plat ne réside pas dans la sauce ?...

C'est tout ce qu'il a dit depuis deux jours.

Le tatou est plutôt gélatineux ; les Indiens qui ne l'assaisonnent qu'avec du piment en sont très friands, c'est vrai ; mais quand la bête est bouillie, que sa carapace molle est enlevée et qu'on le débite par tranches énormes à grands coups de hache, il est meilleur encore préparé par Doreau. C'est la sauce !

— Quelle sauce fais-tu donc, Doreau ? Explique-nous ça ! demande Bournac.

Il croit faire plaisir au triste compagnon. Celui-ci flatté dans son amour-propre se redresse et murmure :

— Ça, c'est mon secret !

— On dirait qu'il va mieux ! remarque Laveau.

Il ajoute :

— Quand nous rentrerons, nous inviterons M. Edmond Perrier, directeur du Muséum d'Histoire naturelle et membre de l'Institut !

Doreau ne se sent plus de joie.

Un jour qu'on a capturé un fourmilier, Bournac constate que la chair dégage une prenante odeur de musc.

— Il est à présumer, dit-il, qu'elle constitue l'aliment favori des élégantes du boulevard.

— Pourquoi ? demande Jean.

— Parce que de part et d'autre ça sent l'opoponax.

— Tu déshonores le fourmilier ! gronde Laveau. Son odeur est plus fine que celle qui se dégage du mouchoir des belles dames.

Les gymnotes électriques qui peuplent les criques ont une chair grasse ; on en sacrifie souvent ; mais l'Indien commet rarement l'imprudence de leur décocher des flèches lorsqu'ils circulent en nombre, car il est arrivé, souvent, qu'un homme fut électrocuté par la décharge formidable de cet étrange poisson.

Le caïman constitue l'aliment le plus recherché de l'Indien qui voyage. Lui aussi est musqué.

— On dirait de la langouste ! dit le Gascon.

— C'est bien vrai ! opine Doreau. C'est dommage si la nourriture est variée, que la boisson ne le soit pas.

— Comme les pécaris, nous nous contenterons de l'eau claire des criques, constate Laveau.

Cette uniformité arrache à Bournac un cri de regret :

— Ah ! si nous avions du cachiri !

— L'heure est passée d'en faire, répond le patron. J'avais raison en vous donnant jadis le conseil d'en profiter.

— A défaut de cela nous allons confectionner un lait de poule ! dit le Gascon.

— Je vais en chercher.

Il s'enfonce pour y découvrir des nids de perdrix.

— Il faut être bien habile, remarque Laveau, pour effectuer avant le puma, une visite au pied des arbres où nichent les marayes !

Bournac, cependant, en decouvre souvent. C'est une chose pour laquelle il a, semble-t-il, un flair particulier. Une omelette cuite sans lardons ni fines herbes, n'en est pas moins délicieuse. Cela étonne Laveau.

— C'est le hasard, conclut-il, car les razzias du

tigre sont habituellement plus complètes que les nôtres ; il étrangle les mères.

— Comme les renards, en France, font des alouettes, remarque Jean.

— Et ça n'est pas une raison pour qu'il n'y ait plus de nids d'alouettes, repartit justement Bournac qui triomphe. J'ai bien vu des plumes qui marquent les endroits où se déroulent ces petits drames sous les lianes. Mais ce n'est pas là que portent mes investigations

Il n'est pas rare, d'ailleurs, que le chasseur se rencontre avec son redoutable concurrent. Bour nac en sait quelque chose.

Un matin il partit seul vers l'objet de ses convoitises. Las de singe boucané, de tatou, de fourmilier, de caïman ou de gymnote, il sentait s'éveiller en lui des instincts gastronomiques qui hantent l'estomac de tous les Français de race. La volatile fuyant venait de lui révéler l'emplacement de sa couvée. Mais au moment où Bournac se baissait, un grognement significatif le contraignit à relever la tête. Le grognement s'accompagnait d'un bruit de feuilles remuées, d'herbes fouillées, de branches frôlées, léger, à peine perceptible, mais assez fort tout de même pour révéler une présence insolite.

— Et qu'as-tu fait, Bournac, dans cette circonstance ? demande Laveau

Le Gascon qui est un garçon de sang-froid répondit :

— Que vouliez-vous que je fisse, patron, sinon de profiter de l'aubaine ! Une occasion comme celle-ci, bagasse, ne se reproduit pas tous les jours.

— Semblable situation nécessite une décision rapide, dit Jean.

— Parfaitement, continua l'autre, le tigre avait donc surgi, puis tout à coup il s'était arrêté, surpris de voir un blanc. Il me regardait fixement. Moi aussi !... Et vous êtes cause que j'ai réussi un chic coup de fusil...

— Moi ? fit Laveau étonné.

— Oui, vous !... Est-ce que vous ne m'avez pas dit un jour : « Quand le fauve est en face, il faut surveiller les mouvements de sa queue. Dès qu'il se bat les flancs, c'est que l'inquiétude le gagne et qu'il s'apprête à bondir. Alors, c'est la minute précise du coup de feu !... »

— Parfaitement !

— J'ai tourné le canon de ma carabine et, sans attendre, j'ai pressé la détente... La bête s'affaissa; une balle l'avait atteinte en plein dans l'œil droit. Deux coups de sabre précis détachèrent les pattes de devant, trophées que le chasseur ne néglige jamais d'emporter parce qu'ils sont la preuve convaincante de sa prouesse.

Bournac fouilla dans son sac :

— Les voici, dit-il.

— Il y en a qui disent le puma plus bête que dangereux ! fit Jean.

— Toi, tu joues au mufle ! grogna Bournac. Tu veux rabaisser mon mérite.

Bournac n'en pensait pas un mot.

Les événements, toutefois, ne tardèrent pas à infliger à Jean leur démenti.

Un Indien avait dû s'écarter un instant ; il était porteur de son arc et de ses flèches.

C'était le soir ; chacun travaillait à l'installation du carbet où l'on passerait la nuit et à l'allumage des feux.

Tout à coup retentit un long cri.

— Qu'est-ce que c'est, demanda Païké ?

Les regards s'interrogèrent :

Plus rien ! le cri ne se répéta pas.

Mais chacun l'avait distinctement perçu ; il contenait un appel désespéré.

— Vite ! courons ! quelqu'un est en danger ! cria Yamaïké.

Laveau saisit son fusil. Bournac et Jean en firent autant. Les Indiens, flèches en mains, couraient déjà dans tous les sens vers le lieu où, à leur idée, le cri d'angoisse avait vibré.

A cinquante mètres de là, le pauvre Indien, étendu sur le sol, ne râlait déjà plus. Il avait la poitrine ouverte. Le tigre — car c'était lui —, en une minute, avait mis à l'air le foie et les poumons, qu'il avait entamés. Laveau l'aperçut qui s'éloignait par bonds rapides ; l'instant de le coucher en joue, il n'y avait déjà plus rien. Pourtant, il tira. Mais ce n'était qu'au jugé. Le résultat fut nul.

Le cadavre fut apporté près du carbet. On lui fit des funérailles instantanées et traditionnelles. On brûla le corps ; on recueillit ses cendres, tant bien que mal. Un Indien prit un morceau de bois qu'il tailla et creusa en forme de pirogue. Les restes y furent déposés et on les enterra sous les hamacs, où la nuit des compagnons s'acheva.

Nuit tragique ! comme les autres, elle ne fut troublée que par le concert bruyant que d'autres tigres donnaient aux alentours.

« Rôu ! Rôu ! Rôu ! Rôu ! Rôu ! »

Musique terrible, effrayante, pour quiconque n'a pas affronté les ténèbres de la forêt vierge. Des batailles sanglantes s'engagent au fond des criques sur le sable, qui constitue le champ de manœuvre des fauves. Aux lueurs de l'aube, dans le frisson de paix qui accompagne le réveil de la nature tout à l'heure endormie, il ne subsiste de la prairie d'autres traces que les empreintes énormes des félins bondissants. Et ces empreintes ressemblent à celles que laisseraient des géants après avoir pris leurs ébats.

— Cela prouve, dit Laveau, que si le tigre de ces régions n'est pour l'homme un ennemi de tous les instants, il est un rude ennemi tout de même ; celui qui cherchait les œufs de perdrix n'était pas affamé, l'autre l'était, voilà tout ; le grand appétit lui donne du courage. Il préfère, comme proie, la biche ou le cochon sauvage ; il grimpe aux branches pour attaquer les peccaris qui s'en vont, menant grand tapage, par bataillons de trois à quatre cents individus...

— Voilà un bataillon dans lequel je voudrais bien me voir...

— Vous y feriez piètre figure... Leurs cris les annoncent ; leur odeur les précède et, de très loin, vous vous gareriez et vous auriez raison. Le puma qui veut faire un bon déjeuner se garde bien d'attaquer ceux qui sont en tête de la colonne ; les autres fonceraient sur lui et le dévoreraient en même temps que la victime qu'il aurait choisie. Il préfère donc les retardataires ; dès qu'ils viennent à passer, il s'élance sur la proie et la saigne promptement en lui ouvrant la carotide.

— Si les circonstances se présentent, Bournac, faites comme le tigre.

— Nous sommes dans un endroit où les tigres pullulent, dit Païké ; il faudra plus de feu que nous en avons d'habitude !

L'ennemi est écarté par le brasier qui brûle toute la nuit devant le carbet et que l'Indien entre-

tient, à l'instar de la Vestale sacrée... tout en surveillant la viande qui boucane.

— Vous en penserez ce que vous voudrez, conclut Jean, moi j'aime mieux m'attaquer aux
coattas. Viens Catlia, ils nous serviront à reconstituer nos réserves !

— Non ! dit Laveau. Nous marchons. Demain
il faut atteindre le mont Taca-Patare que nous
débaptiserons pour l'appeler Mont-Levèque.

— La chasse aux coattas, répondit Jean, eut été
une diversion, car il me semble que depuis quelque temps j'en ai fait des levés de plans et des
emplois de baromètre !

— Nous sommes ici pour cela, répondit le
Patron. Demain donc, en route de bonne heure !

# X

## VERS LES PICS

Jean a raison : cette existence mouvementée de pionniers ne tarde pas à devenir monotone. On avance, c'est vrai, mais insensiblement. Et le paysage s'éternise, toujours identique à lui-même, parce que limité démesurément par le rideau des verdures et des fleurs.

— C'est ça, dit-il, le Mont Taca-Patare que tu veux appeler Mont-Levèque ?...

— Oui ! répondit Laveau, et nous allons en prendre l'altitude.

Le résultat de l'opération accuse 1.163 mètres.

— Nous allons chercher à constituer un panorama, dit le Patron. Pour cela, nous allons pratiquer sur ce sommet un large abatis.

— Sans doute, remarqua Jean, pourrons-nous alors photographier quelques profils de montagnes, dans la direction des quatre points cardinaux.

— Rien n'est moins sûr !

— Alors, je les dessinerai. Le crayon vaut la plaque.

C'est un travail énorme qui commence ! Là-haut l'air est pur, mais l'eau manque totalement ; il faut l'aller chercher tout en bas. Besogne ingrate !... Les Indiens eux-mêmes ne tardent pas à s'en désintéresser.

— N'aurais-tu pas mieux fait, père, dit Jean, de nous laisser chasser les coattas ?

— Oui ! répond Laveau. Il n'y a rien à faire sur la croupe de cette montagne. Il nous faut repartir.

— Pas avant d'avoir tué quelques singes ! insiste le jeune homme.

Laveau regarde Doreau. Le malheureux est gonflé comme une outre. Décoloré, il inspire la pitié la plus profonde. Il lutte, il s'efforce de marcher, veut manger de tout afin de pouvoir suivre la file des voyageurs et des porteurs, dans le réseau des lianes et le défilé de mamelons presque ininterrompu.

— Allez aux singes !... Les coattas, ici, deviennent très forts, sans doute parce qu'ils vieillissent plus que sur la côte. Tâchez d'en rapporter beaucoup !

— Le plus que nous pourrons ! dit Jean.

Ce jour-là, il en tua six pour sa part ; mais le patron, quand il revint, malgré tout, n'était pas gai. Il songeait.

— Enfin, dit-il, tant pis, puisque nous avons des provisions, ne les utilisons pas ici. Partons !

Les Indiens manifestèrent leur joie. Leur désappointement avait cessé.

On tâcha d'aller tout droit, aussi droit que possible, afin de gagner le saut Canamaraca, non loin duquel Aponchy, qui a pris le chemin le plus court, attend patiemment qu'on le rejoigne.

Doreau gémit. Il se lamente :

— Je ne pourrai jamais !... Je ne pourrai jamais !

— Si, tu pourras ! Courage ! lui crie Bournac. Donne-moi ton sac !

La marche semble plus difficile aujourd'hui que les autres jours. Qu'y a-t-il donc ?... On bute dans les racines, on glisse sur les pentes, on roule, on tombe. On s'enlise dans la vase des marais ; on soulève sous ses pas des essaims de mouches qui s'envolent et tourbillonnent, bourdonnantes.

— Je ne pourrai jamais ! murmure toujours Doreau.

— Donne-moi ton fusil ! dit Bournac.

Il faut marcher... et on marche !

Le pauvre Doreau ne met plus un point d'orgueil, comme ses camarades, à dissimuler plus ou moins sa chute, quand il en a fait une. Veille-t-il même encore à ne pas la répéter ? En tout cas, c'est en vain.

— Aponchy ! Aponchy ! que tu es loin, mon Dieu ! grogne Bournac.

Catlia aussi est fatiguée.

— Passe-moi la petite, dit Jean.

Les Indiens s'amusent de l'air gauche du jeune homme.

Cinquante-trois jours doivent s'écouler !... Cinquante-trois jours de labeur journalier et de chasses, au cours desquelles il faut trouver la pâture quotidienne ! Il est vrai qu'en quelques' heures, on peut tuer assez de gibier pour nourrir cent cinquante personnes !... Mais l'ordinaire de chacun doit être changé quelquefois.

Braves Indiens, a vous le soin de changer le menu !...

Les Indiens alors opèrent la récolte de baies enivrantes, fruits de lianes, afin de capturer les poissons les plus variés ; ils offrent le tableau pittoresque de leur pêche, alors que, dissimulés sous les branches, ils bandent leur arc pour frapper prestement les proies faciles qui nagent à fleur d'eau... Tout leur est bon ; ils exultent quand ils réussissent à faire d'amples provisions de grenouilles allongées, aux pattes démesurées, qu'ils consomment grillées ou bouillies sans les vider, ni les dépouiller, avec des piments.

Bournac, qui les regarde, ne fait plus la grimace.

A Jean qui s'étonne il dit :

— Moi ?... à présent, je me demande ce que je ne mangerais pas !...

Il faut entendre l'intonation ! cela veut dire qu'il est cuirassé, blindé, blasé.

Aux heures de pause, Jean se penche vers Catlia et lui murmure dans sa langue devenue familière, des choses gentilles, pour l'encourager. Il lui demande :

— Ne regrettes-tu point, parfois, le village de Counicaname ?

— Non, dit-elle, puisque je suis avec vous !

L'Indienne est sobre en paroles et en expansions. La froideur est plus apparente que réelle. Jean s'efforce d'être un Indien.

— La vie en pleine nature, dit Jean, est exempte de contorsions de poses et d'alanguissement. Tout cela n'est que de la comédie.

— Tout sentiment profondément ressenti et exprimé, dit philosophiquement Laveau, serait, dans la forêt vierge un débilitant, une entrave à l'effort, une barrière sur l'âpre et difficile route de l'explorateur.

Laveau est plein de sollicitude pour son fils ; lui, qui comprend la forêt, tâche de la lui faire comprendre, en éveillant dans l'esprit toute la poésie qui la caractérise et qu'aucun écrivain n'a jamais fixée d'une façon définitive.

— Vois, dit-il, la forêt par le maximum d'expansion des plantes et des arbres, est l'image la plus frappante de la liberté que nous chérissons.

« Cette mer de verdure, aux houles étonnantes, aux vagues frémissantes, dont chacune renferme de la vie et recouvre des richesses inexploitées, c'est aussi l'image d'une fécondité sans limites. Le regard, qu'on domine ces remous ou qu'on soit dominé par eux, ne distingue pas plus de formes précises qu'il n'en distingue sur l'Océan ou dans la cloche à plongeur. Il n'y a que des masses touffues, énormes, gigantesques, qui ressem-

blent à des forteresses imprenables, hérissées de
tours, de pyramides, de colonnes, aux fûts fantastiques... Vois-tu les labyrinthes qu'on se trace
à grands efforts ? Te rends-tu compte de l'épais-
seur des voûtes, de la puissance des obstacles,
composés de l'amoncellement des troncs et de
l'enchevêtremnt des lianes ? L'homme est-il plus
qu'un atome perdu dans cette immensité ? N'est-il
pas comme l'amibe roulé dans les flots ? Regarde
ici, par exemple, une forêt se superpose à une
autre forêt ; les branches sont un terrain où poussent et fleurissent d'autres plantes à la manière
des orchidées. Et tout cela, sans que la vue puisse
s'étendre, est plein d'une sourde rumeur, de cla-
meurs lointaines, de frissons innombrables,
d'harmonies variées, dont l'amalgame provoque
l'admiration, le sentiment de la petitesse de l'être,
une vague terreur, des sentiments de religiosité
plus forts que l'amour et qui se dressent en face
de lui, comme pour l'éteindre, l'annihiler.

— C'est vrai, père, dit Jean.

— L'atmosphère elle-même est perpétuellement
imprégnée d'odeurs balsamiques si prenantes, si
suaves, qu'elles sont un remède efficace à la
mélancolie, à la peine, à la misère, pourrait-on
dire, de l'explorateur.

— C'est vrai tout de même, reconnaît Doreau.

Lui aussi, en dépit de la maladie, marche de
surprises en surprises ; il demeure ébloui par
l'évocation des choses les plus agréables, les plus
fantaisistes, les plus grotesques, les plus riantes,
que la forêt porte en elle : lances menaçantes,
hérissées comme pour le combat, aigrettes colos-
sales, éventails fabuleux, panaches, guirlandes,
tout ce que la terreur invente, tout ce que la coquetterie imagine, tout ce que l'esprit le plus fou
est susceptible d'entrevoir.

Bournac répète sans cesse comme un leitmotiv :

— Ah ! si les marchands de bois du Faubourg Saint-Antoine voyaient ça !

Mais ces marchands sont loin ! ils ne verront sans doute jamais ces trésors, qui hâteraient la réalisation de la fortune française.

Cependant, tout n'est pas qu'agrément et contemplation : la marche en forêt est extrêmement pénible, parfois même, décourageante, en raison de la multiplication incessante de l'effort. On joue sans relâche du sabre et de la hache : les fourrés sont inextricables. Les Indiens sont merveilleux de labeur ; l'endurance est la première de leurs qualités.

Comme les alpinistes à la recherche de l'édelweiss, malgré leurs peines, semblent peu intéressants, en comparaison du véritable explorateur !...

— Nous remplacerons l'alpinstock par le winchester et l'édelweiss par l'opulente orchidée, dit Laveau.

— Une montagne émerge, la voyez-vous ? demande Laveau. C'est le mont Arissaoui. Il est parallèle au mont Lorquin et tout à fait en face. Le mont Lorquin doit son appellation à Crevaux qui, en 1877, la lui donna en souvenir de son village natal. Nous appellerons celui-ci : mont Albert Lebrun.

— C'est juste, disent les compagnons.

Le Yari dessine alors un grand coude : on aperçoit bientôt un pic élevé, abrupt, étincelant, blanc comme neige ; il s'élève formé de quartz, comme le gardien sourcilleux de la ligne de partage des eaux du Yari.

— Ce pic est celui qu'il faut atteindre ! dit le Patron.

— Quel est-il ? demande Jean.

— Dans l'avenir, ce sera le pic Albert Grodet, répond Laveau.

— M. Albert Grodet ne peut en être fâché, dit

Jean, car il aime la Guyane ; il l'aime parce qu'il
la connaît.

— Oh ! oui, celui-là la connaît !... fit Bournac.

Yamaïké raconte que les vieux Indiens, autrefois, passaient au pied de cette montagne, en venant du Parou pour commercer avec leurs frères
de l'Itany. Ils traversaient le village de Careta,
et, de là, gagnaient le Yari. Enfoncés dans la
forêt vierge, ils avaient devant les yeux, le pic
presque immaculé parallèle aux sources du Mapaony.

— Ces sources, il faudra les voir ! dit Laveau.

Que longue est la route ! et combien difficile !

Doreau inspire toujours plus une immense et
fraternelle pitié ! son visage boursouflé prend un
ton verdâtre de cadavre où commence la désagrégation des molécules.

— Il est vrai, observe Jean tout bas à Bournac,
que s'il observe les autres ; il formule, lui-même
en ce qui les concerne, des appréciations analogues, car sous les lianes, tous les blancs sont
verts.

— Seulement, ils le sont plus ou moins, remarque Bournac.

— On croirait que, peu à peu, la nature du
pigment se modifie, dit Laveau. Ceux dont le
« coffre » est bon ne s'affectent nullement des
apparences. Ceux dont le « coffre » est mauvais
se consolent, en songeant que la maladie ne les
atteint pas tout seuls.

Piètre consolation !

En cheminant, on songe à bien des choses.

Voilà chacun tiré de sa rêverie, par une exclamation :

— Oh la la !... Quel coup !

Le bruit mat d'un corps qui tombe, retentit...

Patatras ! C'est Jean qui vient de buter dans
une liane. Il allait vite, il a glissé. Il roule. Mais

cette jeunesse est impayable. Le jeune homme est déjà relevé. A peine eut-on le temps d'entrevoir ce qui s'est passé... tout en passant la revue mentale de ses « abatis ».

— On dirait un poulain qui s'ébroue ! dit Bournac !

Jean murmure :

— Allons ! rien de cassé.

Si, pourtant, le verre de son podomètre est en morceaux. Mais il en possède encore deux de rechange.

— Heureusement que ton verre de montre, lui, est plus solide ! crie Bournac.

Les autres rient.

L'Européen qui ne veillerait à éviter ces petits accidents, ne tarderait pas à paraître réellement inférieur aux yeux des Indiens au pied de biche !

— Courage, Doreau !... De l'œil... et du cœur à la semelle !

A son tour, le pauvre diable s'allonge.

Bournac tente de railler agréablement, mais il ne tarde pas à en faire autant.

Laveau reste solide sur sa base : il a plus d'habitude que ses compagnons. Il triomphe, modestement d'ailleurs.

De tels avatars ne présentent pas un caractère sérieux. Tout irait bien, si ce n'était que les Indiens s'ennuient ; ils trouvent la marche trop lente ; ils en concluent que l'expédition sera interminable, qu'elle durera autant que leur vie. Ces apôtres de l'idéale liberté sont contraints à vivre dans le labeur — pour tout dire — dans une espèce d'esclavage. Ceux qui n'ont pas leurs femmes surtout, sont pensifs, inquiets. Ils parlent de retourner. Ils ne persévèrent qu'avec des promesses de cadeaux supplémentaires.

— On ne fait rien sans rien, dit Laveau.

Les Indiennes, à l'unanimité, sont admirables ;

elles conservent un moral particulièrement élevé, à l'heure où celui des hommes s'affaiblit... Elles sont courageuses, d'une vaillance qui provoque l'admiration. Elles marchent résolues et fières dans leur nudité ; elles se retournent de temps à autre pour voir si les hommes les suivent.

Chères Indiennes, ce ne sont pas les conventions sociales, non plus que le Code qui vous déterminent !... C'est vous qui connaissez le mieux le labeur, et, lorsque vous allez portant le nourrisson dans le hamac disposé en sautoir, le catouri, le pagara, les piments, les marmites et le reste, vous avez dans votre démarche, une noblesse qui vous met au rang des meilleures, comme des plus dignes !

— Et leur attitude provoque entre Bournac et Jean un long dialogue de lieux communs psychologiques.

— Trève de réflexions sentimentales ! articule Laveau.

C'est que Doreau présente des réalités qui ne sont pas réjouissantes ! Il retarde de plus en plus... Il marche encore, c'est vrai... Il se traîne plutôt sans sac ni fusil ; il y a pour les amis un supplément de bagages dont ils se passeraient fort bien. Mais la sentence du fabuliste doit servir de règle à leur vie. Même au sein des Tumuc-Humac : Aidez-vous mutuellement ; le faix de vos maux en deviendra plus léger !

— La Fontaine était un grand homme !

— Pardon, c'est de Florian qu'il s'agit, remarque Jean.

Le pic se dresse, tout près. A son sommet, la caravane séjournera trois fois vingt-quatre heures.

Elle y arrive.

Bournac pousse son refrain :

— Ah ! si les gros marchands de bois du Faubourg Saint-Antoine voyaient ça !

Voici en plus grande abondance que jamais les bois de rose ; les bois-violette, les bois-satin ! Géants séculaires, les lianes les entourent ; celles-ci verticalement des cimes altières, tombent comme des guirlandes trop lourdes ; celles-là relient des massifs de verdure, ainsi que le feraient des ponts suspendus, ondulés, festonnés, fleuris. Un beau lait, d'une blancheur de neige, circule dans les lianes à gomme et se coagule vite, une fois à l'air ; le balata immaculé, lui aussi, pourrait couler par tonnes, par milliers de tonnes ; il en est de rose et de couleur tabac qui, en vieillissant, devient noir comme celui du Vénézuela. Les maripas, palmiers énormes à gros régimes, se dressent, altiers ; quand on enlève la peau de leurs graines, on savoure un beurre rafraîchissant et doux ; l'amande intérieure, trop dure pour être comestible, donnerait une huile abondante. Il y a des millions de pieds qui vivent là ignorés, inutiles, alors que cent industries vont chercher ailleurs des matières premières, moins précieuses que celles offertes par un sol qui nous appartient, mais que nous ignorons.

— C'est toujours la même chose ! remarque mélancoliquement Bournac.

— La douleur de voir tant de richesses perdues, tant de sources de bien-être complètement méconnues ! n'en est que plus vive, s'écrie Laveau.

Sèves inépuisables, récoltes alourdissant les rameaux, à l'heure où l'autre récolte commence à poindre aux bourgeons, qui vous dépeindra jamais comme vous le méritez ?

On monte !... On monte !

— Regardez du haut du pic, dit le Patron. Voyez tout autour de vous. Ah ! ce n'est pas un paysage alpestre, ni un paysage pyrénéen qui se déroule ! il ne rappelle pas les panoramas de neiges et de glaces chantant le grand hymne du blanc dans nos régions tempérées ! C'est la mer de verdure, sans bornes... une mer vivante, agitée, mouvementée, avec ses vagues, ses remous, ses houles, ses tempêtes, ses mugissements. Elle ondoie comme les blés, sous le vent, dans les plaines de la Beauce ; ses moutonnements, sont de gigantesques bouquets parsemés, ici, de carmin ; là, de violet, plus loin, de beau ciel, ailleurs encore, de jaune d'or... l'ébène tranche parmi tout cela.

Au-dessus de ce paradis des yeux, dans les heures d'accalmie, plane un silence immense, formidable, terrible... le bruit d'un lointain teuf-teuf n'est jamais parvenu dans ces latitudes ; la sirène d'une auto n'y éveillera peut-être jamais d'échos ; la voix humaine tout à l'heure, s'y évanouira, et cet empire des solitudes sera plus imposant encore.

Fleurs admirables, c'est bien ici votre domaine, le seul où puissent se révéler sans entraves, toute votre magnificence et tous vos parfums ! Somptueuses, vous éclatez partout comme des reines dans une atmosphère de gloire ; vous resplendissez comme des étoiles, et le fond obscur des taillis impénétrables et la multitude des halliers, grâce à vous, se piquent de grappes sanglantes, de taches où toutes les couleurs de la palette se marient, parmi les feuilles qui sont des flèches, des lances, du velours, de la soie ! Les orchidées tiennent leur cour dans l'enchevêtrement des rameaux extravagants, éblouissants, et symétriques parmi les gerbes où l'éblouissance se double des charmes infinis des caprices les plus divers.

« Quand on contemple cet océan, du haut de ce pic que nous baptisons pic Albert Grodet —

observatoire unique de la Forêt Vierge — on se sent pénétré, n'est-il pas vrai, d'un amour plus profond pour la nature dont la grandeur vous subjugue. L'être le plus ignorant, le plus primitif, en serait lui-même ému. Cette terre, d'une fécondité qui tient du prodige, inspire une admiration si grande que, pour les pauvres civilisés qui battent de leurs semelles l'asphalte des cités, on éprouve de la pitié... Comme l'âme est légère, comme l'esprit est libre, loin des servitudes permanentes ! la pensée s'élève toujours à la hauteur de la poésie et de la religion, dans les éclaircies de vertigineuse liberté, qui sont celles du Peau-Rouge !

Comme on voudrait percer tous les mystères de cette forêt sans limites... Combien cet océan n'en renferme-t-il pas dans ses vagues ?... Comme on comprend que l'isolement soit fatal au voyageur, si d'heureuses circonstances n'interviennent inopinément en sa faveur !... Quelle crainte il faut avoir de s'égarer ! L'homme égaré, si ces catacombes ne lui sont pas familières, est un homme perdu, vous le savez, il tourne sans cesse autour du même point ; ce manège ne tarde pas à le rendre fou : le cri du tigre, la nuit, le tient en éveil... sans feu il devient l'inévitable proie de la bête féroce... A moins que la providence ne se révèle sous la forme du félin...

— Est-ce que cela n'arrive pas ? conclut Bournac.

— Cela arrive ! affirme Laveau.

Bournac sait tous les jours quelque chose de plus.

Ne voilà-t-il pas qu'il s'avisa de se perdre ?... Le soir tomba... la nuit fut longue... Aux premières lueurs de l'aube, il se remit en marche. Ses regards furent attirés par du sang fraichement versé qui ruisselait en rubis égrenés sur les feuilles.

Un point d'interrogation surgit en son esprit :

« Ce sang n'est-il point d'un camarade ayant péri là ? se dit-il... »

Furtif, inquiet, il se remit à la recherche de la victime ; son pied heurta bientôt quelque chose qui rendit un son mat. C'était un cadavre gisant dans les herbes, presque totalement enfoui... Penché, Bournac découvrit le corps encore chaud d'une biche. Un fauve l'avait attaquée, saignée.

Bournac, malgré lui, pensa à l'Indien... Comme lui, la biche avait la gorge et la poitrine ouvertes ; comme lui, elle n'avait plus ni foie ni poumons... la méthode s'avérait la même... le tigre, repu, avait fui à l'approche de l'homme.

Bournac avait faim. Depuis la veille au matin, il n'avait rien mangé. Ce fut pour lui une véritable joie. Son sabre découpa le meilleur morceau... Il alluma une flambée. La grillade le restaura...

Un peu avant l'heure crépusculaire du lendemain, il entendit les appels de ses compagnons à sa recherche. Il y répondit de toutes ses forces ; mais la voix porte peu et les minutes, très longues, s'écoulèrent... longues à mourir. Tout à coup, une femme indienne apparut, portant son nouveau-né et son catouri.

— Catlia, cria-t-il joyeux.

Un homme la suivait.

— Jean !... cria encore le Gascon. Vous êtes ma providence.

Jean, désignant Catlia, murmura :

— C'est elle qui m'a guidé, avec son flair d'Indienne ; sans elle je ne serais jamais venu ici.

Ils regardèrent la biche, et songèrent à en tirer le plus grand parti. Le catouri fut bientôt rempli d'excellents biftecks qui, au souper, eussent fait pâlir ceux qui proviennent des Halles ou de la Villette.

— Bénie soit Catlia ! dit Laveau quand ils rentrèrent.

Ce sont les incidents de la marche sous bois. On n'apprend qu'à ses dépens. Bournac ne sortira plus sans Winchester. Mais tout est bien qui finit bien.

Pendant le dîner, les singes, à proximité, s'évertuent à pousser des cris désagréables. Entre deux branches, tout près, l'un d'eux, enhardi, on ne sait trop pourquoi, s'est campé pour mieux nous voir.

Jean le montre du doigt, ravi.

— C'est Carnot ! s'écrie-t-il, c'est Carnot ! regardez !

— C'est pourtant vrai, opine Doreau, et le pauvre garçon en rit de bon cœur.

Jean n'a mis nulle malveillance à la comparaison. Il a traduit une impression, c'est tout. Ce singe curieux, en effet, portait une barbe s'écartant à droite et à gauche du menton ; elle semblait peignée soigneusement ; les cheveux étaient également séparés par une raie impeccable, à rendre jaloux un coiffeur ; ils étaient d'un noir de jais. Dans la face bistrée du quadrumane, roulaient deux yeux aux blanches sclérotiques. Le mouvement des lèvres découvrait les dents d'un émail superbe.

— Si on le tuait ? interrogea Bournac.

— Non ! il ressemble trop à un homme ! répondit Jean.

Laveau proféra la parole décisive :

— Il est trop coriace !

Cet argument péremptoire sauva la vie de l'animal. Quand il faut une proie au voyageur ou à l'Indien, c'est la femelle qui est choisie. Malheur à elle, s'il lui arrive de se prélasser aux branches à portée du fusil, en s'y suspendant d'une main, puis de l'autre !...

Le lendemain Laveau en abattit une. Atteinte en pleine poitrine, elle lâcha la branche, précipitée sur le sol... Elle portait un petit sur ses épaules, et le petit, solidement établi, entourait de ses bras, le cou de sa mère. Il ne voulait point la quitter... le chasseur se précipita... sa victime qui vivait encore, en l'apercevant, poussa un cri d'effroi et mit ses mains devant ses yeux pour ne point le voir davantage ; la pauvre fut achevée d'un coup de sabre et sa progéniture fut sacrifiée.

Les nécessités de la vie rendent les hommes impitoyables.

— Quel est donc le nom du singe barbu ? interrogea Bournac.

— Tu le connais bien ; c'est le coatta ! dit Laveau. Seulement celui-ci l'est davantage.

— On va tout de même lui faire peur ! dit Jean. En même temps, un coup de fusil éclata. Le coatta effectua des bonds prodigieux ; il donnait des bras, de la queue. Il passe de cime en cime et disparaît bientôt. Toute poursuite constitue une imprudence.

— On dirait qu'il vole, remarqua Bournac.

Les coattas étant curieux de nature, sont toujours en éveil ; il est rare d'en voir un, tout près, comme celui aperçu par Jean ; du haut des arbres, leur regard plonge. C'est au moment précis où leurs yeux rencontrent les vôtres, qu'il faut ajuster... car alors, un cri qui s'élève et se répète de loin en loin disperse les bandes qu'un autre cri rassemblera, à des journées de marche.

Laveau fait la leçon à ses compagnons. Son expérience lui permet de rappeler un souvenir :

— Le coatta est un farceur, dit-il. Un jour que je voulais en tuer un, il m'en est arrivé une bien bonne... C'était lors de mon premier voyage avec Coudreau... Je portais une barbe plus longue que celle du singe en question. Juste au moment où j'appuyais sur la détente, le vieux mâle que je visais, me visait aussi... mais, plus adroit que moi, il m'atteignit... Seulement, ce n'était pas avec du plomb... Sapristi ! nourri de graines aux essences fortes, les résidus qu'il m'expédia et que je reçus en pleine face n'étaient pas précisément de l'essence de rose !... je pris la fuite... empoisonné. Et, c'est de ce moment que je me rase, même en forêt.

Cet épisode met en joie les amis. Doreau, qui languit, esquisse un sourire.

— Si l'on pouvait se faire un peu de bon sang, est-ce que cela ne le remettrait pas ? demanda Bournac.

# XI

## VERS LE SAUT DU CANAMARACA.

Il faut partir, c'est le thème de chaque jour ! l'explorateur est un nomade par excellence. Il ne fixe ses pénates nulle part. Toujours plus loin, c'est la devise.

Et puis, les compagnons en ont assez de ces odeurs prenantes de la forêt, de ces essences de plantes, si aromatiques, qu'elles le sont à l'excès. Les parfums qui montent finissent par alourdir l'atmosphère ; ils sont par endroits la synthèse de ceux de la vanille, de ceux de l'orchidée, du bois de rose, du bois d'encens, et des pestilences du marécage.

— Il faut rejoindre, dit Laveau, la Crique Mapaony. Ensuite on atteindra le saut du Canamaraca.

Païké fait comprendre que ce saut est infiniment plus fort, plus bruyant, plus haut, que la multitude des chutes d'eau, impressionnantes pourtant, rencontrées jusqu'à ce jour sur les passages où les pieds des blancs se posent à de si longs intervalles.

— Autant dire qu'ils ne s'y posent jamais ! fit Bournac.

Chutes tapageuses, cascades d'une clarté sans pareille, torrents précipités furieusement, petits Niagaras, vos voix éternelles finissent par lasser l'homme le plus placide ; les panoramas magnifiques, les bois morts qui s'étalent en radeaux à la surface des eaux et dont la pourriture nourrit des racines puissantes de mille plantes diverses qui descendent au gré des courants, finissent par lasser la vue ; les gros papillons bleus, les libellules de toutes nuances, les insectes multicolores, les mouches vrombissantes ne sont plus, à la longue, qu'une insupportable fatigue.

— Est-ce que dans quelques milliers d'années, ces lieux si riches, mais presque déserts, seront devenus des centres d'exploitation féconde, des points d'attraction où la civilisation aura enfin surgi ? interrogea Jean.

Laveau répond :

— A ces époques reculées, la vieille Europe aura vieilli : peut-être alors, s'éteindra-t-elle dans la décadence et les décrépitudes, à moitié endormie, épuisée par de longs siècles de lassitude, de bureaucratie, de fonctionnarisme, de paperasserie ! Aux derniers survivants, elle offrira, si les guerres futures nous laissent quelques hommes, des asiles où l'activité pourra porter ses fruits. Forêts détruites, villes dépeuplées, mines de charbons complètement vidées. N'est-ce pas la perspective ? Alors, les confins de notre Guyane offriront leurs innombrables trésors desquels le Ministère des Colonies actuel est incapable de profiter.

— Mais, est-il nécessaire de porter ses regards vers des domaines si lointains ? demande Bournac.

— En dépit de la sainte routine, répond Laveau, nous apprendrons à extirper les racines de ces abcès, dont nous souffrons, car nous ne pouvons pas trouver de quoi développer nos affaires en ne nous intéressant qu'au sol pourtant admirable de la métropole, sur lequel l'esprit des industriels et des commerçants ne continuera pas à ressembler à celui des politiciens.

Trève de philosophie. Nos amis sont arrivés en un lieu d'où Aponchy peut les entendre ; ils vont lui parler des voix familières à l'explorateur : ils dirigent un feu de salve vers le ciel dans sa direction.

La salve n'a pas d'échos.

— C'est un peu prématuré, en conclut Laveau.

Le Patron se console en ajoutant :

— En forêt, on n'entend pas les détonations à plus de trois ou quatre kilomètres !

— Il va falloir coucher ici ! dit Jean.

— Non ! poursuivons notre marche.

La caravane chemine jusqu'en dessous du saut pour y construire les carbets. Ce saut domine toutes les têtes ; il descend sa pente de 45 degrés sur une longueur de 150 mètres et barre ainsi complètement le Mapaony, couvert d'ilôts à fonds rocheux sur lesquels se développe la flore la plus extravagante.

Sur la route opposée, les centaines de sapajous qui buvaient, se redressent et regardent, absolument interloqués, se demandant quels phénomènes semblent à leurs yeux sortir de terre. Ils ne réfléchissent pas longtemps ; un crépitement de fusillade conseille à ceux qui ne sont pas touchés de confondre vitesse et précipitation en remontant aux arbres.

— Leur chair, expliqua Yamaïké, est des plus délicieuses, parce que ces petits animaux se nourrissent de préférence avec les fruits sucrés de certains arbres.

— Ils consomment également le kola ou coca du Pérou qui existe en certains endroits du Tumuc-Humac, ajouta Panapi ; ils ne dédaignent pas non plus la noix du Brésil que l'on rencontre dans la crique du Mapaony.

Ces petits singes, éveillés et intelligents, sont en quelque sorte, les éducateurs de celui qui explore, dit Laveau ; l'homme n'a qu'à les imiter : qu'il n'utilise jamais les fruits de la forêt sans les connaître ! Plusieurs sont corrosifs et peuvent

vous faire passer de vie à trépas rapidement. Il
est indubitable que les Peaux-Rouges ont appris
des singes, l'art de reconnaître la meilleure nourriture.

— Vos dissertations, Patron, sont toujours intéressantes, dit Bournac. Moi, pour le moment,
c'est Aponchy qui me préoccupe.

— Sacré Aponchy ! s'exclama Jean, est-ce qu'il
se serait perdu ?

— Il n'y a pas de danger. Les Indiens sont
avec lui !... Seulement, il doit être beaucoup plus
bas. Le bruit terrible de la chute assourdissante
l'a sans doute effrayé. A Paris, on habite volontiers à l'entresol ou aux étages qui donnent sur
les rues passagères où s'entrecroisent des moyens
de locomotion tapageurs. Mais dans l'immense
propriété qu'est la forêt vierge, à quoi bon se
gêner ? Ne vaut-il pas mieux éviter les choses
susceptibles de troubler le sommeil ?... Si l'on
n'a pas le souci du propriétaire non plus que
celui des gendarmes, on peut bien avoir celui de
la paix à peu près complète.

Laveau a raison. En effet, c'est dans le silence
immense des solitudes, que l'on jouit de la plé-
nitude de soi-même et de ses facultés ; on se sent
mieux vivre, les idées bouillonnent au cerveau.
Qui les transcrira jamais ? Comme il faut travailler mutuellement, on ne cherche pas à écrire ;
le temps qui appartient tout entier au voyageur,
finit, tout de même par lui faire défaut.

On s'arrête. Le carbet est debout. Une fois de
plus, on amarre les hamacs : les uns apportent du
bois pour le feu ; les femmes coupent le gibier
dont elles grattent le poil ; elles enlèvent les écailles du poisson ; ceux qui ne procèdent pas à un
travail utile, se livrent aux douceurs des bains
froids pour détruire la vermine inévitable.

— Demain, dit Laveau, pour qui les difficultés

n'existent pas, nous découvrirons un passage le long de la rive. Le soleil luit dès six heures.

La nuit est courte à ceux qui sont fatigués, et les premières lueurs de l'aube filtreront à peine à travers les feuillages épais que, le fusil au bras, on partira pour tirer de nouvelles salves... Ecouter encore... Peut-être qu'Aponchy entendra

— Est-il possible de croire que mon cœur de blanc est en mal de ce nègre ? dit Bournac mélancoliquement.

C'est que, à votre insu, les inquiétudes naissent quand on est isolé loin de tout, et volontiers, on redouterait son ombre dans le mystère angoissant des demi-teintes forestières. Et puis, est-ce qu'une défection, pour n'envisager que cela, n'est pas toujours possible ?... En outre, les accidents se produisent aisément ; l'orage, les grands vents qui passent comme un souffle de démon sur l'océan des cimes, abattent des géants capables d'écraser une caravane entière !...

Il faut être franc. Le silence d'Aponchy inquiète Laveau lui-même. Il en est qui pensent, sans rien en dire à personne :

« Et s'il avait rebroussé chemin ? »

Cher Aponchy ! c'est à présent surtout que l'on ressent pour toi la vive amitié. Quels que soient tes défauts naturels et tes imperfections, au sujet du commerce avec les blancs, tu sais ton triomphe inévitable, puisque sans toi, nul ne pourrait rien! Si tu le veux bien, tu es et tu demeures la vraie Providence ; ceux de ta race, comme les Peaux-Rouges eux-mêmes, sont la raison des espoirs les mieux fondés, en ce qui concerne la mise en valeur de la France équinoxiale !

Aponchy, sois béni, dès que tu paraîtras !...

— Bagasse ! est-ce que je me tromperais ? s'écria Bournac. Mais le voilà... Je l'aperçois là-bas... sur le fleuve dont il remonte le courant. Les Indiens l'accompagnent. Leurs pirogues grandissent à chaque coup de pagaie...

Le même cri éclate en même temps, de leurs poitrines :

— Le voici !... le voici !...

Ah ! qu'il est beau, le guide !... Pour venir au devant de ses amis, il s'est coiffé du képi rouge à trois galons d'or qui se détachent royalement sur l'incarnat du velours ; son nez supporte la grosse paire de lunettes dont s'adorne sa face, sans nécessité, rien que par coquetterie...

Au reste, c'est là tout le costume d'Aponchy, europanisé par la tête, mais dont le complément est tout à fait Boni le plus pur. Cinquante-trois jours d'absence ont permis au nègre de reprendre les habitudes de son village... d'oublier son pantalon et de reprendre sa loquacité très exubérante.

Aponchy, très en verve, de loin, entame son discours :

— Ai, Mouché, mo content même !

Il est satisfait. Ça se voit. Les autres le sont aussi, d'ailleurs.

Laveau interroge :

— Eh bien ? et le travail ?... Où en est-il ?...

Aponchy exulte. Sa langue ne va plus assez vite pour traduire tout ce qu'il veut exposer. Il a recours à la mimique la plus expressive. Il explique ainsi qu'il a « buché » comme un nègre ! Avec ses hommes, il a coupé quatre ou cinq hectares de forêt.

Aponchy, naturellement, ne sait pas au juste ce que représente l'étendue d'un hectare. Mais, c'est égal... il n'en ressort pas moins que ses sueurs furent abondantes. Il a réussi à avoir des plants de manioc et de bananier : il les a confiés à la terre. Le carbet est vaste... C'est un véritable chateau, bien entouré d'une palissade en bois de goélette. La goélette est un arbre qui rend d'inestimables services ; à coup de sabre, on le découpe en lamelles propres à la confection des barrières donnant, pendant la nuit, l'indispensable sécurité, en entravant les visites inopportunes, d'une multitude d'insectes, de crapauds, de serpents, aux gens qui dorment.

Aponchy n'est pas Hercule. Ses travaux n'en sont pourtant pas moins nombreux. Il explique encore qu'il a établi une allée de deux mètres et demi de large, laquelle commence au bord du fleuve, sur un banc de rochers, qui constitue un dégrad, un débarcadère idéal.

— On n'arrivera jamais trop vite pour jouir de toutes ces merveilles, dit Jean : On saute dans les pirogues. On descend le fil de l'eau ; le travail des pagayeurs en est facilité. Une heure plus tard, toute la bande est dans la propriété due à l'initiative d'Aponchy.

Le nègre triomphe. La plus noble ambition l'anime.

— To voué, Mouché, dit-il à Laveau.

Laveau est bien contraint d'admirer. Aponchy indique les récompenses auxquelles il a droit :

— Quand mo allé en France, toqua mené mo, siciété Géographie, comme Majo Creveaux mené Apatou !... A li même gagné Cambodge, enco l'aute médal l'Os Minis baille li !... Mo li vin gand capitaine, passé Napoléon !

— Il n'y a pas d'inconvénient à te donner satisfaction, mon brave Aponchy.

— A condition que tu continues, dit Laveau, en évoquant le nègre de Mac-Mahon.

Comme on le voit, la modestie n'est pas le principal attribut du célèbre Aponchy.

Les pirogues du nègre étaient trop petites pour emmener tout le monde, les Indiens restent en bas du saut Canamaraca qui se trouve au voisinage du centre de la crique Mapaony. Une fois arrivés, on ira les prendre. Ce sera l'affaire de quelques heures.

Bientôt tout le monde est réuni sur l'emplacement admirable choisi par le guide, lequel ne présente guère qu'un inconvénient : la multitude de reptiles sans doute attirés par les crapauds, dont la voix grave de crécelle s'harmonise dans les ténèbres avec celle des oiseaux de nuit, pleine de grésillements lugubres. Et cela forme un concert digne d'un antre de sorcier, d'un vestibule d'enfer, et qui bannit la poésie légère, ainsi que les plus « douces pensées ».

— Dans quelques jours, dit Laveau, les Indiens parleront de retour en arrière. En attendant, il faut les employer de la manière la plus utile. La besogne ne manque pas. Aponchy, vous vous en doutiez, est loin d'avoir débroussé cinq hectares ! Au reste, c'est une étendue moindre qui est nécessaire.

On abat. Chacun se met à l'ouvrage de bon cœur. Des pacolos sont établis ; des arbres sont couchés pour confectionner des canots supplémentaires.

— Nous rayonnerons dans ces parages, jusqu'en Juillet tout au moins affirme Laveau.

Les rives du Yariqui coulent à 45 kilomètres au Sud-Ouest, à travers la forêt, deviendront familières, au cours de ces pérégrinations.

— C'est le moment de se faire une petite vie à part, remarqua le Patron.

L'occasion est favorable, puisque les carbets ne sont édifiés que pour abriter quatre personnes : Laveau et Jean, Bournac et Doreau auront le leur.

— Nous y suspendrons nos hamacs, dit Jean.

— Une petite cuisine s'élèvera, complètement indépendante, ajouta Laveau. Doreau qui est malade, ne participera pas aux fatigantes randon-

nées ; la cuisine sera son seul domaine ; il y con-
centrera ses efforts ; il essayera de nous préparer
des plats « dignes de la table de Galliéni »,
comme il dit souvent.

— Ah ! oui, les crèmes, fit Doreau. Mais il faudra beaucoup d'œufs.

Les amis éprouvent déjà le besoin de se ré-
conforter ; ils ont persisté à maigrir tandis que
Doreau enflait ; et les cinquante-trois jours de
cheminement sous bois, des sources de l'Itany au
saut du Canamaraca — soit 160 kilomètres environ — ont accentué leur teint verdâtre.

Aponchy travaille comme un colon désireux
de bonnes récoltes ; il sème du riz de montagne
qu'il apporta de son village ; en deux saisons de
pluie, en deux saisons sèches, on verra le bénéfice à tirer de l'opération ; il confectionnera des
nasses pour capturer, dans le fleuve, des ayma-
fas, sorte de gros brochets pesant une vingtaine de livres. En voici quatre ou cinq qui sont
prêtes.

Le nègre y enferme un gibier à plumes dont
ce poisson est très friand... Grâce aux proies faciles et nombreuses, chacun oubliera aisément
les soles du restaurant Marguery qu'il a peut-
être connues accidentellement ; on fera bouillir
de gros morceaux avec des piments ; on mangera la farine de manioc et le singe ; on boira en
abondance, les eaux ferrugineuses des Tumuc-
Humac... Et le soir, on s'endormira avec, comme
on dit banalement, la satisfaction du devoir
accompli.

— Avec ça, vois-tu, Doreau, nous nous passerons de crème ! affirma Bournac.

— On mangera la crème en supplément, puisqu'on a du lait condensé, dit Doreau.

Et il ajouta, avec un air de regret :

— Seulement, l'eau des criques remplacera le champagne !

A ce sujet, dit le Patron, j'ai fait un rêve.

— Contez-nous ça demanda Bournac !... Ça passera le temps !

— Eh bien voilà : Toute la nuit je fus en France. Nous étions de retour, notre mission étant finie ; nous apportions de l'or, beaucoup d'or et des grenats et du diamant et la certitude absolue que les Tumuc-Humac occidentales sont le Transvaal français.

On organisait sans doute des réceptions en votre honneur ? interrogea le Gascon.

— Point du tout, répondit Laveau. Durant notre absence la Colonie avait fait son œuvre contre nous. Des bonzes de la Société de Géographie, jaloux, mais riches, avaient mobilisé toute une bande d'affreux policiers pour recueillir contre nous des documents infâmes. Les documents n'existant pas, d'affreux rapports en tenaient lieu. On y disait que nous sommes les piliers de bouges, d'assommoirs subsistant au pays des nègres ; je n'étais pas autre chose qu'un ivrogne invétéré n'ayant pas d'autre passion que le tafia ; certains même certifiaient ma folie. Le plus acharné était un député noir, une espèce d'échalas raccourci en bois d'ébène et au bout duquel il y aurait une barbe et des lorgnons. Si bien qu'au lieu de sympathie nous n'éveillions que méfiance et dégoût. La méchanceté des hommes m'apparaissait sans limites : et je me voyais. impuissant, prendre chaque jour des cheveux blancs, sans pouvoir me défendre et sans pouvoir revenir parmi ces Indiens dont le dévouement est sans limites et pour lesquels la haine n'existe pas.

— Voilà une drôle d'histoire ! s'écria Bournac ;

— Et pas gaie ! ajouta Jean.

Ils furent un instant silencieux.

— Après tout dit Bournac, s'il y a des rêves qui se réalisent, il en est d'autres qui ne se réalisent pas.

— Mais quand ils présentent une apparence de vraisemblance, dit Laveau, ils enseignent, comme celui-ci, qu'il faut travailler pour sa propre satisfaction et n'avoir jamais pour but la reconnaissance des pouvoirs publics ignorants, ou des Administrations cataleptiques, prises de colère, quand on trouble le sommeil anémiant la nation. Mais, parlons d'autre chose... non plus d'un songe réalisable, mais d'un événement dès longtemps prévu et dont l'imminence est certaine.

— Rien de fâcheux, je suppose, Patron ? fit Bournac.

— Car tu n'en es pas aux idées folichonnes, Père, ajouta Jean.

— Oui et non, dit Laveau. Demain les Indiens nous quittent. Ils s'en vont rejoindre leurs villages.

— Tous ?

— Non pas.

A l'exception de Panapi, de Yataliman, et de quelques-uns de leurs peïtos. Ceux-ci, longtemps encore, donneront leurs efforts musculaires et prodigueront leurs conseils, afin d'agrandir la petite exploitation dans laquelle nous vivons, où tout s'annonce si bien.

— Les conserver est un acte de prévoyance ! assura Bournac.

— Elle commande de ne jamais manquer de vivres, ajouta Jean. Quand on est à 600 kilomètres de la côte, il faut bien faire comme Despeaux et Pimpin ! dit Laveau.

Après un moment, il reprit :

— J'ai inventorié nos réserves. Elles présentent un sérieux déficit. Nous n'en avons pas pour trois **mois.**

— Comme quoi les crèmes de Doreau sont dans le lac ! affirma le Gascon.

— Il s'agit donc de travailler !... et de marcher ! Les Indiens m'ont dit qu'à un jour de descente, il y a dans la crique Pilipi, une tribu relativement nombreuse. Elle a du couac, de la cassave.

— Nous leur en demanderons, dit Jean.

— Ce sont les Aplaïs, compléta Laveau ; ils doivent être en outre, abondamment pourvus de volailles blanches qu'ils élèvent pour les plumes de leurs parures. Ils nous échangeront bien quelques-uns de leurs oiseaux de basse-cour.

— Alors, nous aurons les œufs, s'écria Doreau.

— Tout en relevant les sources de la crique Pilipi, poursuivit le Patron, on trouvera le moyen d'avoir un poulailler, près du jardin clos, en bois de goélette... Dans ce jardin, nous déposerons précieusement les graines potagères apportées de Paris, acquises chez Vilmorin-Andrieux... Nous utiliserons, en outre, celles d'oranges, ue citrons, de maïs ; de cette façon, Bournac qui convoite le poireau, le décrochera peut-être... avant son retour !

— J'aime mieux ça, Patron ! Vous redevenez jovial, fit Bournac.

— Brave Bournac ! le Ministre, généralement, n'apprécie pas un mérite comme le vôtre. Les perspectives que vous offrez à vos contemporains sont charmantes, mais la naïveté n'est pas bannie de votre cœur !... Sous le coup de fouet de l'ambition, vous construisez une espèce de laboratoire, où vous pourrez rédiger des notes qui n'ont rien de commun avec celles des apothicaires, puisqu'elles sont destinées, soit à notre illustre Edmond Perrier, soit à notre Office Colonial, dont la bibliothèque ne renferme rien — ou presque rien — sur la Guyane inconnue que vous parcourez !

— Je compte surtout sur le poireau du potager ! répondit philosophiquement Bournac.

— Tandis qu'il poussera, et quand il sera poussé, nous effectuerons des randonnées dont chacune représentera une branche d'une immense rose des vents !...

Trente criques s'offriront ainsi à l'exploration, au renseignement à cueillir, à l'aventure à courir.

Partout, le sable est noir et blanc ; cette couleur est caractéristique : elle révèle la présence de l'or. Les prospections multiples donneront des résultats tangibles.

Un soir, Laveau s'écrie, content :

— Ce cours d'eau, sur le Mapaony, donne un gramme et demi à trois grammes de métal précieux à la batée qui compte, vous le savez puisque vous la maniez, dix kilogrammes de terre...

Jean s'exclame :

— Et voici des grenats en quantité ! l'industrie horlogère pourrait les utiliser.

On en ramasse des caisses... mais c'est bien de cela qu'il s'agit !... Que faire de ces richesses ?... Que la terre les conserve précieusement !

Le Français a bien d'autres préoccupations, en général... Bournac aussi, en particulier. Le gai compagnon s'est improvisé bûcheron ; il manie la hache sans relâche ; sous ses coups, les balatas frappés saignent leur lait blanc d'une idéale pureté ; par moments, il s'arrête et mange avec délices les fruits sucrés de cet arbre, sorte de grosses mirabelles.

Et, tandis que les essences les plus diverses

s'effondrent avec des craquements sinistres, des gémissements de géants meurtris, Bournac murmure entre ses dents son refrain sempiternel :

— Ah ! si les gros marchands du Faubourg Saint-Antoine voyaient ça !

Cette fois, il ajoute :

— J'ai vu chez Dufayel, des salles à manger en chêne-tigre... Elles coûtaient 7.000 francs. Ici, on brûle des milliers de mètres cubes de ce bois... dans l'abatis... et pour la cuisine... et ça ne coûte rien !

C'est pour Bournac un éternel crève-cœur. Et pour le tirer de ses pensées, des amertumes et des regrets dans lequel il se plonge, il ne lui faut rien moins que la vaccination douloureuse que lui occasionnent spontanément, un essaim de mouches venimeuses du maraké. Il regardait les cimes, au lieu de regarder le sol plein d'embûches. Il s'est empêtré dans une racine... Il est tombé, le nez dans un nid à peu près semblable aux guêpiers de nos pays.

— Bon Dieu ! cria-t-il.

Laveau se retourna, et vit Bournac qui se relevait, à moitié défiguré, le visage couvert de dards empoisonnés.

La tête du pauvre bûcheron devint en peu d'instants, comme une calebasse vivante, où les yeux luisaient, tels des pierres de jais enchassées au fond de deux trous de vrille. Une grosse fièvre s'ensuivit.

Jean rit de bon cœur en contemplant l'ami, et en évoquant sa mésaventure.

— Rit bien qui rit le dernier ! dit le Gascon un peu vexé !... Tu n'en es pas exempt, mon petit !

La fin de la journée n'arriva point sans prouver que Bournac avait raison.

— Les Indiens affirment, dit Laveau, qu'avec cela on est vacciné, pour longtemps, contre les rhumatismes.

Bournac s'indigna :

— Il s'agit bien de rhumatismes et de goutte!... Ce n'est pas la consommation du vieux Bordeaux ou des Chablis superfins qui nous en occasionnera !...

Il ajouta :

— Si tous ceux qui, en France, cherchent à la quatrième page des journaux, l'indication de remèdes propres à déterminer l'amaigrissement, ou à dénouer leurs articulations, venaient ici, faisaient comme nous, ils s'en trouveraient très bien.

— Mais les charlatans n'édifieraient pas de puissantes fortunes ! conclut le Patron.

N'empêche que, ces jours-là, les singes qui vinrent à la porte du carbet, intrigués, pour assister au déjeuner, manifestèrent une curiosité plus grande... et presque de la familiarité...

— Il faut croire qu'on leur ressemble fort, à présent, puisqu'on ne les effraye plus, remarque Bournac.

## XII

## CHEZ LES APLAIS.

Aponchy travaille,.. comme un nègre ! — c'est bien le cas de le dire. Il fabrique des pirogues, et puis des pirogues, et puis des pirogues, et encore des pirogues. Comme on le voit, le cri n'est pas nouveau.

— Des bateaux ! encore des bateaux !

Il est celui de l'explorateur.

Pour aller chercher les Aplaïs, il faut au moins trois embarcations supplémentaires ; on redescendra le Mapaony en dépit de la hauteur si dangereuse de ses sauts ; bien souvent, il faudra mettre pied à terre, rouler les canots sur les rondins, ou bien les traîner sur de courtes distances qui paraissent d'une invraisemblable longueur et n'en sont pas moins d'épuisants parcours.

— Puisque l'on remonte la crique Pilipi, Doreau peut rester au carbet, dit Jean.

— Quelques Indiens peuvent lui tenir compagnie, ajouta Laveau.

Les Indiens sont toujours utilisables ; si ce n'est pas d'une façon, c'est d'une autre qu'on les les emploie.

— Tant mieux ! s'écria Doreau, le bruit de l'eau m'aurait donné le vertige.

Sur les bords du fleuve, les boas, les « yolocmatapi » comme disent les indigènes, enroulés, attendent patiemment leurs proies... Des caïmans, très nombreux, dorment au soleil, sur le sable ; parfois les gueules des monstres émergent de l'onde, comme des bûches de bois lourd, à la dérive...

Les Indiens qui mangent la chair du, redoutable saurien avec appétit, en raison de son odeur musquée, laquelle répugne aux blancs, procèdent aux hécatombes les plus complètes. Ils brû leront toute la poudre de Laveau, qui cède pour tant le moins possible à leurs sollicitations.

— Encore un, mouché, pan !... pan !...

Bournac, lui aussi, tout comme Jean, préfère garder ses cartouches pour d'autres circonstances

— Sauf quand le caïman est petit, affirme le Gascon.

Le petit caïman est un excellent gibier ; démusqué, il offre une chair qui rappelle celle du homard.

— Avec une bonne rémoulade, on s'en pourlècherait, confie Doreau.

Mais toute la science de Paillard ou de Marguery serait vaine en ces parages ; les essences ne remplacent aucunement l'huile, le vinaigre et la moutarde.

Au surplus, il n'est point nécessaire de constituer des stocks de cette viande, non plus que d'une autre. La nourriture ne peut manquer d'être abondante. Avec une demi-cartouche de dynamite, lorsque le besoin s'en fait sentir ; on recueille de la piraille par tombereaux. C'est un poisson arrondi du genre turbot ; ses dents ne sont pas pointues, mais larges et plates, effilées, telles des lames de rasoirs. Elles coupent, tranchent avec facilité. Ce poisson est extrêmement vorace ; il s'ensuit qu'il est fort dangereux, surtout pour l'homme qui prendrait un bain dans ces eaux vives. Alors il est de toute nécessité de faire beaucoup de bruit ; cela éloigne l'ennemi à nageoires. La piraille recherche les proies de taille médiocre ; elle attaque les petits poissons, les saisit, les sectionne, en avale la moitié, tandis que l'autre apparaît à la surface du fleuve, emportée par le courant. La piraille n'appartient pas seulement au Mapaony ; on la rencontre également dans le Maroni, tout en bas, jusque près de Saint-Laurent.

Laveau dit à Bournac :

— J'ai souvenir d'un surveillant militaire, qui, après son déjeuner était tombé à l'eau ; atteint de congestion, il coula à pic, tout habillé. On le retrouva le lendemain, mais dans quel état !... Ses vêtements étaient coupés, tailladés, comme par une multitude de coups de ciseaux ; son visage était déchiqueté, comme ces carcasses de chevaux données par Macquart, l'équarisseur, en pâture aux rats d'égoûts, ou comme l'égaré qui tombe épuisé, sur un nid de fourmis rouges, et qui n'est plus qu'un squelette le lendemain !

— C'est dommage. ajouta Laveau que les pirailles n'existent pas dans certains salons parisiens pour y taillader la langue des calomniateurs !

— Vous avez donc toujours votre marotte ; Patron ! demande Bournac.

— Non pas, dit le Chef, c'est une réflexion comme une autre !

On s'arrête au confluent de la crique Pilipi et du Mapaony. Il y a là, les vestiges d'un village ; on y rencontre des poteries très curieuses, des haches en pierre, document précieux pour les collections ethnographiques.

— Ramassons-en, dit Jean, très enthousiaste.

Laveau propose de remonter le cours de l'affluent, d'en effectuer un lever de plan au centmillième.

La crique Pilipi, peu importante à son embouchure est parsemée d'ilôts ; par endroits, elle atteint jusqu'à mille mètres de largeur. Quelques tribus d'Aplaïs dénudées de tout ce que possèdent leurs voisines du fait d'un contact plus fréquent avec les noirs ou avec les blancs, vivent seules sur les rives. Elles n'ont ni sabres, ni couteaux, ni peignes, ni miroirs, ni pans de linge.

— Nus comme nos pères avant le péché ! dit Bournac.

— Comme le discours d'un membre de la Société de Géopraphie ! rectifie Laveau qui songe à Musset.

Les Aplaïs quoique privés de tout, ne semblent pas très malheureux. Ils se contentent de leur sort et n'envient rien. Ils offrent de bon cœur, des bananes, des patates, des napis, des ignames, de la cassave à leurs visiteurs qui leur prodiguent en échange, des camisas et des perles de verroterie.

Les Aplaïs se décident à accompagner Laveau jusqu'au grand Village du Tamouchi, près des sources qui sortent du mont Mitaraca, 700 mètres d'altitude. Le sommet de cette montagne se compose de deux pitons en granit gris-noir qui donnent l'illusion d'une cathédrale gigantesque enfouie dans la verdure.

Dans cette région, où jamais aucun blanc, antérieurement, ne mit pied, la forêt garde son éternel aspect, ses lianes vertigineuses, ses orchidées splendides, ses caïmans, ses boas somnolant en d'invariables décors.

On s'arrête quelques jours pour nouer plus ample connaissance avec les nouveaux compagnons ; leurs habitudes ne sont pas très différentes de celles des autres tribus indiennes.

— Leur dialecte, relève Laveau, ressemble à l'Oupouroui-Roucouyenne !

Les flèches s'arment de pointes confectionnées avec des os travaillés, des dents d'agoutis, des arêtes de poissons.

— Offrons une hache américaine au Tamouchi, dit Laveau.

C'est un cadeau si précieux, que le Tamouchi ne sait comment manifester son contentement ; il étend le bras dans la direction d'un tas de régimes aux fruits divers et murmure :

— Tout cela est à vous... Prenez ! emportez !

Les Aplaïs vont suivre ; ils sont d'une santé rare, d'une vigueur admirable ; ils ont des attaches fines ; leurs femmes sont superbes ; leur peau paraît plus blanche que celle des femmes de l'Itany. Ils n'ont aucune des tares rencontrées dans la tribu des Bonis ; ils ignorent aussi le tafia ; ils ne pratiquent même point le culte du cachiri ! Chez eux, pour recevoir les étrangers, ni danses, ni beuveries !

— C'est dit le Tamouchi, que nous ne cultivons le manioc que tout juste pour notre entretien !

Chacun est heureux de les avoir pour compagnons.

— Avec des outils plus rudimentaires encore qu'ils ne le sont ailleurs, leurs cultures doivent être imparfaites, dit Laveau.

— Leurs pirogues ne sont que de l'écorce d'arbre dont les morceaux sont attachés par des lianes et calfatées avec la résine « Mani » recueillie de la forêt, remarque Jean.

Au-dessus du village la rivière n'est plus navigable : elle se divise en plusieurs branches qui remontent jusqu'à Philipou.

— C'est dans les Tumuc-Humac orientales, dit Laveau. En septembre 1888, je suis passé là avec Coudreau, Philipou constituant le terme de notre itinéraire.

Un souvenir traverse son esprit :

— Je me souviens, dit-il, que nous avons trouvé, en pleine forêt, le cadavre d'un Tamouchi, dans un hamac, sous un carbet. Ses osse-

ments, ses armes, ses objets familiers étaient
rangés au-dessous de lui ; les grands urubus
noirs attirés, faisaient des rondes fréquentes. Et
comme nous avions pénétré près de cette sépul-
ture que les Indiens croyaient en lieu sûr, nous
avions provoqué leur mécontentement !

C'est le passé. Que d'aventures depuis ! que de
tribus nouvelles ! voilà ce qui compte !

En exploration, on ne vit pas de souvenirs ; ce
sont les réalités de chaque jour dont il faut savoir
s'accommoder.

— De Philipou, enseigne le Patron, nous
pourrions redescendre par l'Itany que nous rega-
gnerions après trois jours de marche, en forêt.

Ce serait plus avantageux, dit Jean.

— Parfaitement, répond Laveau, ce serait plus
avantageux si nous étions au terme de notre
voyage. Mais il n'en est rien. Nous allons revenir
vers le Mapaony ; après, nous verrons.

Le capitaine des Aplaïs explique que les villages de la partie haute sont en relations pério-
diques avec les Roucouyennes de l'Itany, et que,
pour les rencontrer, ils traversent volontiers les
Tumuc-Humac.

Laveau demande :

— Pourquoi ne quitteriez-vous pas ces parages
pour vous installer dans l'Itany ?... Vous êtes
nombreux ? Vous êtes forts... Si vous étiez le plus
loin possible d'ici, vous trouveriez de grands avantages ; les blancs vous rendraient plus souvent
visite ; ils vous donneraient des choses utiles :
ils vous emploieraient. — Vous seriez plus heureux.

En tenant ce langage, Laveau n'a qu'une préoccupation, procurer une main-d'œuvre éventuelle
dans les régions plus familières, susceptibles
d'être exploitées un jour. Si les Indiens Aplaïs
cédaient à ces suggestions, le moyen Maroni se

trouverait, du coup, favorisé d'une manière appréciable.

Le Tamouchi réfléchit un moment et répond :

— Na you tâché icé. Colé colé nompoui inélé you Amoulé soucouti parachichi inéléicéoua carachimeu. Totopok icé calinas aouempi aracabousa souéye alimi catip ?

(Oui !... c'est bien ! j'accepterais. Beaucoup, beaucoup viendraient avec moi... c'est entendu !... mais promets-tu que les blancs ne nous feront pas de mal !.. qu'ils ne nous déclareront pas la guerre... Qu'ils ne nous tueront pas comme des singes ?)

— Je te le jure ! dit Laveau.

— Eh bien ! réplique le Chef, quand tu voudras (souala ipocria !)

En attendant, on charge les canots de toutes sortes de victuailles indiennes. Le Tamouchi est bavard ; il fournit d'amples renseignements sur les montagnes environnantes, sur les sources qui y prennent naissance, notamment celles de l'Aoua et du Camopi qui voisinent dans la chaîne de l'Eureupoucigneu.

— Est-ce que cela ne peut pas servir, le cas échéant, pour l'établissement d'une carte plus exacte de ces parages inconnus, de ces pays boisés à l'extrême, sans point de repère, sans horizon démasqué, sans triangulations possibles ? dit le Patron.

— Il faut se contenter d'une documentation très approximative, déplore Jean.

— Hélas ! répond Laveau et c'est déjà beaucoup qu'on l'obtienne.

Le Tamouchi est prêt ; ses peïtos aussi. C'est un grand départ qui doit s'effectuer.

— Nous allons visiter les Indiens du Yari, dit Laveau à ses compagnons ; de là, nous passerons au Parou, chez les Trios, tribus très nombreuses, habitant à trois jours de marche en forêt, des sources du Tapanahony, affluent du Maroni.

Bournac est admiratif :

— Oh ! oh ! s'écrie-t-il, vous connaissez cela comme votre département !

— Mieux ! répond Laveau. Puis il pousse un cri de détresse, en inspectant les bagages.

— Qu'y a-t-il, demande Jean, anxieux.

— Nous n'avons presque plus de verroteries et de munitions !

— Alors, qu'allons-nous faire ?... Comment continuer le voyage sans ces choses indispensables ?

— Ce n'est pas facile de s'en procurer ! affirme Bournac.

— Si, répond Laveau, mais au prix de grands sacrifices.

— Comment ? et lesquels ?... interroge Jean.

Laveau réfléchit durant quelques secondes, puis :

— Heureusement que juin et juillet approchent ; ces mois pluvieux doivent marquer la fin de la campagne, dit-il.

Louis Doreau, affaissé, se relève brusquement. Il manifeste une grande joie. Lui, dont les forces décroissent sans cesse, apparaît transfiguré : l'espèce de béri-béri qui le terrasse, s'évanouirait-il, tout d'un coup ?... Sa bonne volonté n'est d'aucun poids dans la balance du destin des autres. Il sent qu'il est une entrave, un poids lourd, et il en souffre. Il a pu croire sa mort inévitable dans l'abatis du Mapaony ; il a désespéré de revoir sa famille, son pays !... Et maintenant voilà que la certitude du retour s'implante dans son cœur. Ah ! s'il était possible pour lui de retourner en arrière, ses maux se dissiperaient ! Son attention, son angoisse, le suspendent aux lèvres de Laveau. Mais il n'ose croire à tant de bonheur... Il est tant d'impossibilité absolue à l'exécution des projets les plus beaux, les plus simples !

Du coup, un conseil improvisé s'établit.

— Nous n'avons qu'à choisir entre deux solutions, dit le Patron.

— Lesquelles ? interrogent les autres.

Laveau prononce :

— Ou bien nous repartirons en France, abandonnant les avantages acquis à force de patience, de persévérance, de courage, de foi ; ou bien nous conserverons ces avantages en restant sur place, pendant que Jean s'en ira, tout seul, à Saint-Laurent-du-Maroni pour y régler nos affaires, retirer notre argent à la Banque, effectuer les achats nécessaires.

— Est-ce que je ne puis partir avec lui ? demanda timidement Doreau.

— Si tu le veux, répondit le Patron. En as-tu la force ?...

— Oui, articula le malade.

— Eh bien, tu l'accompagneras, il retiendra ta place sur le paquebot... tu iras revoir ta femme.

La joie brille dans les yeux du malade.

— Cette dernière solution est la meilleure, approuva Bournac, car, à aucun prix, il ne faut perdre le bénéfice de nos efforts passés ! Je serais honteux de n'avoir point réalisé notre programme jusqu'au bout... Comment ? nous perdrions la gloire d'avoir vu, les premiers, les sources du Parou ?... C'est grâce à nous, que ce fleuve aura des origines françaises. Jean, prépare-toi, mon gas. C'est pour la France que tu travailles.

Laveau serra avec effusion les mains de Bournac.

— C'est entendu, réglé, dit-il. Jean et Doreau vont se mettre en route. Ils emmèneront huit hommes affaiblis par le travail et les privations, qui commencent à faire assez mauvaise figure dans notre petit groupe. Aponchy leur servira de guide ; ils tâcheront de regagner le sentier de Coulé-Coulé ; une fois arrivés au dégrad, ils retrouveront, sur une hauteur où on l'a mis en sécurité, notre grand canot en bois de rose qu'ils utiliseront pour leur descente dans le Maroni.

— Quelles souffrances il faut s'imposer, s'écrie Bournac, quand on n'a pas toutes les ressources nécessaires pour faire grand !

— On marche pieds nus, en guenilles, mais le cœur est ardent !

Il eût voulu ajouter :

— Bienheureux si, à l'heure de la dernière étape, on n'a pas succombé, si, rentrant en France, on ne trouve point, attachés à ses pas, la calomnie des envieux, des jaloux, des paresseux, des incapables qui ne pardonnent jamais au roturier d'être plus brave, plus courageux, plus vaillant qu'ils ne le sont eux-mêmes !

Il se tut.

« Pas de dépression dans la chaleur du mouvement ! » se dit-il.

Et, réfléchissant, il s'ajouta à part lui :

— Et puis, peut-être ai-je tort.

Il prodigue à Doreau des encouragements. Doreau trop secoué par l'émotion en a besoin.

Il lui dit :

— Cette traversée des Tumuc-Humac que vous allez accomplir, est infiniment plus facile que celle que nous avons effectuée.

Doreau hoche la tête, incrédule. Laveau reprend :

— Cette fois, vous n'aurez pas de pics à gravir ni de marais à traverser.

Il invoque le témoignage d'Aponchy, celui des nègres de Sainte-Lucie et celui des Indiens de l'escorte.

— Oui, disent-ils, le chef a raison.

— Je vais écrire une lettre au gouverneur, une autre au ministère des Colonies, une troisième à Albert Grodet. Je redigerai en outre quelques mots à tous les amis de France. Qu'on me laisse !

Pendant ce temps, on prépare les canots ; on y entasse tout ce que la caravane possède d'un peu réconfortant : le thé, la pharmacie, le lait condensé principalement.

Doreau rayonne. Il voit son foyer dans les perspectives de l'éloignement. Ce foyer, s'il ne peut l'atteindre, du moins, il espère en lui...

Les adieux sont courts selon la mode indienne.

Laveau répète à Jean la vieille formule :

— A cœur vaillant rien d'impossible !

— Je le prouverai, père !

Il se tourne vers Callia qui berce toujours son enfant dans ses bras. Elle a compris qu'une chose grave vient de surgir. Mais l'impassibilité de son visage ne traduit aucune émotion. Elle tend la main vers le nord :

— Va ! dit-elle.

— Nous te la garderons ! fit Bournac.

— Tu es un brave enfant ! murmura le père:

Et Jean lut dans ce regard l'expression de tels sentiments d'admiration, de fierté et d'amour, qu'il se sentit l'âme trempée d'un Savorgnan de Brazza.

Doreau ne sent plus son mal ; sa dépression physique et nerveuse a fait place à l'enthousiasme ; il s'assied dans l'embarcation sous le pamacari.

— Je suis comme un prince ! fit-il.

Et ils s'éloignèrent au fil de l'eau.

Pauvre Doreau, gémit Bournac, le reverrons-nous... La vie est drôle : on se voit, on ne s'aime pas, on se chamaille, puis on se raccommode, puis on finit par s'estimer, par s'aimer. N'est-ce point par là qu'on devrait commencer ?

Laveau suppute les chances :

— Quatre jours de fatigue pour remonter aux

sources du Mapaony... Sept jours pour la traversée des Tumuc-Humac jusqu'à Sara-Epoyenne, c'est énorme !... De là au village de Panapi il y aura moins de fatigue ; à partir de Panapi ils descendront l'Itany, l'Aoua et le Maroni jusqu'à Saint-Laurent : la descente des fleuves est plus agréable que leur montée en dépit de l'émotion qui étreint au passage des chutes, des rapides par une extraordinaire vitesse !

— Bon voyage ! crie Bournac.

— N'oubliez pas les signaux !

Les pirogues volent à coups de pagaies... Puissent-elles ne pas se briser contre les rochers et rencontrer la mort qui guette l'explorateur à tout moment, tandis que les ronds-de-cuir, commodément assis dans leurs bureaux, ne soupçonnent rien des périls auxquels sont exposés ceux qui voyagent pour nous faire mieux connaître et utiliser notre domaine colonial.

— Je serai, a dit Aponchy, à Saint-Laurent-du-Maroni, dans dix-sept jours !

— Les calculs d'Aponchy ne sont pas les miens, déclare Laveau.

C'est que dans les calculs, il ne faut pas de fantaisie ; les nécessités tiennent des places imprévues ; les immobilisations forcées interviennent.

— Ils en ont pour un bon mois ! opine Bournac.

— S'ils n'en ont que pour un mois, ce sont des as ! fit Laveau.

XIII

## UN ENTERREMENT A POMOFOU.

Les pirogues, depuis une grande heure, glissent sur le Mapaony.

— N'oublions pas de donner de nos nouvelles, dit Jean.

Aponchy, Doreau et lui arment leurs Winchesters. Du haut de la rivière, douze coups successifs annoncent à ceux d'en bas que le premier objectif est atteint régulièrement.

— C'est comme si Jean nous parlait, murmura Laveau dont l'inquiétude que lui occasionnait sa décision, ne se trahit pas.

Il ajoute :

— Nous allons lui répondre !

— Naturellement, dit Bournac ; ce pauvre gosse !... Tout de même, il a un rude courage !

— C'est comme si mon père me disait : Jean, hâte-toi, ma pensée t'accompagne !... En avant, Aponchy !... Tu sais que l'on compte sur toi et que le grand chef des blancs saura que tu t'es dévoué.

Mais Aponchy a beau pagayer. Les Indiens ont beau multiplier leurs efforts, le trajet quotidiennement accompli est en déficit sur celui qu'on escomptait. L'énergie musculaire ne peut rien contre les eaux fougueuses qui, roulant tumultueusement, composent une barrière à peu près infranchissable. Ce n'est pas sept jours qui sont nécessaires pour atteindre Sara-Epoyenne, mais onze.

— Sans la dépense extraordinaire que font de leurs forces nos compagnons, nous n'arriverions jamais, constate Jean, mélancoliquement.

Aponchy, hargneux, désigna Doreau du doigt :

— Lui, cause de tout ! fit-il.

Le nègre n'est plus respectueux, ni docile, ni soumis comme il l'était auparavant ; il s'émancipe, reste volontaire ! pour lui, il n'a plus de chef, puisque Laveau n'est pas là, et que Jean n'est qu'un enfant.

Doreau, effectivement, a trop préjugé de ses forces. Il halète, pantèle, suffoque. Dès qu'il met pied à terre pour accomplir quelques pas, il s'évanouit et tombe. Il ne peut plus marcher ; il a quitté son sac, comme autrefois ; il a abandonné son fusil. Puis les Indiens, pitoyables, l'ont empoigné comme leurs femmes prennent leurs petits et l'ont emporté le long des durs sentiers de la forêt pour remonter les sauts.

— Que vous êtes bons, que vous êtes braves ! leur dit Jean. Le Tamouchi Laveau vous récompensera.

Il n'y a pas de fatigues qui comptent pour le jeune homme. Il n'y a que le devoir à remplir et de l'abnégation à consentir.

— Je le connais, dit Laveau à Bournac. Il préférerait succomber à l'appel plutôt que de ne pas arriver !

Et Bournac, dont la pensée à lui aussi s'est déjà portée bien au delà du dégrad de Coulé-Coulé, murmure :

— Sans vous, patron, malgré l'admiration que j'ai pour vous, avec Jean, j'irai au bout du monde !... Il n'y a qu'une chose qui me préoccupe:

— Laquelle ?

— Je voudrais bien savoir s'ils ont retrouvé le canot.

— Ah ! oui, le grand canot hissé parmi les herbes, au sommet d'un mamelon, aux bords de l'Itany !... Pourquoi ne l'auraient-ils pas retrouvé?

— Qui sait ? répondit Bournac.

Après un silence il manifesta sa crainte.

— Si on le leur avait pris ?

— Qui ?

— Je ne sais pas !

— Non ! cela n'est pas possible. A présent, ils l'ont descendu sur le fleuve, et c'est lui qu'ils descendent.

Laveau ne se trompe pas.

Le canot, Jean l'aménage. Il y installe Doreau qui sera mieux que dans la pirogue. Mais comme le soleil tape d'aplomb :

— On ne peut pas laisser griller vivant ce malheureux, étendu la face vers le ciel, dit-il à Aponchy.

Aponchy a compris. Il faut installer un macari ; mais il rechigne.

Malgré tout le dôme en feuilles de palmier s'élève. Et le toit improvisé maintient une ombre bienfaisante mais lourde, sur le corps toujours enflé du cuisinier annihilé, anéanti, presque moribond.

Les Indiens s'arrêtent au village de Counicaname.

On les prendra au retour, comme on a convenu.

— Nous arriverons à Pomofou promptement ! dit Jean à Aponchy.

— Il n'y a qu'à descendre ! répond le nègre... J'ai de la famille à Pomofou ; on va se hâter pour s'y reposer quelques jours

— Si tu veux, Aponchy, ce sera ta récompense !

La pensée de revoir les nègres, ranime Doreau. Chaque heure qui s'écoule ramène un peu de mieux. On dirait que Jean se sent plus allègre, plus fort.

— Nous irons au dépôt de vivres que nous avons constitué, murmure-t-il à son compagnon, nous y trouverons de bonnes choses... Des choses excellentes pour toi. Je te soignerai si bien que tu seras tout à fait ragaillardi en arrivant à St-Laurent.

Doreau exulte.

— Je suis tout à fait mieux, dit-il.

Et le soir du jour où on l'accoste :

— Ne te fatigue pas ! lui recommande Jean. Je crois que tu ferais mieux de rester ici puisque c'est le repos qui tout d'abord te réussit.

Ils occupent l'ancien carbet, celui que l'on a construit à la montée.

Aponchy n'a plus son air rogue pour Doreau qui lui fait des signes d'intelligence auxquels le nègre répond.

« J'aime mieux cela ! pense Jean. L'animosité entre deux hommes paralyse l'action de plusieurs autres !... »

Aponchy, de plus en plus aimable, le matin même, dit à Doreau, dans son jargon :

— Toi venir avec moi dans ma famille.

Doreau exulte.

— J'irai souhaiter le bonjour aux Bonis de connaissance. J'aurai du plaisir à les revoir.

— Prends garde, conseille Jean. Je crois que tu vas manquer de prudence.

Les désirs du jeune homme se heurtent à la volonté de l'autre. De toute la journée, Jean ne le revit pas. Doreau prit ses repas avec les Indigènes ; il but du tafia dans la famille d'Aponchy.

Le guide lui a demandé :

— Toi savoir li boîtes conserves di dépôt.

— Pourquoi ? interroge Doreau.

— Pour mon famille ! Li fera plaisir !

Doreau a compris, il acquiesce. Et, vers la nuit tombante, avec le nègre, tandis que Jean est au canot, il court aux provisions. Aponchy prend Doreau sous le bras et porte les objets dérobés. Le cuisinier bégaye..., titube. Sans le nègre, il tomberait.

— J'ai soif ! dit-il, entre deux hoquets. J'ai soif !

Et comme on a rejoint la famille noire, Aponchy verse à boire.

Depuis si longtemps qu'il était privé de la liqueur bien-aimée, Doreau qui l'absorbe à volonté, est au faîte du bonheur. Tant bien que mal il revient au carbet, tard dans la nuit, avec Aponchy.

— Nous partons demain ! dit Jean. Doreau tu n'es pas raisonnable ; Aponchy non plus. C'est pourquoi nous ne pourrons rester plus longtemps.

Mais Doreau n'entend rien. Le nègre l'a hissé dans son hamac et, l'écume à la bouche, il a des mouvements **désordonnés**.

« L'ivresse ! » pense Jean.

Non ! un accès de délirium tremens.

Le jeune homme ne peut fermer les yeux. Aponchy qui s'est couché n'a pas tardé à s'endormir d'un sommeil de plomb. Les soubresauts de Doreau ne l'émeuvent point. Il n'entend ni ses hoquets, ni ses râles. Jean, lui, s'est levé. Il a pris une torche d'encens qui flambe ; à cette lueur rougeâtre, Doreau, lui, paraît un damné au vestibule de l'enfer.

« Que faire ?... Mon Dieu ! que faire ? » se demande le jeune homme.

Hélas ! il n'y a rien à faire. Il n'y a qu'à attendre la fin des spasmes, soit pour la résurrection, soit pour la mort.

Lorsque les premières lueurs de l'aube parurent, Doreau n'était plus qu'un cadavre. Il reste là, étendu, Jean le veillant quelques heures encore. L'écume s'était figée aux lèvres ; la bouche, tordue, avait un rictus de désespéré qui veut rire ; et sa chair boursouflée et pâle n'était plus qu'une cire jaune et presque molle. Jean y toucha pour voiler ce visage. Le froid contact le fit frissonner. Il pleura à chaudes larmes, dépité de son impuissance. désillusionné, amolli une minute par la perte de la confiance enfantine dont il était plein et qui se trouvait si promptement gaspillée.

Aponchy, vers les sept heures, leva la tête et s'étira. Il vit que Doreau ne bougeait pas. Il en conclut que lui-même pouvait se rendormir. Jean, tout à fait ressaisi, lui cria :

— Aponchy !

— Moi, souis prêt ! répondit l'autre.

Il descendit de son hamac. Et ses gros yeux blancs, tout gonflés et tout rouges fixèrent son jeune maître. Celui-ci sans proférer une parole, tourna le nègre vers Doreau et, du doigt, lui montra le cadavre.

— Bon ! dit Aponchy ! lui, mort, moi fabriquer le cercueil.

Il saisit sa hache, se précipita hors du carbet, courut à travers le village pour y répandre la nouvelle et appeler d'autres nègres de bonne volonté.

Ils discutèrent un moment, sans doute pour savoir quel arbre ils allaient abattre.

— Li blanc, bonne boîte, proclame Aponchy Grand honneur !

Déjà il a donné les premiers coups au pied d'un grignon superbe. L'arbre ne tarde pas à gémir. Il s'étend avec un fracas énorme. Ses branches tombent : on taille des planches épaisses dans son fût. Ces planches, on les assemble... on y étend Doreau... On pose le couvercle, quelques clous. Et c'est fini !

Le village est en liesse. Doreau va avoir des funérailles modèles. L'affreux tambour bat, rendant des sons lugubres. Les danses s'ébauchent, les contorsions commencent, les grimaces se multiplient. De temps à autre, les coups de fusil retentissent. On croirait, dans la forêt, une énorme chasse, aux singes...

Toute la journée se passa dans ce délire de commandé, déchaîné par l'appât des beuveries ;

la nuit tombe sans qu'il se ralentisse une seconde. Tous ces corps nus ruissellent de sueur et leur odeur trouble Jean immobile qui réfléchit. Seul, le lever du soleil délivre le malheureux jeune homme de cette obsession. Les Bonis sont fatigués. Ils attendent leur salaire.

Jean a compris. Il s'en va aux réserves pour y prendre une dame-jeanne de tafia, limpide et clair comme de l'eau. Il pousse un cri de surprise, car le dépôt est vide... Il comprend. Mais comment, avec ces nègres, va-t-il se tirer d'affaire ?... Sans l'espoir du breuvage attendu ils n'eussent ni travaillé, ni dansé. Aponchy seul, en dépit du vilain rôle que Jean lui découvre, peut tout arranger.

Le jeune homme est frémissant d'une colère sourde.

— Ah ! dit-il, si je pouvais traiter cette canaille comme elle le mérite !

Il serre les poings, mais sent, en même temps, la nécessité de changer de tactique.

C'est dur d'apprendre la diplomatie dans de telles conditions.

Pauvre Jean ! il revient l'air penaud, déconfit, les mains vides. Il appelle Aponchy qui vient, s'attendant à être morigéné.

— Mon cher Aponchy, lui dit le jeune homme, vois comme je suis triste et malheureux. Je croyais avoir une dame-jeanne de rhum au dépôt et il n'y a plus rien. Que vais-je dire à ces gens-là ?... Toi seul peux me tirer d'embarras.

Le nègre lève les bras au ciel, gesticule comme un pantin, et se lance dans un discours interminable dont Jean ne comprend que ces mots :

— Li nègres, mauvais sans tafia... Li nègres refuser cimetière à Doreau.

— Dis-leur que nous allons à Saint-Laurent, que nous rapporterons du tafia, beaucoup de tafia, et qu'ils en boiront tant qu'ils en voudront.

La poitrine du nègre gonfle d'orgueil. Il est pénétré de son importance. Il a bien la conviction d'être un intermédiaire heureux mais il ne veut pas de victoire facile, sans discussion profonde.

— Moi, essayer, dit-il !

— Je suis sûr Aponchy que tu réussiras... Tu es trop malin pour que ces nègres me gardent rancune.

Aponchy ajuste ses lunettes, se coiffe de son képi de major à trois galons et réunit ses congénères. Il leur parle avec volubilité. Il en est qui protestent, manifestent de la mauvaise humeur. Il les excite, pour ensuite leur faire entendre raison. Au bout d'une heure de ce manège, il aborde Jean.

— Li nègres y consent.

— Bien, dit Jean, qui serre la main d'Aponchy.

Deux noirs s'en vont creuser un trou sous les palmiers. Ils le creusent à l'écart de Pomofou et de son cimetière ; la dépouille du blanc ne sera pas mélangée à la dépouille des nègres.

Quelques heures après, tout près de Cottica, sur le Contesté franco-hollandais, la fosse est comblée. Le tertre indicateur s'élève... Jean s'en approche, une croix en bois de fer à la main... Il y inscrit le nom du camarade décédé, la plante dans la terre... se signe.. et s'en va.

## XIV

## LES NOUVELLES DU PAYS

Les jours passent. Ils s'additionnent : Laveau qui en regarde le total dit à Bournac :

— A quoi bon les compter ?

Et Bournac a répondu :

— Ils n'en paraissent que plus longs et plus interminables. Aponchy a mal prévu, voilà tout ! affirme-t-il au patron, en manière de consolation.

— Aponchy a mal prévu !... Je le savais bien qu'il prévoyait mal. Mais est-il capable de prévoir mal à ce point.

Les deux hommes sont sérieusement inquiets. Les calculs succèdent aux calculs. C'est toujours la même chose.

— Sûrement, il leur est arrivé quelque chose, dit Laveau.

A présent c'est une marotte... Il suppose, sans oser le confier à son compagnon, qu'à la descente, un saut les a engloutis.

— On se fait comme ça des tas d'idées noires, dit Bournac, et sans savoir au juste pourquoi, et puis, un matin, on est tout surpris en se rendant compte qu'il aurait mieux valu voir les choses en rose.

La vérité c'est que Bournac n'est pas rassuré non plus.

Catlia qui tient toujours son enfant dans ses bras regarde les deux hommes, comme à la dérobée, pour mieux deviner ce qu'ils se disent. La pauvre petite n'est pas gaie.

— On n'a plus de goût à faire quoi que ce soit, n'est-ce pas Bournac ? demande Laveau.

Bournac fit un aveu :

— Ma foi, patron, dit-il, ni la chasse, ni la pêche, ni les excursions, ni l'or au fond de la batée, lorsque nous prosectons, ne me « chantent » plus. Si nous remontions nous-mêmes le Mapaony pour aller à leur rencontre ?

— C'est peut-être une idée.

— Nous avancerions. Moins d'espace alors, nous séparerait. Et quand, à leur retour, ils tireront les coups de fusil, nous les entendrons mieux.

Cela fit sourire Laveau.

— Les choses désirées, dit-il, plus que toutes autres, nous induisent en erreur. Oublies-tu donc, Bournac, qu'ils ne se serviront de leurs fusils qu'à une heure d'ici.

— C'est vrai ! fit le Gascon, suis-je bête !... En effet, ajouta-t-il d'un air de dépit, si nous étions à trois jours de notre installation, ils n'en sauraient rien et ne feraient nuls signaux.

Laveau se frappa la poitrine comme un pécheur repentant. Il dit à Bournac :

— Si j'avais su !

— Est-ce qu'on ne sait jamais ? répondit Bournac.

— C'est entendu, on ne sait jamais !

— Et puis, à quoi bon faire des suppositions ?... Vous savez bien qu'on se trompe toujours !

Les deux hommes ont résolu, chacun à part soi, de ne plus revenir sur ce sujet ; ils marchent, ils chassent, ils se reposent, et pendant des périodes entières de vingt-quatre heures n'articulent plus un mot. Mais ils ne s'habituent point à ce silence qui les gêne...

Premier novembre...

— Nous n'avons pas, nous, de chrysanthèmes, fit Laveau.

— Et puis !... Est-ce que nous en avons besoin?

Catlia qui, assise sur son pacolo, avait laissé tomber son peigne. venait de le saisir avec les

doigts de son pied droit. Elle l'élevait à la hauteur
de ses mains qui allaient le reprendre. Elle s'arrêta brusquement dans ce mouvement qui lui était
naturel, prêtant l'oreille. Elle lâcha l'objet, s'élança
d'un bond vers les deux hommes qui ne lui prêtaient nulle attention, et leur désignant le nord-
ouest :

— Pan ! fit-elle.

— Que veut-elle dire ? demanda Bournac.

— On a tiré un coup de fusil, demanda Laveau ?
Catlia exulte.

— Oui ! Oui ! fit-elle, c'est cela !

Leurs cœurs battaient bien fort. Laveau porta
ses mains à sa poitrine comme pour comprimer
le sien qui tressaillait d'aise.

— En es-tu sûre ? dit-il à l'Indienne.

Elle fit un signe affirmatif et son joli sourire
découvrait l'éclat de ses dents blanches.

— Elle a l'ouïe plus fine que nous autres, remarque Bournac.

D'autres Indiens qui arrivèrent, confirmèrent
qu'ils venaient d'entendre, eux aussi, une déto-
nation.

Mais le doute ne se dissipait pas.

— Pourquoi, demande Laveau, ne s'annonce-
raient-ils que par un coup de feu.

— Peut-être ne s'annoncent-ils point ! remarque
Bournac. Et si, simplement, plus loin qu'au lieu
convenu, ils ont tiré sur un gibier ?

Laveau sentit bien la justesse de cette observation à laquelle, d'ailleurs, il ne se rendit point.
Comme l'heure du déjeuner était venue, ils firent
griller des côtelettes de cochon marron. L'odeur
de la graisse qui brûle les enveloppait.

Tout à coup, ils sursautèrent. Cette fois il n'y
avait plus de doute. L'écho de deux coups de feu
venait de faire tressaillir les profondeurs de la

forêt. Comme mus par un ressort, ils se trouvèrent debout.

Catlia manifestait une grande joie.

— Cette fois, il n'y a pas de doute, s'écria Laveau. C'est Jean !

— A moins qu'une tribu, par là, ne vienne d'inventer la poudre ! fit Bournac.

— C'est sur le Mapaony !

— Et c'est bien le signal du retour !

Les deux amis courent au bord du fleuve... Les Indiens les suivent, émus eux aussi. Les pirogues sont détachées aussitôt. On pagaye énergiquement.

— A ce train-là, nous arriverons vite ! fit Bournac.

Ils arriveront vite, mais moins vite que la pensée de Laveau. Il n'y a pas de moteur dont les pulsations répétées eussent pu donner aux embarcations une impulsion satisfaisante.

Cependant, les pirogues filent, filent, légères.

— Je vois Aponchy ! s'écrie Bournac qui scrute du regard les rives du fleuve.

Il distingue les choses, de loin, comme un Indien.

— Et j'aperçois Jean, complète Laveau.

On aborde. Pas d'effusions... ou peu. Jean est très agité ; il a hâte de conter ses aventures.

— Papa ! la guerre est peut-être bien déclarée maintenant.

— La guerre ?

— Oui !... la guerre ! entre la France, l'Allemagne, la Russie, l'Autriche, l'Angleterre...

Laveau et Bournac contemplent, interdits, le jeune homme, dont les yeux brillent d'un éclat inaccoutumé. Il leur semble que leurs oreilles entendent mal. La voix s'étouffe sur leurs lèvres. Ils ont pâli :

— La    guerre ?...    La    guerre ?...    interroge
Laveau.

Bournac devient soudainement philosophe :

— De deux choses l'une, dit-il, ou c'est vrai, ou
c'est faux. Si c'est vrai nous n'entendrons pas le
canon ! Si c'est faux, c'est peut-être simplement
partie remise !...

Et il ajouta :

— Et dire que je suis cuirassier !

— Voici les journaux de Paris ! dit Jean.

Ce disant, il tire d'une caisse un paquet de
numéros du *Matin* et autant du *Petit Parisien*.

— Bigre ! s'il faut lire tout ça avant de se coucher, remarque Bournac, on n'est pas prêt de
fermer l'œil.

Il en prit un : 1er octobre 1913.

— Il n'est pas nouveau ! observa-t-il.

Jean répondit :

— Il y en a de l'année dernière. Mais il y en a
aussi de cette année. En voici un du 27 juillet
dernier.

Le jeune homme déplia la feuille : tous, penchés sur elle avidement, la parcoururent des
yeux.

— Brr ! ça sent la poudre !

— Ça sent la poudre ! répète Laveau.

Ils n'y attachèrent pas autrement d'importance.

— Tout s'arrange, conclut Bournac.

— C'est M. Capus qui l'a dit, observa Laveau.

— Et ça ne prouve pas qu'il ait raison ! fit Jean.

Après un silence, Bournac s'écria :

— Et dire qu'à cette heure-ci il y en a qui sont
en train, peut-être, de se faire occire sur des
champs de bataille !... Je n'y tiens plus ! Si je
savais que ce soit pour de bon, on abandonnerait
tout pour reprendre le chemin du pays.

Laveau se sentit en proie à une crise d'opti-
misme :

— Le Kaiser, dit-il, n'a jamais cessé de nous menacer de son glaive aiguisé et de sa poudre sèche. Et le glaive aiguisé est resté dans son étui, et la poudre sèche au fond des casemates ou des soutes !... On a encore vu ça, il n'y a pas longtemps, à Agadir ; en fin de compte toutes les menaces se liquident par une conférence quelque part... A la Haye ou ailleurs.

Bournac hocha la tête.

Laveau conclut :

— Et puis, si la guerre était déclarée, lorsque Jean est parti de Saint-Laurent, à cette heure, elle serait déjà finie. Avec les armements modernes...

— Ça c'est juste, s'écrièrent les autres.

— Il est donc inutile de disserter sur ce sujet, compléta Laveau. Mieux vaut parler d'autre chose. Voyons Jean, tu dois avoir des aventures à nous conter.

— Oh ! pour ça, elles ne manquent pas. Et de fameuses !

— Doreau va en raconter à sa famille ! dit Bournac.

— Doreau ?... fit Jean, il ne contera plus rien du tout.

— Avec ça, s'écria le Gascon.

— C'est qu'il est mort ! répondit Jean.

— Mort ? interrogea Bournac stupéfait.

— Mort ?... répéta Laveau. Ah ! le pauvre vieux !... il n'est pas arrivé au bout.

Jean narra rapidement ce qui s'était passé. Nul ne l'interrompit. Il oublia même de parler du rôle d'Apenchy.

— Si nous descendions ? demanda Laveau. Nous causerions aussi bien en route.

— Et mieux encore quand nous serons arrivés ! fit Bournac.

On rebroussa chemin.

Lorsqu'on fut à destination, le jeune homme braquant son regard sur Aponchy :

— Si je ne suis pas comme Doreau, ce n'est pas de sa faute à celui-ci ! fît-il.

Laveau sentit que le guide n'était pas irréprochable. Aponchy, en effet, tourna les talons pour s'en aller voir si les patates avaient grossi.

— Oh ! tu peux partir! s'écria Jean. Si la guerre n'a pas été déclarée entre nous c'est qu'elle ne pouvait l'être jusqu'à présent. Mais comme je juge que les circonstances ont tourné à mon avantage, il en va être autrement.

— Ça pourrait bien être le langage du Kaiser ! opina Bournac.

Nul ne prit garde à cette juste observation.

— Aponchy est réprimandable ? demanda-t-il.

— Réprimandable ? fît Jean. Oh ! s'il n'était que cela je me garderais bien de t'en parler !

— Parle ! dit Laveau.

Le jeune homme se recueillit un instant. Puis :

— Voilà, commença-t-il, Aponchy, sous des prétextes divers s'est arrêté chez tous les nègres. Ici, il avait un parent ; plus loin, un ami ; ailleurs, une femme !... On n'avançait pas. A Pomofou il a enivré Doreau et nous a volé nos vivres. Doreau est mort d'avoir bu du tafia dérobé.

Bournac, opinant du bonnet, murmurait :

— Eh bien ! mon colon !...

— En pleine forêt vierge, plus qu'en tout autre lieu, il importe de couper le mal par sa racine ! dit Laveau.

Il appela Aponchy. Aponchy s'approcha, tête basse, son képi de major à la main. Il n'avait pas ses lunettes. Le drôle s'attendait à une sévère mercuriale ; il s'était disposé à la subir, dans une parfaite humilité.

— Tu t'en iras demain ! fît le Patron, impérieusement.

Le nègre bégaya quelques vagues excuses.

— Tu m'as compris

— Non, répondit Aponchy. Moi savoir pourquoi ?

— Je te chasse parce que tu n'as pas tenu à ta parole, que tu es malhonnête et que je ne puis plus avoir confiance en toi !

Aponchy ne prit pas cette sentence au sérieux, tout d'abord ; il se croyait indispensable ; il restait convaincu que sans lui, tout était perdu, l'exploration finie parce que impossible ; le misérable croyait au pouvoir de ses fourches caudines.

Les fourches caudines d'Aponchy !... C'eût été un comble, et comme il demeurait immobile, tournant son képi gauchement dans ses mains gourdes, Laveau répéta :

— Aponchy ! tu vas t'en aller.

Le nègre se dressa comme un coq sur ses ergots :

— Moi partir ?... Non ! avez besoin de moi !

Laveau répéta :

— Tu vas partir !

Aponchy vit que la résolution de son maître était définitive, il ne tenta point de protester, sentant que sa protestation serait vaine. Toutefois, il médita un instant, élabora son plan de défense, s'érigeant en victime et prenant un air de persécuté :

— Tu vas partir ! répétait Laveau.

Le chef ne revient pas sur une décision ! appuya Bournac.

Aponchy demande deux jours de répit pour se reposer.

— Soit, dit Laveau.

Le nègre remercia, disant qu'il pourrait être utile, si l'on causait... que ses indications seraient précieuses, en raison des sauts à franchir à la descente, sauts qu'il connaissait dans la perfection, dans leurs modifications saisonnières.

— Les Indiens les connaissent mieux que toi ! affirma Laveau.

— Oui, chez eux, répliqua le nègre, mais pas à portée de Couliki.

Laveau réfléchit un moment. Mais, au fait ses Indiens, il ne les garderait pas à perpétuité. Leur séjour déjà prolongé ne pourrait plus guère l'être. Et le serait-il qu'il faudrait descendre sans eux. Dans ces conditions, n'était-il pas prudent de s'instruire aux leçons qu'Aponchy offrait de faire avec tant de spontanéité et de bonhomie ?

Il résolut la question par l'affirmative.

— Prends garde, dit Jean, que pendant cette journée il ne décourage les Indiens en inventant des histoires dont ils pourraient discerner la part de vérité.

— Les Indiens méprisent les Aponchy !

Le soir, comme en famille, sous le carbet, on ouvrit les colis. On déplia l'un après l'autre les journaux. Le papier qui vient des imprimeries parisiennes ne nous apporte-t-il point les pensées du pays, l'air natal, le parfum de la patrie absente !

Ah ! qui énumérera jamais les idées qui s'entrecroisent dans le cerveau des lecteurs attentifs au sein des Tumuc-Humac ! Comme on voudrait pouvoir noter tout ce que l'on a dans la tête et tout ce que l'on a dans le cœur !...

Jamais les facultés n'ont été plus puissantes, la lucidité plus grande !

— Vraiment l'eau pure des criques est une boisson bienfaisante ! proclama Laveau.

Pauvres vieilles feuilles à un sou, dans lesquelles l'épicière du coin eut pu envelopper ses cornichons, son sucre et son macaroni, vous êtes bien pour les explorateurs qui vous rencontrent par le plus grand des hasards, le meilleur des régals. Vous êtes la pâture intellectuelle, vous êtes aussi un apaisement pour le cœur. Car l'explorateur est une espèce de juif errant en prin cipe, détaché du monde où il vécut. Mais il n'en est détaché qu'en apparence. La plus minuscule des étincelles fait jaillir en lui la grande flamme de l'amour.

Certes, il serait idéal de pouvoir emporter des livres, mais ils sont si lourds. Bien heureux est celui, qui, au fond d'une de ses poches, aurait oublié au départ quelques volumes de chevet. Il l'apprendrait de la première à la dernière ligne.

Les yeux des amis ne se fatiguent point ; ils parcourent les titres, tous les titres... Mais ils reviennent toujours sur celui de l'ultimatum à la Serbie, sur le mot « civilisation ». Ils sentent que c'est sérieux.

— Vous direz ce que vous voudrez, s'écria Bournac, mais ça me chiffonne ces nouvelles-là.

Il ajouta :

— Ça m'emballerait de marcher comme les vieux de Reischoffen !...

Les visions du champ de bataille ! Les avoir dans la forêt vierge ! Ah ! qu'elles sont différentes de la réalité !

Et tandis que Jean confiait à Bournac, pendant que Laveau s'approchait d'Aponchy :

— Tu sais, mon vieux, je ne dis pas à papa tout ce que je pense. Mais il y a tout de même de rudes indications...

Aponchy disait :

— Saut Pardo, saut Tari, saut Kompi-Souri, saut Grand-Soura très dangereux à la saison des pluies. Saut Vérénéterepou recouvert par l'eau deux mètres au-dessus des rochers. Franchir très bien !... saut Piknisoula.

Laveau prenait des notes en vue de l'avenir. Et.

tout en écrivant, il prêtait l'oreille à la conversation de son fils et du Gascon.

— A St-Laurent, où je n'ai pu séjourner que quatre jours, disait Jean, j'ai failli ne pouvoir acheter de la poudre... Sans M. Barre, le directeur du pénitencier, je revenais bredouille... Je n'en ai que douze kilos.

— Douze kilos ! fit le Patron. Avec ça nous n'irons pas loin... Et c'est pourquoi il faut nous hâter !... Demain nous partirons. Nous descendrons le Mapaony jusqu'à Yari.

— Sans Aponchy ? demanda Jean.

— Sans Aponchy !...

Païké s'approcha. Laveau lui demanda :

— Du Yari chez les Oupourouis du capitaine Alessi, combien ?

Le Tamouchi réfléchit un moment ; puis, pour répondre, comme répondent les Indiens dans l'évaluation du temps, regardant fixement l'horizon, il se frappa la poitrine avec la main droite, à petits coups répétés, la main gauche levée vers le ciel ; il s'inclina pour indiquer le mouvement, puis s'arrêtant, prononça :

— Tinixé !... Dormir !

Il se releva, s'inclina de nouveau, avec la même mimique, en prononçant :

— Tinixé !... Dormir !

Et cela huit fois de suite.

— Du confluent du Mapaony et du Yari jusque chez les Oupourouis d'Alissi, il nous faut coucher durant huit nuits en forêt ! conclut Laveau.

Aponchy, assis sur son pacolo, la tête dans ses mains et les coudes sur ses genoux, poussait des soupirs attendrissants.

XV

## LES OUPOUROUIS DU VILLAGE D'ALISSI

Aponchy s'est mis en route. On lui a donné des vivres. Laveau l'a payé et sa pirogue suit celles qui s'en vont chez Alissi. Arrivé au confluent, il remonte le Mapaony, tandis que les autres remontent le **Yari**.

Il agite son mouchoir en signe d'adieu. Laveau en fait autant.

— Puisqu'il nous quitte, dit-il, que ce ne soit pas un ennemi !

Bournac en fait autant. Mais Jean se refuse à toute politesse.

— D'ici, dit Païké, pour aller chez les Oupourouis d'Alissi, on peut prendre deux routes, l'une par l'eau, l'autre par la forêt.

— Nous établirons ce double itinéraire, dit Laveau.

Laveau calcule que, pour regagner les sources de l'Itany sans canot ni pirogue, par terre uniquement, le chemin à parcourir serait d'environ 150 kilomètres.

— Cela, dit-il, constitue une distance formidable à cause des montagnes à pic et des terrains inondés.

Les parages du confluent semblent d'origine volcanique ; des roches noires, d'apparence granitique, attestent cette origine.

— A ce point de vue, dit le Patron, je ne peux donner toutes les précisions géologiques désirables ; je ne suis pas un savant ; je ne suis qu'un explorateur.

— Dont rarement les deux à la fois, dit Bournac.

— Etre l'un ou l'autre, dans toute l'acception du mot, doit suffire, répond le Patron.

En effet, quelle que soit sa bonne volonté, le savant ne pourrait se résigner à endurer toutes les fatigues, toutes les privations, toutes les souf frances de l'explorateur : entomologiste ou géologue, il aurait trop de choses l'attirant à chaque pas. Si Laveau s'intéressait plus particulièrement aux insectes ou à la structure des quartz, il ne serait encore qu'au seuil de la forêt, chez Yataliman, et, dans un cercle très réduit, il trouverait motif à des recherches, à des études largement suffisantes pour occuper tout le reste de sa vie.

Mais il est pionnier, un coureur de bois, un marcheur infatigable, demi-bûcheron, demi-intellectuel, et, pour l'exploration, ce sont des hommes comme lui qui sont nécessaires ; ils frayent les sentiers, tracent les itinéraires. Aux autres de les suivre, s'ils ont du cœur au ventre et à la semelle. Ceci indique clairement combien il est indispensable pour les générations d'allier les études et les sports.

Une petite crique d'une dizaine de mètres de largeur, se présente tout à coup. Elle coule sous sa voûte d'arbres. Des fûts écroulés la barrent de place en place et des bois encastrés dans le sol humide et qui pourrissent surgissent des murailles de lianes aux grappes multicolores et d'orchidées aux nuances variées.

Le fond de cette eau paraît être du sable.

— Arrêtons-nous ici, dit Laveau !... Nous allons prospecter.

C'est un travail qui n'intéresse pas les Indiens. Ils préfèrent un miroir de deux sous à quelques pépites de plusieurs centaines de grammes chacune.

— Nous chasserons et nous pêcherons pendant ce temps-là, disent-ils.

En effet, celui qui veut prospecter ne peut passer des journées à chercher de quoi manger ; en courant le gibier, le poisson ou les fruits on peut passer à côté du vrai filon sans s'en apercevoir.

— C'est dommage qu'on n'ait pas le potager de M. Despeaux ! remarque Bournac.

— De telles plantations sont coûteuses, répond Laveau. Si nous connaissions l'Edorado, c'est-à-dire le pays riche par excellence, riche plus que toutes les criques que nous connaissons, il nous faudrait d'abord déboiser... Nous ne passerons ici qu'un temps fort réduit... le temps d'en parler.

Déjà les Indiens ont pris leurs arcs.

— Nous allons abattre ce cèdre ! dit Laveau.

Bournac et Jean s'arment de leurs haches, deux nègres de Ste-Lucie — les deux nègres recrutés par Aponchy — en font autant ; le Patron, lui-même, se dispose au labeur

Déjà le cèdre est à terre. On le travaille à la hache. Avec ses branches, sa cime, son fût on fait des planches.

— Il s'agit de construire un petit Longtone, dit Laveau Nous l'installerons dans la crique pour y laver la terre que nous allons recueillir ici, là, plus loin.

On fabrique une sorte de cercueil, puis un autre cercueil, puis un troisième. Ce sont des cercueils sans couvercle. Ils s'emboîtent l'un au bout de l'autre. L'eau y coule en lavant la terre qu'on y dépose. Tout à l'extrémité, un peu de mercure agglomère la poudre d'or.

Laveau suit anxieusement l'opération.

— Je suis content! s'écrie-t-il. Venez ! regardez !

Tous sont penchés et contemplent l'or en poudre et les paillettes qui, la terre enlevée, partie au fil de l'eau, demeurent au fond du primitif appareil;

— Dans cette région du Yari, dit Laveau, les parcelles d'or sont plus volumineuses que dans le Mapaony ; leur couleur jaune est plus accentuée !

Au fond des batées, il reste des particules blanches, les nègres qui les désignent disent :

— C'est de l'or blanc, de l'or de montagne !

Quand on est fatigué de laver et de piocher, on ramasse des grenats. Puis on se remet au travail préféré ; on fouille de nouveau. Qu'est-ce que cette pierre ? Laveau la ramasse. Des pierres analogues, il en a vu quelque part. Où donc ?... Il cherche dans ses souvenirs :

— Mais au musée de Minéralogie ! s'écrie-t-il.

Ces pierres, il les a observées, étudiées ; il les a dans l'œil, et celle qu'il tient est bien la même que celles qu'il a vues. Elle a surgi sous l'outil prespecteur, dans cette terre rouge-orange, mêlée de quartz blanc.

— C'est le carbone dans sa gangue ! s'écrie-t-il.

Si l'on cherchait encore, peut-être trouverait-on d'autres spécimens ! La prévision est exacte, la moisson est intéressante.

— Il faut, dit Laveau, rapporter précieusement ces minéraux au village d'Alissi ; nous les y déposerons en lieu sûr, afin de les reprendre plus tard, lors de notre retour.

Bournac interroge avidement :

— Est-ce que, par hasard, la fortune se serait cachée ici ?

— C'est probable ! répond Laveau.

Jean ne se sent pas de joie, et, tout en devisant, tout en bâtissant des châteaux de rêve, on gagne les carbets indiens minuscules dans leur imposant nid de verdure.

A la tête de la tribu, il y a un Tamouchi nouveau, loti de quatre femmes qui lui ont donné sept enfants. Son prédécesseur, le vieux capitaine, est décédé depuis deux lunes, c'est-à-dire depuis deux mois. Le successeur, selon l'usage, a hérité de son épouse ; comme il est d'une grande cordialité, spontanément, il propose aussi à Laveau d'accepter aussi un héritage : le pacole du défunt.

Laveau accepte ; il installe dans ce logis, tout préparé, les trois hamacs habituels.

— C'est joliment agréable, ici ! s'écrie Bournac. Regardez-donc, il y a un ciel de lit !

En effet, les Indiens ont mis là un panneau magnifique en bois, rappelant l'acajou, et encastré dans la toiture du carbet.

Laveau n'en croit pas ses yeux.

— Mais, c'est une peinture, un vrai tableau. L'explorateur ne se trompe pas ; il s'approche, s'éclaire, contemple. Un dessin est tracé avec des figures d'animaux ; cela rappelle assez exactement les armes de l'Angleterre.

Bournac est investigateur :

— Et dans cette petite pirogue accrochée là-haut, dit-il, qu'est-ce qu'il y a ?

Il veut s'en rendre compte. Laveau l'en empêche.

— N'y touche pas ! s'écrie-t-il.

Au fait, il s'intéresse davantage à la peinture multicolore.

Ce panneau, dit-il, est un véritable trésor. Si je le rapporte en France, il sera la pièce unique, qui, dans un genre primitif, nous donnera l'idée du savoir-faire et du goût de nos Indiens. Le Trocadéro ne possède rien, absolument rien de ce genre; aucun document ne peut rappeler celui-ci, ni de près, ni de loin. Voici l'occasion de combler cette lacune.

— Il y a donc par ici des marchands de couleurs, demanda Bournac.

Laveau lui explique que c'est le jus de lianes variées qui donne ces nuances jolies et diverses.

C'est bien la première fois que, chez ces peuplades qui en sont encore à l'âge de pierre, nos explorateurs découvrent une manifestation du goût artistique.

Comme on peut le croire, la résolution de Laveau est prise. Il veut emporter le panneau. Un tableau authentique de Rubens lui causerait un plaisir moins sensible. Mais ce tableau, il n'est pas possible de le voler : il faut en obtenir le don, et c'est bien là que réside la sérieuse difficulté.

Laveau appelle le Tamouchi. Le Tamouchi s'avance, plein de dignité.

— Je veux cette chose, dit Laveau, en désignant le panneau.

Le Tamouchi ne sourcille pas ; il se tait.

— Réponds ?

— Non, dit-il, c'est impossible.

— Pourquoi?

Après avoir médité un instant, le chef explique:

— Ce sont les femmes qui ont travaillé à cet objet et les hommes n'ont pas le droit d'en disposer. Et puis, c'est la première fois que les blancs mettent le pied dans ce village. Nous les avons accueillis, mais si nous nous dépouillons à leur profit, le capitaine défunt Yolock pourrait bien ne pas être content.

Laveau trouve un grand argument :

— Yolock sera content, si nous te payons ce que tu demanderas !

Le Tamouchi demeure irréductible, il s'écrie :

— Oua Yolock car achimeu touké pua !

(Non ! vous ne le pouvez pas !)

Rien ne sert de discuter ; mieux vaut passer à l'action. Laveau est un psychologue; il étale sous les yeux du brave Indien un pyjama, une hache américaine, un couteau, deux peignes fins. En d'autres termes, il se sert du diable de la tentation.

Le Tamouchi sourit. C'est une véritable fortune qu'il a sous les yeux. Ali-Baba, dans la caverne des quarante voleurs, était à coup sûr, moins ému. Le chef regarde, il touche, il est avide.

— Mettez encore un couteau et deux peignes, dit-il. (Icé sakané maria malé acuisi youm.)

Laveau s'exécute. C'est entendu ! dit-il.

— Oui !

Nos gens montent sur la toiture ; ils enlèvent le fameux panneau, plus heureux peut-être que ne l'est le Tamouchi. Le précieux objet est emballé délicatement dans deux peaux de tigres ; il est ficelé dans une quantité de banourou. Ainsi, la peinture pourra subir les assauts de la pluie, de l'humidité et de la chaleur combinées.

Pendant l'accomplissement de cette besogne, le Tamouchi Alissi s'est éclipsé. Personne n'y prend garde. Bientôt il est revenu, suivi de quatre femmes de la tribu, toutes baignées par leurs larmes. ●

— Voici, dit-il, celles qui ont travaillé... (Inélé oly péticarou, Ramamine...) elles pleurent, parce que tu as pris l'objet. Tu es bon, et tu ne voudras pas qu'un pareil chagrin continue... Qu'est-ce que tu vas leur donner pour les consoler ?

Les femmes cachent leur visage dans leurs mains, elles sont secouées de véritables sanglots.

Laveau leur demanda :

— Voulez-vous des perles ?

Des perles ! c'est le mot enchanteur et magique qui opère de subites métamorphoses sur les physionomies. Les mains s'abattent, les larmes tarissent, les figures prennent une expression radieuse.

Bournac les regarde curieusement :

— Il ne faut pas trop en donner à l'ancienne d'en face.

Celle qu'il désigne est très vieille ; son visage est ridé comme une pomme cuite. Bournac poursuit :

— Ça ne lui irait pas bien.

La pauvre femme a bien soixante-dix ans sonnés ; sans doute, est-elle la femme du vieux capitaine et c'est d'elle alors qu'Alissi hérite. En revanche, ses deux suivantes sont admirablement jolies, avec leurs grands cheveux noirs, qui, dénoués, comme un flot d'ébène, les baignent jusqu'aux genoux.. La dernière est un tendron de quinze ans à peine.

— Celle-là, je comprends ! s'écrie Bournac.

Les femmes murmurent :

— Na ! you ici cachourou ticroké colépsie. (Oui, nous voulons des perles, et puis ceci) :

Elles désignent quelques anneaux de cuivre, très petits, avec lesquels les tapissiers effectuent habituellement la pose des brise-bise.

Il y a de quoi satisfaire ces ambitions. Et quand les femmes ont reçu les objets enviés, elles s'éloignent dans le ravissement.

La nuit, Bournac, étendu dans son hamac, ne dort pas. Jean et Laveau ne dorment pas non plus. Ils sont hantés tous les trois par l'idée que d'autres trésors artistiques sont dissimulés dans l'ambiance.

Bournac semble fasciné par la minuscule pirogue suspendue au-dessus de sa tête. Il y a tout autour, des armes : arcs, flèches et des parures de plumes et des objets ayant appartenu au Tamouchi décédé.

— Ce truc-là, mérite d'être examiné, dit Bournac.

Peut-être la pirogue minuscule ne contient-elle
pas que des cendres humaines !... Peut-être
recèle-t-elle quelques poteries curieuses et
rares !... On décide d'y fouiller. Il faut en avoir
le cœur net. L'un montera la garde au dehors,
les deux autres travailleront. Et voilà les blancs
devenus les vampires, les cambrioleurs de la
mort. Mais leur conscience est légère, puisque
c'est pour la civilisation.

Des mains fébriles cherchent...

Déception. Il n'y a que les cendres du Tamouchi.

Laveau n'a que faire de ces débris de lointaine
humanité... Le Columbarium du Père-Lachaise en
recèle suffisamment. Et les amis se recouchent
pour dormir, avec la satisfaction du devoir
accompli.

# XVI

## EN ROUTE POUR LES SOURCES DU PAROU

Il s'agit d'atteindre, avec le concours d'Alissi, le village ancien du Tamouchi Yacouman, dans le Yari ; mais pour arriver là deux sauts d'une extraordinaire hauteur sont à franchir. Alissi dit :

— Nous ne dépasserons guère cette limite, car si vous vouliez arriver aux sources du Yari, vous rencontreriez encore quatre sauts de cette nature. Vous ne verriez plus ni un village, ni un Indien ; pas un morceau de cassave ne pourrait être mis sous la dent, rien !... rien !...

Laveau écoute cette déclaration, sans oublier tout à fait son rêve. Mais enfin, à l'impossible, nul n'est tenu.

La caravane s'enfonce dans la forêt, par des sentiers péniblement tracés. Elle y campe sous des installations sommaires pendant la nuit... Le lendemain à midi, c'est l'arrivée dans la crique Couchitouneu, affluent du Parou. Le Parou apparaîtra ensuite, après deux jours de canotage.

Il existe à l'embouchure de la crique Couchitouneu et du Parou de nombreux villages de Roucouyennes. Dans chacun, on fait escale, soit pour se reposer, soit pour y prendre des vivres.

Cinq jours encore, et voilà la grande tribu des Trios, ces fervents du poison, qu'on nomme curary là-bas, et, chez nous, curare. Les Indiens trempent dans ce produit leurs flèches qu'ils rendent mortelles.

Oh ! les difficultés à surmonter sont nombreuses. A quoi bon en parler ? Ne sont-elles pas toujours les mêmes ? Et les pêches ? et les chasses !... Si l'on a dit, avec raison, que l'histoire

des peuples n'est qu'un éternel recommencement,
à plus forte raison, en est-il de même de ces pauvres explorateurs. Il n'y a que des alternatives de
chance et de malchance ; ces alternatives seules
méritent d'être notées. Encore le public sera-t-il
surpris de n'y point trouver la relation d'événements ou l'enchaînement des circonstances qui
rendent un récit palpitant.

Le lecteur aura pu, à bon droit, s'attendre à des
drames où les serpents, notamment, auraient joué
un rôle prépondérant. Il aurait eu tort ; pas une
seule fois, un seul homme de la caravane n'a été
mordu.

— Cela tient du prodige, mais cela s'explique,
dit Laveau. Dans la forêt, on chemine en file
indienne, pieds nus. C'est toujours un Peau-
Rouge qui ouvre la marche ; les blancs viennent
en queue ; l'Indien veille de façon toute particulièrement sur les villages échelonnés le long des
rives. Les hoccos privés, les agamis, les maïpouris apprivoisés, les perroquets les plus divers ;
les toucans courent pêle-mêle avec les enfants qui
les pourchassent avec des triques ou s'essayent à
les flécher avec de petits arcs éducateurs.

— Cet âge est sans pitié, dit Bournac.

— La Fontaine l'a déjà remarqué ! observe Jean.

Cette parole s'applique à la jeunesse de là-bas,
comme à celle de France. Ce que garçonnets et
fillettes n'épargnent jamais, ce sont les petits
lézards gris-vert, analogues à ceux de France et
qui, familièrement, s'introduisent dans les carbets ; c'est là une proie saisie avec agilité, rôtie au
feu pour être croquée avec conscience et gourmandise.

On a déjà pu remarquer combien sont bizarres
les goûts des Indiens. Mais sont-ils moins sûrs
que les nôtres ? Qui oserait l'affirmer ?... Est-ce
que notre répugnance, après tout, ne se fonde pas

sur des préjugés ? Les indigènes sont friands d'insectes qui nous dégoûteraient, positivement. Bournac qui comprend tout à présent, dit pourtant :

— Ce que je ne comprends pas, par exemple, c'est qu'ils recherchent la fourmi volante et le ver palmiste avec lesquels ils composent des repas succulents.

C'est l'heure crépusculaire. Justement un gros nuage noir obscurcit la lumière déclinante. Ce nuage n'est pas le résultat du phénomène de condensation des vapeurs atmosphériques, mais le rassemblement de myriades de fourmis volantes qui, comme les criquets d'Algérie, vont s'abattre tout à coup.

— Vous allez voir la joie des Indiens ! dit Laveau.

Le nuage crève, les Peaux-Rouges se précipitent hors de leur pacole et sautent sur les bestioles qu'ils ramassent par poignées et croquent à belles **dents**.

— C'était peut-être ainsi qu'était composée la fameuse manne dont parlent les Evangiles et qui, durant plusieurs jours, nourrit les Hébreux dans le désert ! suppose Jean.

Quant au ver palmiste, c'est un insecte qui vit aux dépens du comou et du maripa qui le nourrissent et l'engraissent de leurs substances.

C'est un ver blanc, dont la taille atteint aisément cinq à six centimètres, avec un diamètre égal à celui de notre petit doigt. Dès que le comou et le maripa ont donné leurs régimes de fruits, les Indiens les abattent : ils fendent ces arbres, les ouvrent ; ils découvrent les vers qu'ils ramassent par centaines et qu'ils déposent dans de larges feuilles qu'ils emportent dans leur logis pour une utilisation rationnelle.

Ces insectes, gavés de beurre de palmier, sont
d'une graisse inimaginable ; les Indiens les écrasent avec leurs doigts, les pressent comme des
prunes desquelles ils voudraient extraire le jus ;
mais, dans la circonstance, celui qui coule révèle
une odeur un peu forte qui excite leur appétit
et qui diminuerait le nôtre ; ils en enduisent leur
cassave sèche et composent ainsi d'invraisemblables tartines dorées. D'autres fois, le ver est simplement grillé comme une saucisse, pour être
ingéré ensuite.

— Je ne veux point quitter ces lieux enchan-
teurs, sans pouvoir raconter que j'ai goûté de
tout, dit Bournac.

Il hésite un instant et demande :

— Si on essayait ce fricot ?

Laveau s'étonne de ce revirement soudain :

— Rien n'est plus facile, répond-il.

— Ceux qui sont de parti-pris ont toujours tort,
affirme Jean.

— On peut toujours se rendre compte ! insiste
Bournac.

Les vers sont jetés dans une poêle à frire.

Bournac observe :

— On dirait, dit-il, des morceaux de péritoine
découpés par un charcutier !

— Comme le charcutier obtiendrait du saindoux
en abondance, nous obtiendrons une graisse qui
sera parfaitement propre à accommoder des aliments... si ce n'était l'odeur, qui décèle son origine, affirme le Patron.

Mais il est une nourriture offerte par certains
insectes, et sur laquelle le Gascon, dès longtemps,
ne fait pas la petite bouche.

Comme en France, l'abeille distille le suc des
fleurs, pour en composer le miel ; là-bas, des
genres de mouches opèrent une besogne analogue
sur des fleurs odoriférantes au suprême degré.

Les hocomes sont dans ce cas. Elles établissent leur nid dans les arbres ; elles vivraient tranquillement dans leur repaire, si leur vol bruyant et tourbillonnant ne révélait leur domicile. Dès que l'Indien, cheminant, les aperçoit, tel un singe, il grimpe et s'empare non seulement du miel, mais des larves engourdies dans leurs alvéoles. Et il dévore le tout gloutonnement. Le plus souvent, il faut en convenir, les arbres sont abattus à la hache pour un pillage plus facile.

Les Indiens ont dans leurs habitations toutes les variétés de ces miels de la forêt ; l'un n'a pas le parfum ni la couleur, ni la consistance de l'autre ; celui-ci est jaune, épais ; on pourrait le couper au couteau ; celui-là est presque blanc, et censément liquide. Leur odeur, dans les deux cas, est appétissante ; on y retrouve aisément, comme dominante, le parfum de l'orchidée.

Laveau, Bournac et Jean ont vu leur curiosité engendrer la gourmandise.

— Les quantités absorbées ont le mérite de rendre inutile l'usage du calomel, dit Laveau.

La nature offre à l'explorateur toute une pharmacie, le tout c'est d'observer, d'apprendre à distinguer les choses qui conviennent à tel usage ou à tel autre.

— On rééduque aisément son intestin sans Jubol, remarque Bournac, quand on est à la Guyane !

Les procédés naturels ont l'avantage de coûter très peu à celui qui les emploie ; cet avantage a sa répercussion, indirectement, jusqu'au Ministère des Colonies qui n'est pas riche, observe Laveau.

Le Gascon ne sait pas si son chef ironise ou s'il parle sérieusement.

Et c'est toujours la remontée du Parou ! les deux rives sont encore peuplées, mais le fleuve semble plus large que ne l'est le Yari et son débit d'eau paraît plus important. Sur les bords, la forêt est moins haute, et le sable d'une blancheur immaculée, jette des éblouissements.

— Il y a, dit le Tamouchi Alissi, à deux ou trois jours de là, d'importantes montagnes.

— Est-ce qu'on y va ? interroge Bournac.

Laveau réfléchit un instant et prononça :

— Je crois que nous ferons bien de conserver comme objectif la tribu des Trios... Songez à nos ressources !

Avant d'arriver là, c'est vrai, bien des jours sont encore nécessaires ! Il y a d'autres villages à traverser ; tout en haut, c'est celui d'Arissaoui. Son Tamouchi est le grand chef de toute la région que peuplent les Trios.

— Cette tribu est la plus importante, affirme Alissi.

On se hâte.

Sur les deux bords, l'animation est relativement grande. A droite et à gauche, se dressent des pacoles nombreux. C'est le sempiternel cortège d'animaux sauvages apprivoisés et bruyants, qui courent, poursuivis par les enfants, ou qui se pressent aux ouvertures des logis indiens, en attendant les reliefs du repas qu'on ne manque pas de leur distribuer. Si, par hasard, on s'arrête et qu'on participe à quelques libations, les oiseaux prennent une telle familiarité qu'ils viennent même becqueter dans l'assiette de Bournac.

— Eh bien ! mon colon, tu parles s'ils se gênent ces gaillards-là.

Ce disant, il en étourdit un d'un revers de main.

L'oiseau se relève en criant, comme pour dire aux autres :

— N'approchez pas !

Chaque fois que l'on accoste, les hommes fortement intrigués, accourent pour contempler les objets de curiosité que sont toujours les blancs ;

les femmes apeurées se précipitent dans leurs habitations en y entraînant leurs petits, dans la crainte du danger. Ceux qui sont forts peuvent se permettre de voir : les plus faibles jugent plus prudent de vivre, jusqu'à nouvel ordre, dans l'ignorance.

— C'est que, dit Bournac, nous finissons par prendre un aspect de brigands calabrais, avec nos longs cheveux, nos barbes flottantes, notre teint pâle, nos yeux bistrés, nos corps amaigris où nos côtes se dessinent...

— Les bandits du maquis auprès de nous, ne sont que de la fantaisie ; remarque le Gascon en riant.

Mais dans les prunelles, la volonté subsiste, et l'énergie se réveille encore !

Un coup d'œil rapide a permis à Laveau de se rendre compte de l'excessive pauvreté de ces peuplades. Comme les compagnons d'Alissi, elles ne possèdent ni sabres, ni couteaux, ni cotonnades. Elles circulent dans la nudité d'Adam et d'Eve, avant le péché.

Le Tamouchi Arissaoui hésite un moment, puis, il s'approche et pose aux arrivants quelques questions qui dissimulent à peine son inquiétude :

— Que faites-vous ici. Pourquoi êtes-vous venus ? Y a-t-il beaucoup de blancs derrière vous ?... Venez-vous pour nous faire la guerre ?...

C'est Laveau qui prend la parole pour répondre. Il proclame la pureté des intentions de tout le monde.

— Nous sommes, dit-il, des philosophes, en quête de belle nature !...

Arissaoui ne comprend pas. Il ouvre des yeux éperdus. Laveau reprend :

— Nous visitons la montagne ; elle est si belle ! Nous ne tuons pas les hommes ! Nous ne tuons que les singes pour les mettre dans la marmite.

— C'est bien ! dit Arissaoui. Nous aussi, nous sommes pacifiques ! La guerre est toujours un grand malheur... Tout le monde dans le village est gentil, complaisant. Nous vous donnerons tout ce que nous pourrons.

— Si tu es réellement aussi aimable que tu le dis, répond Laveau, d'autres blancs viendront plus tard ; ils seront tes camarades et tes meilleurs amis.

C'est ainsi que l'explorateur doit préparer la voie à ceux qui les suivront.

Arissaoui est enchanté. Ses démonstrations de cordialité n'ont plus de bornes ; il s'empare des fusils, des carabines à seule fin d'en décharger les nouveaux venus qu'il conduit chez lui. Il offre de ce qu'il a. Ce qu'il a n'est pas grand'chose : c'est un breuvage composé de jus d'ignames broyés à la main. Il y a autant à boire qu'à manger. Bournac n'a pas été long à en faire la réflexion. Jean, lui, savoure cette liqueur qu'il déclare «épatante».

Arissaoui est sensible à cet hommage.

Lorsque nos voyageurs se sont désaltérés, Arissaoui les conduit à leurs hamacs ; on prévoit une conversation importante. C'est en vain : le Tamouchi ne tarde pas à s'éloigner lui-même.

— Que signifie cet isolement ? demande Bournac.

— Je ne crois pas qu'il faille éprouver la moindre crainte ! répond Laveau.

Les énigmatiques points d'interrogation sont inutiles et vains.

En effet, Arissaoui revient déjà ; il apporte quatre cigares ; l'un est allumé, il le fume avec béatitude. Il allume ensuite successivement les autres au sien. Il en offre un à Laveau, puis un autre à Bournac et le troisième à Jean.

— Ce sont les préliminaires de la conversation!

dit Laveau. Si j'en crois mes impressions, elle sera longue et sérieuse.

— Amolé talé oupac Tiniésé ? (Pensez-vous rester longtemps ?) demande Arissaoui.

— Quelques jours seulement ! répond Laveau.

Et il ajoute, désireux de donner les précisions indispensables :

— Nous voulons reconnaître la route qui conduit au Tapanahony.

— Oui, dit l'Indien, c'est raisonnable. Quelquefois les nègres Youcas sont venus ici pour effectuer des échanges. Je vous aiderai dans votre entreprise.

— Les nègres Youcas habitent le Tapanahony, explique Laveau à ses collaborateurs ; ce sont d'anciens esclaves qui se sont évadés des plantations **hollandaises !**

Les indications données par Arissaoui permettent la certitude de pouvoir contourner complètement le Contesté franco-hollandais, pour regagner le confluent du Maroni et du Tapanahony, dont les sources, d'ailleurs, vont être visitées.

Pour atteindre cet objectif, trois jours sont nécessaires.

— Trois jours, c'est peu ! tant mieux ! dit Bournac.

— Le sentier est relativement facile et les montagnes ne présentent qu'une assez faible élévation, dit l'Indien.

On monte... on monte... on monte !

A la tête des sources. une cachette apparaît aux investigations des amis.

— Qu'est-ce que ceci ? demande Bournac.

— Une flottille ! dit Laveau.

Ce sont, en effet, de nombreuses petites pirogues attachées là par des indigènes pour la descente de la rivière.

— On pourrait les prendre et les utiliser, sans aucun doute, suppose Bournac.

— Oui, dit Laveau. Si nous le voulions, l'exploration pourrait toucher à sa fin.

— Puisque nous avons encore de la poudre, dit Jean.

Mais aucun ne s'arrête une minute à cette idée. Au contraire.

— Nous allons rentrer au village du Tamouchi Arissaoui, décide Laveau, afin d'y vivre pendant quelque temps, il nous faut pénétrer un peu plus complètement dans les mystères de la vie des chevaliers du curare !

## XVII

## UN PEU DE LA VIE INTIME DES TRIOS

De Humblot et d'Orbigny, célèbres ingénieurs américains, prétendent que les Peaux-Rouges de l'Amérique du Sud, des Antilles, de la partie nord du Vénézuela et des Guyanes, jusqu'à l'Oyapock sont de race caraïbe, et que la race Tupi habiterait le Brésil et le Sud-Amérique.

— Les Indiens Trios ne parlent pas caraïbe, dit Laveau. Sont-ils donc de race Tupi ? Rien n'est moins probable. Leur type diffère, en outre, de ceci et de cela. Alors ?...

— Alors, répond Jean, il faut laisser à d'autres le soin d'épiloguer et de formuler d'autres affirmations. Gardons-nous bien de poser des principes ethnographiques absolus.

— Constatons.

— C'est déjà beaucoup, conclut Bournac.

Les Trios sont vigoureux, d'une corpulence idéale ; ils ont le buste long, les jambes courtes, selon l'anatomie traditionnelle de l'Indien. Leur profil prismatique, leur visage allongé leur donnent une apparence guerrière ! ils font usage de l'Ourary, le curare qui empoisonne leurs flèches. Leurs pommettes peu saillantes s'encadrent de cheveux longs et huilés d'un noir brillant ; ils ne s'enduisent pas la peau avec la roucou comme leurs voisins.

Dans un volume publié chez Hachette et Cie, Jules Crevaux déclare avoir vu fabriquer le curare par un savant piaye dont il dépeint longuement les procédés.

— La méthode du piaye du docteur Crevaux, il

importe de le dire, n'est point celle de ces Trios, dit Laveau. Il est certain que le célèbre explorateur a été induit en erreur ou que, trop pressé dans son voyage, il n'a vu qu'imparfaitement ce qu'il nous est donné d'observer tout à loisir. La bienveillance nécessaire pour de telles observations, ne s'obtient pas dès le premier quart d'heure, elle doit reposer sur la confiance. Le temps en est le grand artisan.

— Sans la confiance, dit Jean, que découvrirons-nous dans ces villages ?...

— Pas même des vivres ! répond Laveau aussitôt.

— A plus forte raison des panneaux peints pour le Trocadéro, ajouta Bournac avec une pointe de fierté.

— C'est avec la liberté de regarder les choses d'un peu près, dit Laveau, que je me suis rendu compte de ce que quelques flèches des Trios sont plus petites que celles des Roucouyennes.

— Quelles sont, demande Jean, les raisons de ce raccourcissement.

— Oh ! c'est bien simple ; elles sont plus particulièrement destinées au gros gibier : ce sont elles précisément dont le curare imprègne les pointes.

Jean exprime son désir :

— Je voudrais bien voir fabriquer ce curare.

— Ce n'est guère facile, dit Laveau. A moins qu'Arissaoui...

Bournac insista :

— Il faut le lui demander !

Laveau se gratta la tête en signe d'embarras. Après un instant :

— Soit, dit-il.

Le curare, en effet, ne se fabrique point en famille, c'est-à-dire aux yeux de tout le monde.

On le prépare dans un carbet spécial, à l'entrée du village, tout à fait à l'écart. On ne pénètre pas aussi aisément dans ce carbet que dans celui du Tamouchi. S'il n'y a pas là de secrets intéressant une défense « nationale » ou, si l'on veut, plus exactement collective, ils intéressent du moins une autre mesure, la vie et la défense de la tribu et de son village.

— Il ne faut pas croire que nous n'avons jamais connu la guerre ! déclare Arissaoui mélancoliquement.

— Parfaitement, dit Laveau, qui connaît son histoire locale. Les Trios et les Roucouyennes se sont battus pendant des lunes successives, et leurs misères ne sont point tombées dans les limbes de l'oubli. Jean interroge Alissi. Le chef Indien conte des épisodes. Arissaoui en conte également. Le jeune homme les résume à Bournac pour qui la langue reste fermée comme le sanscrit :

— Les Trios manquaient de femmes ; les Roucouyennes en avaient en surabondance. Ceux-là conçurent un rapt au détriment de ceux-ci. L'enlèvement des Sabines eut, là-bas, pour pendant l'enlèvement des Roucouyennes, les événements dont se compose l'existence des peuples se rééditent et la sagesse des nations, par ses aphorismes, a raison, même chez les sauvages: « Cherchez la femme ! »

— C'est la formule universelle ! dit le Gascon, mais elle ne s'applique pas à nous.

— Les Roucouyennes ne l'entendirent pas ainsi, poursuivit Jean; ils protestèrent; ils défendirent leurs épouses présentes et futures. Ce fut la guerre. Les Trios connaissaient le poison « Ourary ». Les Roucouyennes l'ignoraient. Les Trios en firent usage; les Roucouyennes le subirent; ils

étaient de ce fait, les plus faibles; ils furent
décimés.

— On peut dire vaincus !

Les Trios s'étaient révélés les chimistes du
Parou. S'ils avaient connu les gaz asphyxiants, ils
en eussent fait usage, sans crupule, simplement
pour être les maîtres. Ils triomphèrent sans ce
moyen.

— A présent que la paix est venue, dit Laveau,
et qu'elle subsiste, la méfiance des Roucouyennes
ne s'est pas éteinte, et les voisins des Trios,
comme Alissi ceux d'alentour, préfèrent se rendre
dans l'Itany pour y effectuer leurs échanges, en
dépit de la distance, plutôt que chez les Peïtos
d'Arissaoui.

— La prudence est la mère de la sûreté.

— Montre-nous, demande Laveau à Arissaoui,
comment tu fabriques le poison !

Arissaoui fait la grimace.

Laveau insiste. Pour aboutir, beaucoup de pala-
bres, de négociations s'imposent.

— Vous n'êtes pas de méchantes gens, dit
Arissaoui. Si vous nous vouliez du mal, Yolock
vous punirait.

Il désigne quelques Peïtos, auxquels il fait des
recommandations. Ils conduiront les blancs au
fameux carbet. Lui, les suivra de près.

— Quelle veine ! s'écrie Jean, de pouvoir assister à la préparation de l'ingrédient susceptible de
passionner les alchimistes de jadis, — s'ils réssus-
citaient !

— On peut dire tout de suite, fit Laveau, que
les méthodes de fabrication sont totalement différentes de celles rapportées par Crevaux !

Les Indiens mirent dans une calebasse de
l'huile de crapa, le jus d'une liane à grande fleur
extraite d'une plante. Cela forme un liquide épais.

L'extrémité de la flèche y fut trempée tout entière; elle y séjourna, s'y imbiba. Au bout d'une heure, quand on la retira, ce fut pour la fixer au bout d'un roseau qui la suivra dans sa course vers la proie visée.

— Il faut en emporter ! affirme Bournac.

— Parfaitement, opine Laveau.

Arissaoui ne s'y oppose pas.

Une demi-bouteille du redoutable composé est aussitôt prélevée.

— Pour une documentation plus sérieuse, dit le Patron, il faut mettre, Jean, dans notre herbier, des feuilles de carapa, celles de la liane, les fleurs aussi, le roucou et la plante à gélatine.

— C'est entendu ! répondit le jeune homme.

— Arissaoui parle abondamment.

— Les Indiens, dit-il, attaquent le tigre, le tapir, le maïpouri, les singes à l'aide de ces flèches. Si l'animal est atteint, il effectue quelques bonds, puis il tombe comme une masse, foudroyé par l'arrêt subit du cœur... Nous vous montrerons cela tout à l'heure dans la forêt.

Laveau croit utile de donner à ses amis quelques explications :

— L'ourary, dit-il, opère comme un venin extrêmement subtil mélangé au sang.

— Mais, l'Indien, peut-il consommer impunément le gibier ainsi tué ? demande Bournac

— Oui !... bien d'autres poisons que l'ourary n'agissent pas sur l'organisme à la suite de l'ingestion; vous savez que la morsure de la vipère peut-être soignée par la succion, si la bouche n'a nulle plaie, et si les muqueuses sont vierges d'ulcères. Le sang d'anguille lui-même qui serait mortel si une goutte en était injectée dans les veines, perd toutes ses propriétés à la cuisson. Si l'Indien se pique en manipulant le curare ou en maniant les flèches, c'en est fait de lui, à moins que.....

— Nous guérissons les blessures faites avec l'ourary ! déclare Arissaoui.

Le Trio, en effet, n'est pas sans antidotes rigoureusement efficaces désignés par son expérience des choses de la forêt. Il sait que si les plantes renferment la mort dans leur suc, elles contiennent aussi la vie et la guérison. Le tout n'est-il pas de savoir ?...

— Le remède est dans le jus de cette liane, dit Arissaoui. On l'a toujours connu.

— Nous en mettrons aussi dans l'herbier, dit **Jean**.

— Elle est jolie ! cette liane, ajouta-t-il.

— Et commune ! remarqua Laveau. Il y en a partout. Voyez-la escalader les étages des branches. Ses rameaux poussent en couronnes qui se succèdent de trente-cinq en trente-cinq centimètres environ.

— Voici comment on l'emploie, enseigna Arrissaoui.

Pour neutraliser l'ourary, l'Indien prit un fragment d'écorce de la liane bienfaisante; il extrait le suc, avec la pression de l'ongle. Il applique la goutte du liquide sur une plaie supposée; par le frottement il l'obligea à y pénétrer !

— Si la blessure était vraie, dit-il, ce serait fini, la mort ne viendrait pas...

— Connaît-on ce remède en Europe ? demanda Bournac.

Laveau répondit :

— Non !... on en a signalé, mais qui n'ont pas été vérifiés comme les Indiens ont eu l'occasion de vérifier celui-ci.

Les Trios d'Arissaoui sont de solides compagnons. La confiance qu'ils manifestent les rend sympathiques.

— Nous vous accompagnerons, disent-ils, partout où vous irez !... Nous redescendrons avec vous chez Alissi.

Alissi s'évertue à vanter leurs qualités.

Pagayeurs extraordinaires et débrousseurs excellents, ils seront infiniment précieux.

Ils fêtent l'annonce du départ.

Deux jours après, la remontée du Parou commence...

C'est un fleuve de 1.600 à 1.800 kilomètres de long. Aucun Portugais ni aucun Brésilien n'est allé à sa source, non plus qu'à celle du Tapanahony. Les sauvages de la région pour leur petit trafic nécessaire n'entretiennent de relations qu'avec ceux de l'Itany qui puisent eux-mêmes les objets qu'ils possédent chez les Bonis qui, à leur tour, s'approvisionnent à Saint-Laurent-du-Maroni ou chez les Hollandais d'en face.

— Ils ne recueillent aucun avantage à vivre dans ces régions lointaines et dans ces solitudes formidables, remarque Jean.

— C'est vrai, dit Laveau.

Après une minute de réflexion, il ajoute :

— Il est un fait incontestable : si les Trios vivaient sur notre territoire, les facilités de leur ravitaillement seraient appréciables.

Voilà ce qu'il explique à Arissaoui.

Le Tamouchi comprend :

— Alors, dit-il, tu crois que nous pourrions, sans inconvénients, voisiner avec les Roucouyennes ?

Il y aurait là une nécessité économique.

— En effet, dit Laveau, si jamais le chemin de fer de Cayenne à la Guyane centrale devait être construit pour l'exploitation des richesses intérieures, les Trios seraient d'une main-d'œuvre fort sérieuse ! Mais jamais ils ne quitteront la forêt sans être entraînés par un homme qui aurait gagné leur confiance.

— Le Gouvernement, dans un avenir prochain, devrait décider la nomination d'un Directeur d'Indiens, connaissant les habitudes, les mœurs, les dialectes de ceux-ci, dit Bournac.

— Evidemment, répond Laveau. Le Directeur pourrait aisément rassembler 20.000 sujets : Roucouyennes de l'Itany, Oupourouis du Yari, Aplaïs de la crique Pilipi ; Trios des sources du Parou et du Tapanahony !

— Ce sont les commerçants à la Guyane qui seraient contents ! s'écria Jean. Les besoins de ces indigènes ne tarderaient pas à se multiplier, et c'est notre industrie qui, en fin de compte, bénéficierait largement de cette initiative.

— L'idée vaut ce qu'elle vaut, dit Laveau. Mais elle est neuve et surtout elle est logique !

— A quoi bon avoir à portée de soi de la main-d'œuvre, si on ne l'utilise pas ? demande Jean.

On chemine. Mille constatations sont aisées.

— Les sources du Parou, à des époques qu'il est fort difficile de déterminer, ont été très peuplées, remarque le Patron. Des tribus, à présent absentes, ont émigré. Les nombreux polissoirs que nous rencontrons partout et qui occupent des bancs de roches entiers en sont la preuve !

— Ce sont les seuls vestiges, dit Jean, avec regret.

Le Patron ajoute :

— Rien ne favorise l'étude de l'explorateur; il en est presque toujours ainsi; formuler des précisions, est impossible; car on ne constitue pas une histoire à une race, sans monument, sans archives, avec la forêt seulement, et toujours la forêt.

Que de choses intéressantes seraient à enregistrer. Malheureusement le dialecte des Trios est un peu spécial, et Laveau, sans Alissi, ne le comprendrait pas. Tout sujet de dissertation est trop compliqué; il faut en revenir aux choses courantes, élémentaires.

— Il nous faut trouver des vivres ! dit Laveau.

Alissi demande à Arissaoui s'il est nécessaire de s'inquiéter pour trouver des vivres.

— Non !... Nous avons ici ce qu'il faut, répond le Chef Trio.

— Arissaoui, dit Alissi, fournira les provisions nécessaires que nous emporterons vers mon village.

— Et qui nous accompagnera, demande Laveau.

— Il n'est personne qui ne veuille vous suivre ! affirme Alissi.

— Tant mieux ! s'écria Laveau.

— Plus on est de fous, plus on rit ! dit Bournac.

Le but, n'est pas de rire, on le comprend, mais en marche, plus on est nombreux, plus légers sont les colis ! En outre, plus on est de chasseurs, plus on abat de gibier ! Plus on est de pêcheurs, plus on prend de poissons ! Le ravitaillement ne nécessite pas de souci, et c'est une bonne chose.

— Ils peuvent venir? s'inquiète Bournac... Vous êtes sûr que rien ne les empêche ?

— Qu'est-ce qui empêcherait les Indiens de s'absenter ? Est-ce que pour eux, le temps à une valeur quelconque ? Une lune de plus, ou une lune de moins, cela n'a aucune importance.

Ces êtres pacifiques vivent, en effet, dans la plus absolue des libertés; ils ignorent la contrainte physique, tout comme la contrainte morale; le gendarme, le juge, le code ne veillent point à leur seuil. Ils réalisent l'égalité parfaite le long du fleuve ou au sein de la forêt; leur domaine est partout et la source de leur vie reste la même sur tous les points de ce sol fécond. Nul ne sent naître en lui les mauvais instincts qu'engendre le désir de la richesse, ou la possession de la propriété.

L'amitié des Peaux-Rouges atteint un degré inconnu des populations dites civilisées ; leur dévouement est inaltérable; ils pratiquent un communisme qui a pour conséquence logique la fraternité — une fraternité qui se manifeste dans les retours de chasse ou de pêche. Le gibier tué par quelques-uns appartient à tous. Il en est de même du poisson. Tout le monde en a sa part. Le butin est mis en commun. Le partage est la plus naturelle des choses; nulle doctrine ne l'impose et pas un précepte ne l'exige.

— C'est peut-être ici qu'est la vraie République, bien que les mots magiques de la nôtre n'y soient gravés sur aucun fronton d'édifice public, dit Laveau.

A la descente on effectue le même trajet qu'à la montée.

— Nous pourrions passer par l'Amazone ! observe le Patron. Mais rien ne nous y invite.

— Ce n'est pas sur l'Amazone que sont nos collections à reprendre ? constata Jean.

— Et puis, de ce côté, il y a des sauts considérables à franchir, appuie Alissi. Quelques Trios, dit-il, ont eu des relations avec l'Amazone; ils nous les ont contées... Elles sont extraordinaires. Ils ont vu, là-bas, très loin, de grands canots qui crachaient du feu et qui faisaient ! tou !... tou !... tou !... Les canots étaient conduits par les Calayouas.

— Qu'est-ce que c'est que ces animaux-là ? demande Bournac.

— Ce sont les blancs ! répond Laveau

— Pardon ! dans ce cas, articule le Gascon.

Ces Calayouas, le Trio ne les déteste pas ; chacun en a la preuve; il tenterait bien d'arriver jusqu'à eux et de vivre dans leur voisinage.

— Mais voilà, entre lui et les blancs, il y a des Caïcouchianes, qui sont de mauvaises tribus hostiles, et qui, manquent de femmes; elle renouvelleraient très volontiers, avec les Trios, les anciens exploits des Trios avec les Roucouyennes ! Et c'est pourquoi, à leur égard, les Trios préfèrent encore venir dans le Haut-Itany pour leurs petites affaires. Ils mettent deux ou trois lunes pour effectuer ce trajet; ils ne mettraient qu'une demi-lune pour atteindre les Caïcouchianes. Il est vrai que les Roucouyennes ont tout ce qu'il faut, puisque, eux, sont en contact avec les blancs par l'intermédiaire des noirs.

— Et que les Trios sont satisfaits de peu ! dit Jean.

— Tout ceci, remarque Laveau, plaide, évidemment, en faveur de la nomination d'un directeur d'Indiens. Hélas ! en France, aussitôt que l'on parle de la Guyane, on vous répète les mots écrits dans les Atlas : le bagne, la fièvre, la mort ! Légende que tout cela ! L'explorateur a beau répondre : bois, pâte à papier, coton, manioc, maïs, arachides, graines oléagineuses, vanille, café, cacao, gomme, résine, balata, caoutchouc !... Il peut même ajouter : or, grenats, diamants, que cela n'a pas d'autre importance.

— Et le Brésil ? interroge Jean; ne connaît-il les richesses de ces régions ?

— Non ! répond Laveau. Sans quoi ces terres n'étant point occupées par nous, elles le seraient vite par lui, malgré les 1.500 kilomètres qui, de l'Amazone, l'en séparent.

— Un nouveau contesté surgirait ?

— Je ne le crois pas... en raison des moyens réduits, et surtout de notre apathie, en dépit aussi des 650 kilomètres que nous aurions à franchir...

## XVIII

## LE MIRACLE DE L'EAU DE BOTOT

On descend. Des Indiens de chaque village avec leurs pirogues grossissent la flottille. Dans l'air il y a de l'enthousiasme. Partout l'empressement à rendre service, mille petites attentions qui donnent à cette vie nomade par excellence, un supplément de charme fort intéressant.

Les Indiens passent familièrement le bras sur les épaules de Laveau, de Jean et de Bournac. Ils les prennent par le cou, gentiment, leur témoignent ainsi la plus grande somme d'amitié.

— C'est comme chez nous, la poignée de mains ou l'accolade ! dit Bournac.

— C'est mieux, répond Laveau.

Intrigués par des riens, curieux naturellement, les Indiens en profitent pour poser mille questions. Ils veulent voir tous les objets que les étrangers ont à leur disposition; ils s'extasient devant le moindre bibelot, tout leur est sujet de perpétuel émerveillement.

— Ils nous suivent, dit Laveau, comme ils suivraient la lumière ou la fortune.

— Si nous sommes leurs étoiles, remarque Bournac, nous ne sommes que des étoiles filantes !

Les plus jeunes pagayent avec un entrain amusant, une force rare, une adresse qui tient du prodige.

— Nous descendrons, en trois jours, ce que nous avons mis plus d'une semaine à monter ! affirme le Patron.

Peu à peu, les canots se remplissent de jeunes caïmans fléchés le long des rives.

Au bord de l'eau, limite de la forêt, les mombains dressent orgueilleusement leurs cimes chargées de fruits jaunes, à plus de cinquante mètres dans les airs; les bois-canon, ainsi nommés, parce qu'ils sont creux déploient leurs immenses feuilles vertes parmi lesquelles on distingue parfois, l'aï, ou mouton paresseux, qui adore cette verdure.

Les ignames herbivores eux aussi, sont tout en haut; leur repos, leur somnolence, leur repas sont troublés par le bruit des pagaies. La peur occasionne chez eux des mouvements irréfléchis ; ils oublient que, si loin du sol, ils jouissent de la plus parfaite sécurité : comme pris de vertige, ils piquent une tête dans les eaux.

—. Il pleut des ignames ! remarque expressivement Bournac.

Mais, comme les pirogues sont nombreuses, qu'elles se succèdent sans interruption, les ignames calculent mal leur élan, sautent parfois en plein milieu, se cassant sur le bois, la tête ou les reins.

— Il faut flanquer ça dans l'eau, dit le Gascon.

Mais les Indiens ne l'entendent pas ainsi. L'igname est une excellente proie. Sa femelle est d'un gris verdâtre, la chair en est tendre; le ventre renferme de trente à quarante œufs qui ne sont nullement à dédaigner, car leur goût est appétissant.

Ces œufs ne sont pas ovales comme ceux des poules; leur rotondité est parfaite; une membrane très mince remplace la coquille.

— A l'école des Indiens, dit Laveau, on apprend à les enfiler en chapelet, à l'aide d'une liane. On les suspend au-dessus du feu. Ils sèchent rapidement et deviennent durs. Dans le havre-sac du chasseur, ils constituent un aliment complet propre à être savouré avec un morceau de cassave.

Dès que l'on met pied à terre, les jeunes Trios s'écartent des bords du fleuve et s'enfoncent dans la forêt.

— Où diable vont-ils si vite ? demanda le Gascon.

— Ils s'en vont à la recherche de grosses mouches d'un noir brillant, dont la forme triangulaire ne peut mieux être comparée qu'à celle de la tête du fourmilier, répond Laveau.

Dès qu'un essaim s'est révélé, cet essaim est déniché. Les chasseurs se partagent les bestioles analogues d'aspect et de taille, à des crottes de chocolat fourrées.

Une heure après, ils en rapportent à foison. Les ailes craquent sous la dent; les Trios se délectent; leur visage respire la satisfaction; leurs yeux rient.

— Ils ont l'air de dire, comme les oies du pâté de foie Marie : « Ah ! que c'est bon ! » s'écrie Bournac.

— Laissons-les, répond Jean, à leur plaisir gastronomique.

— Rien ne dit que nous ne serions pas de leur avis, si nous faisions comme eux, observe Laveau.

Les Indiens qui lui en offrent, au bout de leurs doigts, ne comprennent pas le refus.

On s'arrête, un soir, dans un de ces villages des Trios du Parou. On y passe la nuit. Mais quelle nuit !

Le piaye est occupé avec un malade. Il fait tant de bruit qu'il n'est pas possible de fermer les yeux.

— Allons voir ce chameau-là, dit Bournac. Qu'est-ce qu'il peut avoir à gueuler de cette façon ? Ça doit être lui qui est possédé par Yolock.

— Allons-y, opine Laveau.

Le piaye des Trios travaillait, mais d'une manière différente de celle de Counicaname, le piaye des Roucouyennes.

Son malade était dans un état de délabrement sans pareil. Ce n'était plus un homme, mais un squelette, car il n'avait, dans toute l'acception du mot, que la peau et les os. Dépérissement, langueur, consomption ?... le piaye se souciait bien de cela.

Cinq habitants du village qui étaient allés couper, à la brume, des feuilles gigantesques de palmier, revenaient chargés de ces feuilles destinées à la construction d'une petite case, en toute célérité.

Le piaye, revêtu de ses parures de plumes multicolores, paré de colliers de dents de tigres, d'ornements bizarres composés de tibias et de crânes humains, apparut. Avec un air solennel et doctoral, il fit entrer son patient dans la case. Il l'y suivit, les cinq Trios constructeurs restèrent dehors.

A l'intérieur de la cabane, le piaye posait des questions. Le groupe de l'extérieur formulait des réponses émises en psalmodie monotone, uniforme, lugubre.

Le Tamouchi Alissi se rapprocha de Laveau et tenta de lui donner quelques explications :

— Quand on est malade, c'est que le diable est entré dans le corps.

— Nous le savons, dit Laveau.

— Il n'y a qu'un remède, ajoute Alissi.

— Lequel ?...

— C'est de l'en chasser !

Bournac s'esclaffe :

— Zut ! crie-t-il, La Palice a dû vivre par ici !

Counicaname expulsait Yolock à sa façon. Le piaye Trio l'expulse à la sienne : elle n'est pas compliquée, il fume un grand cigare. Quand la fumée emplit sa bouche, il se penche sur l'estomac du patient, il grimace, découvre ses dents, écarte ses mâchoires, saisit la peau du malheureux et tire comme un loup qui dévore un mouton.

— Yolock, dit Alissi, cette fois est entré très profondément. L'Indien est bien malade. Le piaye doit être énergique.

— C'est le client qui doit s'amuser ! remarque Bournac.

Au dehors, les cinq guerriers entretiennent un tapage infernal, assourdissant, abrutissant. Ils ne chantent plus. Ils poussent des cris de vengeance. Ils cherchent à faire peur au diable qui ne s'en va pas.

C'est Bournac et Jean qui prennent la fuite ; ils murmurent qu'ils en ont assez de Yolock, et qu'ils lui donneraient volontiers le piaye.

— Est-ce que vous avez eu peur ? demande Alissi.

— Ah, non, sûr... Si je le voyais, je lui mettrais ma botte quelque part ! affirme Bournac.

— Yolock rentre-t-il chez les blancs ? questionna Alissi.

— Jamais ! affirme Laveau.

Et, ce disant, Laveau prit dans sa poche une fiole d'eau de Botot, qu'il passa débouchée sous le nez d'Alissi.

— Qu'est-ce que c'est que cela ? interrogea l'Indien.

— Ça... c'est pour tuer le diable !

Alissi est émerveillé. A tout prix, il veut savoir comment on opère.

Laveau verse quelques gouttes du liquide dans sa main; il en frotte le front d'Alissi. Celui-ci est ravi... il réfléchit, pousse un soupir. On sent qu'il voudrait dire quelque chose, mais qu'il n'ose pas.

— Parle ! dit Laveau.

— Si j'avais cette fiole, dit Alissi, je serais le plus grand de tous les piayes !... Je gagnerais beaucoup de hamacs et d'autres cadeaux... Donne-la moi !

Laveau s'exécuta de bon cœur.

— Et que faut-il conclure de ceci, dit-il à Jean et à Bournac, sinon que le charlatanisme n'est point une affaire particulière à une latitude déterminée ? Les morticoles de tous les pays savent exploiter les badauds par la peur du diable et de la mort, et par l'espoir menteur d'une guérison à plus ou moins brève échéance !

— C'est pourtant vrai, reconnurent-ils.

Jean ajouta :

— Sous plus d'un rapport, les Indiens, quelquefois, par leurs façons d'être et de penser, se conduisent comme des civilisés.

— Cela prouve, dit Laveau, que la distance qui nous sépare d'eux n'est pas aussi grande qu'on affecte de le croire au Ministère des Colonies !

XIX

## UNE BANDE DE COCHONS

La caravane sans cesse grossie compte à présent, en outre de Laveau, de Jean et de Bournac, quarante-deux Indiens. Elle n'est plus qu'à une demi-journée de la crique Couchicoumeu, tout près du village d'Alissi, point d'où s'effectua le départ pour la visite aux sources du Parou.

On remonte cette crique.

Laveau est moins attentif au paysage qu'à la récapitulation, dans son esprit, du nombre des Trios rencontrés. Ces Trios, il en a vu plus de trois mille assurément. Il ne les a pas tous vus, car, dit Arissaoui :

— Beaucoup habitent tout en haut, au fond des petites criques.

La conclusion toute naturelle est que la tribu des Trios apparaît justement comme la plus nombreuse des Tumuc-Humac occidentales.

— Je suis, dit le Patron, extrêmement satisfait d'avoir effectué ce voyage qui nous apporte des précisions nouvelles à plus d'un point de vue. Les Atlas, en effet, n'indiquent qu'une chaîne de montagnes; les itinéraires parcourus et les levées de plans effectuées donneront si on le veut bien, plus de précision aux cartes géographiques de l'avenir. Dorénavant, la ligne de partage des eaux qui sépare les rivières de l'Amazone de celles de la Guyane française, sera déterminée avec une exactitude précieuse.

Le soir, on dort à la tête de la crique Couchicoumeu. Le lendemain on descend vers le Yari. Pas un Indien ne veut rester en arrière; ils affirment tous qu'ils veulent suivre Laveau au village d'Alissi.

Le brave Tamouchi regarde les blancs avec une légère inquiétude. En voyant leur mine hâve, jaune, exsangue, il murmure :

— Est-ce que par hasard le diable ne s'installerait pas dans leur corps ?

Il lui vient à l'esprit que Laveau n'a plus de fiole. Il évite de faire part de ses réflexions, dans la crainte que le talisman lui soit redemandé.

Le diable ? non, mais la fièvre plutôt.

Laveau ne se plaint pas; Jean et Bournac ne se plaignent pas davantage. Il faut marcher. Pour l'explorateur, là se résume tout le devoir.

— L'explorateur est un soldat ! dit le Patron, quelquefois.

Le soldat qui défend son pays pousse en avant, sans le souci des balles; l'explorateur qui sert, lui aussi son pays, à sa façon, pousse en avant, sans le souci de la fièvre, des dangers innombrables dont la mort est trop souvent la conséquence.

Se plaindre ?... Qui n'en aurait pas les motifs ? Moi, dit le gros Bournac, je pesais au départ, 98 kilogs, j'en ai perdu bien près de trente !

Son teint devient cadavérique; son ventre a disparu et ses côtes sont des cercles à la vue desquels Jean s'apitoie.

Jean, lui, a grandi; mais s'il a pris de la taille en longueur, c'est au détriment de la largeur des épaules et de l'ampleur de la poitrine.

— Tu es fait comme un échalas ! les lianes vont te grimper autour ! exprime Bournac.

— La vérité, c'est que vous n'êtes pas plus beaux l'un que l'autre ! tranche Laveau.

— Et vous ne déparerez pas la paire, Patron !
affirme Bournac.

— Ce Gascon endiablé, on ne peut pas avoir avec
lui le dernier mot ! dit Jean.

— Ne dis pas cela, répond l'autre, tu verrais
venir le piaye !

Comme on le voit, chacun paye son tribut de
graisse et de sang. Mais la bonne humeur subsiste.

— Cela ne peut durer indéfiniment avoue
Laveau. Il faudra vous soigner !

— Et vous non ?... C'est bien le cas de le dire :
Faites aux autres ce que vous ne voudriez pas
qu'on vous fît.

— Nous nous hâterons, en dépit des pêches et
des chasses fructueuses du Yari; la viande ne fait
défaut; les hoccos, les agamis, les caïmans, les
singes, tombent dans les marmites comme des
mouches, mais c'est le mieux !

— Tout de même cela, pour des types comme
nous, ne remplace pas l'entrecôte des restaurants
parisiens ou la cuisine familiale du foyer retrouvé!
s'écria Bournac.

— En attendant, on va encore passer la nuit
dehors.

— Quand elles ne sont pas trop mouvementées,
ces nuits à la belle étoile, cela va encore, dit Bournac, mais ces cochons de tigres, par ici, font un
vacarme dont on n'aurait aucune idée si l'on n'était
aux premières loges.

Le soir tombe, les Indiens se couchèrent, dans
les carbets construits sommairement. Ils dor-
maient à poings fermés; Bournac et Laveau attar-
dés causaient, tout en chargeant de bois le feu qui
flambait en projetant ses lueurs rougeâtres sur le
campement et sur les arbres de la forêt. Catlia
assise avec Jean sur un pacolo, s'essayait à pronon-

cer des mots de notre langue. Le jeune homme les lui enseignait avec une infinie patience.

— Ils doivent en être au verbe aimer, s'écrie Bournac.

Jean avait pris les menottes de l'Indienne dans ses mains, et riait de ses efforts qui produisaient de médiocres résultats. Tout à coup, un bruit terrible la fit se serrer contre sa poitrine. Laveau et Bournac tressaillirent. Des branches cassaient, se heurtaient; un galop formidable ébranlait le sol.

— On dirait la tempête qui dévaste tout ! fit Bournac. Ecoutez... le vacarme s'amplifie, de seconde en seconde, comme la rumeur de la marée qui monte !... Est-ce une trombe, un ouragan dans le voisinage ?...

Jean qui ne se sent plus en sécurité accourt; il a pris Catlia dans ses bras, croyant sans doute la protéger. Le tapage est à droite, à gauche, devant eux; il leur semble être au centre d'un tourbillon.

— Père ! s'écria Jean... Nous n'avons jamais rien entendu de semblable !

Au même instant, des cris mille fois répétés s'élevèrent.

Laveau reste calme. Il a deviné ce qui se passe.

— Ce sont, dit-il, des bandes de cochons poursuivis par des tigres !

— Il ne va pas faire bon ici tout à l'heure, observe Bournac.

Et il ajoute :

— C'est bien le cas de le dire que nous ferons quelque chose... si les cochons ne nous mangent pas !

Laveau tâche de se souvenir des anciennes leçons d'Apatou, qui fut, on le sait, le guide de Crevaux et de Coudreau.

— La bande, disait Apatou, va droit devant

elle; jamais elle ne se détourne. En pareille occasion, tout l'effort utile consiste à ne point être sur son passage, car on serait balayé comme un fétu de paille et sûrement dévoré...

— Comme des truffes, compléta Bournac.

Le Gascon qui garde sa bonne humeur, allait constater qu'il n'a jamais rêvé cette destinée, lorsque Laveau étendant les bras, désigna les malles et les catouris qui, entassés, formaient un monticule.

— Grimpez là-dessus ! dit-il.

Instinctivement, chacun a saisi un winchester.

Bournac précipitamment glisse des cartouches dans ie sien; Jean complète le chargement de son arme.

— Vous ne chargez donc pas votre fusil, patron ? demande Bournac à Laveau.

Laveau sourit et répondit placidement :

— J'ai toujours l'armement au complet !...

— Prudence ! fit le Gascon.

Jean se réjouit :

— Viens ! Catlia, dit-il. Blottis-toi contre moi !

Il ajouta :

— Nous allons leur jouer un tour de cochons, compléta Bournac.

Cette fois, les branches craquent, les frôlent; les grognements multipliés sont à leurs pieds, les bois cassés, traînés, les feuilles remuées rappellent un déferlement d'eaux furieuses. Les malles et les catouris tremblent sur leur base.

— C'est une audition qui marque dans la vie ! affirme le Gascon.

Ils sont au milieu des cochons. Plusieurs traversent les carbets des Indiens.

Les Winchester partent tout seuls, au jugé, dans le tas, les coups se précipitent; la fusillade crépite, la forêt en vibre dans toutes ses profondeurs. La bande effrayée redouble de vitesse; les bonds deviennent plus formidables; les grognements plus farouches.

Déjà le troupeau est passé, et, dans l'éloignement tous les bruits s'amortissent par degrés. C'est la fin de la tempête; le cyclone roule dans les profondeurs mystérieuses et sombres...

C'est, plus exactement, l'orage en décroissance, le nuage de grêle qui s'éloigne.

Les Indiens se sont levés; ils ont pris leurs arcs et leurs flèches.

— En voilà des carabiniers !... Ils arrivent après la bataille, dit Bournac en riant.

En écoutant les échos de la course furibonde qui s'étouffent, s'éteignent peu à peu. les Indiens comprennent l'événement.

— Nous irons compter les morts, quand il fera jour, fit Laveau.

— Parfaitement ! approuvent les autres.

Et, les nerfs tout à fait calmes, chacun s'endort du sommeil du juste.

## XX

## LE RETOUR AU VILLAGE D'ALISSI

Les Indiens ne font pas de grasse matinée. Avant le jour, ils sont debout. Lorsque Laveau, Bournac et Jean sortent de leurs carbets, une douzaine de Peaux-Rouges, curieux d'explorer les alentours du campement, reviennent pleins de joie. Ils rapportent six cochons... Six victimes de la fusillade dans la nuit sur le troupeau lancé dans un galop vertigineux. Les plaies faites au gibier par les blessures des Winchester sont déjà remplies de fourmis rouges.

— Ce n'est pas de la poudre à moineaux, ça ! remarque fièrement Bournac.

— Il y avait bien six cents cochons, hein ? ajoute-t-il.

— Je ne les ai pas comptés ! affirme Jean.

— Moi non plus ! dit Laveau, mais je vous garantis qu'il y en avait bien plus de mille !

— Qu'importe le nombre ! s'écrie Bournac, la seule chose intéressante, ce sont les réserves de viande qui sont constituées.

— Elles sont tellement considérables, qu'elles vont finir par être encombrantes ! dit Jean.

Laveau émet un avis contraire :

— On en consommera beaucoup pendant les quatre jours qui sont nécessaires pour rejoindre le village d'Alissi.

Pendant qu'on y prépare les collections qui doivent être emportées, les Indiens, toujours aussi enthousiasmés, s'ingénient à procurer quelques surprises agréables. Du gibier nouveau succède au poisson frais, et inversement.

— Tant d'efforts doivent, naturellement, être récompensés, dit Laveau.

— La foire aux puces, crie Bournac procédant déjà à l'installation.

Un Indien s'en approche, il dépose bravement, sans mot dire, deux flèches au curare, aux pieds de Laveau.

— Tu es gentil, lui dit le Patron. Que veux-tu?... Moi aussi je veux t'offrir quelque chose.

L'Indien reste muet. Seulement, du doigt il désigne le bouchon à l'émeri d'une fiole d'eau de Botot. Ce bouchon taillé à facettes, renvoie la lumière, comme un diamant. L'Indien ne le quitte pas des yeux il tremble de ne point l'obtenir.

Laveau saisit le flacon vide qu'il tend à l'Indien. Celui-ci secoue la tête. Sa physionomie s'imprègne d'une grande tristesse. Le Patron, alors, lui tend le bouchon. L'Indien le saisit précipitamment; une seconde plus tard la chose précieuse est attachée à son collier. Il manifeste la joie complète d'être aussi largement payé !...

— Grands enfants ! dit Laveau, tout bas.

L'Indien revient ; il s'enhardit ; il examine l'hammerless de Laveau. Il demande :

— Reviendras-tu ?

— Oui !

— C'est entendu ! affirme Laveau.

— Dans ce cas, il faudra m'en apporter un !

C'est le tour du Tamouchi Arrissaoui. Pour exposer ses désirs, il s'approche de Laveau d'un air mystérieux.

— Je suis, dit-il, le plus grand chef de la région !

— C'est vrai !

— Il faut que je sois distingué parmi les autres.

— C'est exact !... Que te faut-il ?...

— Oh ! peu de chose ! Une chemise... un pantalon, un fusil !...

Laveau n'est pas si riche que cela !

— Je vais, dit-il, d'un air grave, inscrire ta commande sur mon carnet.

Le Tamouchi a confiance, il s'éloigne satisfait.

— Il vivra d'espérance pendant de nombreuses lunes, dit Bournac.

— Les espérances enchantent parfois davantage que la réalité ?

Quelques Trios se rendant dans l'Itany pour leurs petites affaires prennent congé. Ils partent les premiers, emmenant avec eux les chiens qu'ils échangeront contre ce qu'ils trouveront, au petit bonheur.

— C'est un bon débarras que ce chenil, s'écrie le Gascon qui n'aime pas les chiens. Quelles sales bêtes, ajoute-t-il !

— Ils ne t'ont pas fait de mal, dit Jean.

— Pardon, réplique Bournac, je vois bien que notre odeur leur déplait.

Ces chiens sont d'une race difficile à déterminer; maigres, efflanqués, les oreilles droites, le nez pointu, les mâchoires terribles, ce seraient des gardiens de premier ordre.

L'un d'entre eux s'obstine à suivre Laveau, hargneusement, avec une insistance inquiétante; il se risque jusqu'à lui saisir le talon entre ses dents. Laveau, sans mot dire, se retourne et fait feu à bout portant. Le chien tombe.

La chose est grave; l'Indien, propriétaire de l'animal, hurle de toutes ses forces. C'est pour lui un véritable deuil.

— Viens ! lui dit le Patron, je vais te payer.

L'Indien ne verse que plus de larmes. Une compensation, si importante qu'elle soit, est impuissante à calmer son chagrin.

— Qu'est-ce que vous allez bien pouvoir lui

donner pour le consoler, s'inquiète Bournac !
Vous n'avez plus grand'chose.

— Une bagatelle suffira.

Et le dédommagement s'effectue avec une verroterie.

L'Indien tend la main, accepte et sourit. Il n'en
exprime pas moins quelques regrets supplémentaires.

— Ce chien, poursuivait même le tigre !
affirme-t-il.

Laveau réplique :

— Tu en éleveras un autre !

— Je n'en aurai jamais un semblable.

Pour que les contestations finissent, cela coûte
quatre perles supplémentaires.

Le soir même l'Indien trouvait dans le village
un autre chien qu'il voulut dresser sans retard.
Ses procédés, identiques à ses camarades, parurent enfantins à Bournac.

— Allons à la chasse au pécari ! demande
l'Indien.

Ce fut Jean qui tua le premier.

Dès que le pécari fut tombé, l'Indien en souleva
la peau à la naissance de la queue; il en extrait
la poche à musc. Alors, saisissant une plume qu'il
enduisit de cette matière odorante, il prit le nouveau chien, lui introduisit les barbes de la plume
dans les narines; le chien se débattait désespérément, mais son maître ne lâchait pas prise, et les
barbes s'enfonçaient davantage. Il criait :

— Pécari !... Pécari !... Yroupanissa !

— Pécari... Pécari... Amolé, souéye, souéye,
colépsic (tu en arrêteras beaucoup).

Lorsque le foie du gibier fut extrait, il le jeta
en pâture à la bête, remise en liberté.

C'est parce que les chiens sont mauvais qu'ils
sont toujours attachés, la nuit, près des hamacs
ou sous le carbet. Si quelque tigre rôde, ils

aboient... Les Indiens se lèvent, raniment les feus qui écartent le félin.

— Il faut bien convenir aussi, dit Bournac, que si les toutous restaient libres, les fauves en consommeraient plus qu'un évêque en bénirait !

Il n'y a d'ailleurs pas que les chiens qui dénoncent le voisinage des tigres. Les oiseaux sauvages apprivoisés en font autant.

Les rôdeurs de la forêt, dans les ténèbres, en veulent plus particulièrement aux volailles : voici le coumachi, sorte de renard gris-noir, à queue touffue, et qui répand une odeur forte : voilà le pian, gros furet nauséabond qui saigne des multitudes d'oiseaux.

Les hoccos privés et les perroquets volent sur les plus hautes branches; les poules et les coqs blancs, qu'on n'élève pas pour leur chair, mais pour leurs plumes, frémissent, enfermés au fond de leurs silos sous une espèce de lourde trappe sur laquelle pèse une roche. Les uns et les autres acceptent le dur esclavage auxquels ils sont soumis ; plumés vivants à chaque fête et remis tout nus en circulation, ils n'ont pas l'idée de retrouver l'indépendance qui leur donnerait moins de sécurité, mais certainement plus de plaisir.

— Il en est des bêtes comme des gens ! dit Laveau. Certaines ne vivent heureuses que dans l'asservissement.

## XXI

## DANS LA CRIQUE CHIMI-CHIMI

Alissi n'est pas encore fatigué.

— Je descendrai le Yari avec vous, dit-il, à Laveau qui en est fort satisfait.

Cette fois, la caravane est réduite à une simple expression.

Elle n'est plus vivante comme autrefois; chacun est retourné dans son village.

— Nous passerons le confluent du Yari avec le Mapaony, puis nous installerons un carbet pour abriter deux catouris de farine de manioc, projette Laveau.

Ces deux catouris constitueront les provisions qui seront prises au retour, en même temps que les collections composées chez les Trios, les Oupourouis, au village d'Alissi et dans quelques autres lieux encore.

Alissi est un homme sérieux. Il a cinquante ans, quatre femmes, des peïtos qui lui obéissent très bien, qui l'aiment et le respectent.

Le Patron ajoute :

— Trois grandes criques prennent leurs sources, présume-t-on dans la chaîne d'Eureupoucignes, qui établit le partage des eaux du Marouini, de l'Aroua et du Camopi, affluent de l'Oyapock. Nous en effectuerons un levé minutieux.

Le premier village rencontré sur la rive droite du Yari, dans la crique Chimi-Chimi, est celui du Tamouchi Aca.

— Il en existe d'autres, remarque Alissi, mais ils sont moins importants.

Le village d'Aca est à une journée du confluent

de la crique Chimi-Chimi et du Yari. Il est bien approvisionné, confortable.

Comme beaucoup de chefs indiens, Aca est un piaye réputé. Il a du savoir-vivre, de la prévenance. Pour recevoir ses hôtes, il apporte des noix du Brésil communes dans ces parages; on en retire l'huile d'amandes douces.

Comment séjourner quelque part sans se livrer à d'inévitables parties de chasse.

— Il y a, par ici, des moulouelmeu, dit Aca. Nous en tuerons.

— Qu'est-ce que c'est, interroge Laveau.

Aca lui explique que c'est un tatou d'une espèce énorme.

La première victime fut, en effet, un tatou monstre, pesant au moins 80 kilogrammes.

— C'est dommage, constate le patron, que nous ne puissions en emporter un semblable vivant, au Muséum d'Histoire Naturelle. Il ferait la joie de M. Edmond Perrier.

Les Indiens préfèrent, eux, le gros tatou, mort plutôt que vivant, car ils en prisent fort la chair rouge, appétissante.

— Quel malheur qu'on ne puisse manger cette viande que bouillie au piment, et sans sel ! s'écrie Bournac dont les appétits gastronomiques se réveillent sans doute.

Ce moulouelmeu, avec sa carapace épaisse, ses pattes de devant d'une extraordinaire puissance, ses griffes comme des pics, est complètement inoffensif.

— En tout cas, il offense la vue à cause de sa laideur, dit le Gascon.

— C'est un prodigieux remueur de terre, dit Aca. Il creuse dans la terre des trous énormes dans lesquels il se retranche, et des souterrains par lesquels il échappe à la poursuite.

— J'en dégusterai tout de même une belle tranche, dit Bournac.

— Moi, dit le Patron, je m'empare des griffes pour en faire des reliques !

Devant ce pot-au-feu particulier, Bournac reste pourtant mélancolique. Il a la fièvre, Jean l'a aussi.

— Le pot-au-feu de tatou ne remplace pas la quinine et le calomel ! affirme Laveau, malade aussi.

— J'ai peur qu'il y ait du tatou pour long-temps ! gémit Jean.

— Ce n'est pas pourtant le moment d'être malade ! dit le Patron. Nous ne sommes pas au but. Etre malades, c'est nous exposer à rester pen-dant de longs jours pensionnaires du village d'Aca.

— Le temps de repos est du temps de perdu, évidemment observe Jean.

— Il en faut, cependant, constate Bournac.

Une demi-semaine suffit à apporter une certaine amélioration dans l'état de chacun. Le pauvre Jean, lui, a des accès de plus en plus pénibles.

— Il ne pourra nous suivre, dit Laveau. Il res-tera ici.

— Rester ici, tandis que vous marcherez ! s'écria le jeune homme. Jamais !

— Pourquoi pas ? dit Laveau. Est-ce que tu per-dras ton temps pour cette raison ?... Tout loisir doit servir à ton perfectionnement dans l'étude des dialectes indiens !

— C'est vrai ! dit Jean.

Cependant, le Tamouchi Aca et quelques peïtos pagayent avec ardeur.

— Il semble qu'on n'avance pas. Le courant de la crique est terrible. On n'ira pas loin avec les piro-gues, dit Aca.

— Nous sommes à la limite de la partie navigable de la crique, dit Bournac.

— Cette partie navigable va-t-elle encore plus loin ? interroge Laveau.

— Nous atteindrons tout de même ainsi le village de mon père, dit Aca.

C'est un beau village, nouvellement construit.

L'abatis est encore vierge de tout rapport.

— Si nous constituons des approvisionnements ici, remarque Laveau, ce sera sur nos réserves.

— Nous irons plus loin, affirme Aca. C'est dur, mais non impossible !

On trouve un canot supplémentaire et le travail de galérien continue. Il dure encore sept jours.

— La crique Chimi-Chimi, dit Aca, se rapproche de la crique Pilipi, affluent du Mapaony.

— Les sources de l'une sont-elles loin des sources de l'autre ? demande Laveau.

Il acquiert la certitude que la séparation est de quelques kilomètres.

A ce moment, il regarde sa boussole :

— La direction, est exactement, nord, un quart ouest ! dit-il.

— Dressons ici, nos carbets, dit Aca en s'arrêtant.

Il affirma :

— Si nous montons davantage, nous ne trouverons plus rien... Pas une habitation, pas un Indien !

— Cette perspective manque de charme ! s'écrie Bournac.

Rien que la forêt exubérante avec ses lianes, ses orchidées, ses senteurs, ses essences d'arbres gigantesques, ses singes, depuis le mignon ouistiti, le minuscule sapajou, jusqu'aux énormes coattas, c'est du connu ! c'est tellement connu que cela ne tente plus personne.

Tout en se livrant à des réflexions mélancoliques, Laveau et Bournac s'amusent à regarder les ouistitis et les sapajous qui jouent sur les rives, et mangent, avec gourmandise, des graines de pois sucrés. Gros comme le poing, ils dressent leurs oreilles pointues, relèvent un petit bout de museau jaune et noir, et s'en vont aux arbres bien-aimés.

— Il fut un temps où nous les eussions tués, avec plaisir, remarque le Gascon.

— Oui, répondit Laveau, nous finissons par être blasés.

— L'habitude nous inspire des sentiments pacifiques !

On chemine le sac au dos. Les sauts sont de plus en plus fréquents. On n'aurait pas de l'eau jusqu'aux genoux.

Il faut redescendre. On ne musarde pas.

Jean va beaucoup mieux.

— J'ai, dit-il, recueilli jusqu'à ce jour, plus de dix-huit cent phrases !

» Mon vocabulaire contient plus de 4.000 mots. J'en suis aux conjugaisons de verbes.

— Je l'avais bien dit ! affirme Bournac d'un air entendu.

Laveau est plein d'admiration.

— Je te félicite de ta patience et de ta bonne volonté ! s'écrie-t-il, en embrassant son fils sous l'œil étonné d'Aca.

Aca est désireux qu'on apprenne son histoire et celle de ses ancêtres. Cela l'intéresse plus que la constitution du vocabulaire.

Il raconte ce que son père lui a raconté, concernant les luttes terribles d'autrefois avec les Trios, les Aplaïs, les Oupourouis. Combien de Rouyennes furent exterminés !

Il n'a rien vu de ses yeux; mais il entrevoit mille horreurs à travers le prisme de son imagination. Il en gémit. Ses ancêtres croyaient que la fin du monde les menaçait. Lui-même pendant d'innombrables lunes en fut persuadé. Il n'en était rien. La paix qui s'est faite, persiste; mais si les tribus sont restées voisines, elles demeurent sans relations amicales. Il n'y a que de la complaisance, motivée par les nécessités.

— Voilà pourquoi, dit Aca, mélancoliquement, les nôtres préfèrent vivre dans les petites criques... Les grandes sont trop peuplées... Dans les petites on est bien plus tranquille pour la chasse et la pêche.

— Aca, observe Jean, est un philosophe dans le genre de Florian; il a appris sans le savoir la moralité d'une fable : « Pour vivre heureux, vivons cachés ! »

— Combien de gens parmi les nations dites civilisées, apprécieront la sagesse d'Aca ? demande Laveau.

— Cela n'empêche que le bonheur éprouvé à ses côtés commence à me peser ! déclare Bournac.

## XXII

## DANS LA CRIQUE COUROUAPI

Les constatations relatives à l'équipement sont de plus en plus douloureuses. Les vêtements les plus solides finissent par s'user, les chaussures les plus résistantes, à la longue, perdent leurs semelles.

Bournac jette un coup d'œil chagrin sur ses souliers :

— Ce qu'ils bâillent, dit-il, ils sont fatigués... Ils n'en veulent plus.

C'est une façon indirecte d'attirer l'attention sur sa lassitude.

— Pauvre Bournac ! dit Laveau, depuis des mois, il raccommode et rapièce !

Le Gascon s'écrie :

— A force de recoudre, j'ai même composé pour vous et pour Jean des chaussures d'arlequin !

— Le fait est que les morceaux en sont des plus hétéroclites !

— La vérité ne donne pas la qualité ! proclame Jean.

— Eh bien ! dit Bournac, en dépit de mes aiguilles et du fil de comou, nous marcherons sur la Sainte-Ecriture !... J'en demande pardon à Dieu par avance !

— Nécessité est mère d'industrie ! Nous trouverons quelque chose qui servira à des travaux de cordonnerie !

Bournac se frappe le front, il a une idée.

— Si, par les sels chimiques qui nous restent, demande-t-il, on traitait une ou deux peaux de maïpouris ?

Justement, ces bêtes viennent d'être tuées et les

peaux épaisses d'un doigt, sont étendues sur le sol.

— Ce n'est pas si bête, reconnaît Laveau.

Jean voudrait que l'on chaussât Catlia. Mais Catlia qui a compris proteste. Elle préfère marcher à la mode des ancêtres.

Bournac se met au labeur. Evidemment, un tanneur n'y pourrait prendre une leçon ! Au bout de quelques jours, à coup de couteau, on taille dans les peaux des espèces de chaussons. Bournac adapte les différents morceaux par de solides coutures; avec ce qui reste, il ménage à ses compagnons et à lui de savantes bandes molletières.

— Avec ça ! affirme-t-il, nous défierons les serpents !

Si inventif que soit le génie, il ne crée pas toujours, forcément, quelque chose d'élégant; mais pourvu que ce quelque chose soit commode, c'est tout ce qu'il faut.

Bournac est content de lui. Laveau et Jean lui adressent leurs félicitations.

— Est-ce qu'on ne croirait pas des chasseurs alpins ? demande le Gascon fièrement. Il y en a beaucoup qui voudraient être à notre place !

En faut-il davantage pour provoquer la naissance de nouveaux projets ?

— On ira plus loin !

— Cela va permettre de tenir !

— On gagnera les villages Oupourouis et Roucouyennes de la crique Courouapi !

— Je vous y conduirai ! déclare Aca.

Il ajoute, sans doute pour tenter les amis davantage :

— Il y a là un Tamouchi qui s'appelle Ouéli. Il a vu dans son jeune âge le docteur Crevaux et Apatou !

— Je le sais, répond Laveau. Même qu'à cette époque Ouéli habitait avec son père sur les rives du Yari. Le père lui-même avait servi de guide !

— Parfaitement confirme Aca.

Bournac, tout ragaillardi par son équipement modern-style s'écrie :

— Tant mieux ! Nous serons presque en pays de connaissance.

— Ouéli sera votre ami ! confirme Aca.

Il ne faut que deux jours pour rencontrer le tamouchi.

Dès l'arrivée, intrigué, il sort de son carbet et s'avance à la rencontre des visiteurs. C'est un beau vieillard de soixante-dix ans. De loin, il tend la main; ce qu'il offre c'est son étreinte; c'est bien la première fois qu'un Tamouchi en fait autant.

Bournac objecte :

— Je croyais que c'était pour nous mendier quelque chose.

Ouéli éprouve un vague besoin de justifier cette attitude :

— Souala inélé, mouché mazo chicapoui you Tamou.

(C'est ainsi que Mouché Mazo a fait à mon père.)

Mouché Mazo ?... C'est du docteur Crevaux qu'il s'agit. Laveau, Bournac et Jean serrent donc la main d'Ouéli, et Bournac constate qu'il a dû en avoir bien du plaisir, s'il a mesuré le degré d'estime qu'on lui portait, à sa pression à lui.

On parcourt le village. Ouéli chemine à côté de Laveau. Il boite. Un arbre, en tombant, lui a jadis cassé la jambe. Mais il a déjà oublié l'accident ! Ne vaut-il pas mieux parler de Mouché Mazo ?...

Les souvenirs d'Ouéli remontent à l'année 1876. A cette époque, le Chef indien était jeune; les impressions de sa rencontre avec Crevaux se sont gravées profondément dans sa mémoire.

— Crevaux ! murmure Laveau, à part lui, tout songeur. C'était hier, et cependant, comme cela paraît loin !

— Tout coule au fil de l'heure, dans la crique Courouapi comme sur les grands boulevards de Paris ! affirme gaiement le Gascon.

— Le boulevard !... Mais c'en est un que nous suivons ! dit Laveau.

Ils viennent de quitter le village d'Ouéli, ils suivent une allée montante, ombreuse, large et propre, de cinq cents mètres et qui conduit au dégrad de la crique. En se retournant, ils découvrent là-haut, sur le mamelon, les habitations qui le couronnent. Les cases nombreuses, confortables, bien tenues ont un air de gaîté.

— Retournons, dit Ouéli.

— Bien, répondent les autres.

De nouveau ils sont au centre. Les femmes apportent avec précipitation les grandes marmites ou bouillent les singes, du tatou et de la biche.

— Nous allons manger ! dit le Tamouchi.

Ouéli, par avance, avait donné des ordres.

Il commande encore :

— Oli enopke cachiri sacoura (faites du Cachiri).

— Ah ! ça, Patron, ce n'est pas de refus, dit Bournac. Il y a longtemps que nous n'en avons bu. Le cachiri tuera le cafard !

Laveau est bien aise. Jean aussi. Tous en ont l'eau à la bouche.

Ouéli, pendant ce temps, appelle ses deux fils qui accourent, sous leurs parures superbes et portant leurs arcs et leurs flèches. Il appelle ses femmes, elles arrivent.

— Je vous présente ma famille, dit-il.

Les Indiens examinent les armes des voyageurs. Ouéli y est particulièrement attentif; quand il les a bien tournées et retournées, entre ses mains, sans dire un seul mot, il s'en va... Mais bientôt, il revient, muni, lui aussi d'un fusil. Oh ! ce n'est point un fusil ultra-moderne ! C'est un vieux fusil à piston.

Ouéli prononce :

— Mouché Mazo !

Il ajoute d'un air triste :

— Couroupara m'a caracouli... aoimpo oupac.

(Pas de poudre !... Pas de capsules !...)

C'est la demande sous la forme indirecte. Mais comment y satisfaire ?

Laveau voudrait bien détourner la conversation. Mais cela n'est point facile.

Ouéli prend une mine désespérée. Il expose longuement que cette arme magnifique, offerte à son père par Crevaux, en échange de bons services, lui est complètement inutile... Il offre à Laveau de la changer contre son hamerless.

Le Patron, évidemment, n'est pas empressé.

Ouéli se recueille un moment, puis il déclare, avec un air accent de sentimentalité profonde :

— Camanpora you, iroupa mon palélé !

— Ce sera pour moi bon souvenir !

— J'en suis sûr ! affirme Laveau.

Toutefois, ce motif est insuffisant pour le décider.

— Faites mine de ne pas entendre ! conseille Bournac.

Mais l'Indien est patient et tenace; il insiste. Il faut lui dire oui ou non.

Laveau s'en tire à sa façon :

— Comme tu l'as, dit-il, à Ouéli, depuis beaucoup de lunes : pour en avoir un autre bien plus beau tu attendras quelques lunes encore !...

Ouéli réfléchit un instant :

— C'est vrai, dit-il.

Il comprend alors qu'il aurait mauvaise grâce à insister.

Ouéli, de tous les Tamouchis rencontrés, est certainement de beaucoup, le plus fin, le plus intelligent. La mobilité de son esprit le fait passer à un autre sujet. Il veut savoir comment on confectionne des cartouches, il veut ensuite examiner en détail les produits pharmaceutiques. Ces exigences sont satisfaites; mais ce ne sont pas les dernières car il regarde béatement le pantalon de Laveau :

— Je veux le mettre ! affirme-t-il...

— Ce n'est pas nécessaire ! répond Laveau.

— C'est nécessaire !... Je veux le mettre !... pas longtemps... seulement pour voir.

— Allons ! prêtez-le lui !... conseille Bournac.

— Mais je n'en ai pas de rechange !...

— Qu'est-ce que cela fait ?...

Laveau cède. Il va se déshabiller.

— Attends ! dit-il.

La poitrine d'Ouéli se gonfle d'orgueil. Un instant, aux yeux des Indiens, il va se trouver, par le costume l'égal des blancs !... Son prestige y gagnera.

— C'est bien ! pense le Patron. Je sais à présent tout ce que j'obtiendrai avec un cadeau de ce genre.

Evidemment il aura besoin d'Ouéli et de ses peïtos, pour remonter jusqu'à la source de la crique Courouapi ! L'avenir ne doit jamais être perdu de vue, non plus que les moyens de l'arranger selon les intérêts du moment

Ouéli a le pantalon. Il se promène. Laveau caché dans la verdure, attend qu'il plaise au Tamouchi de revenir pour lui rendre son bien.

Ouéli revient. Laveau lui dit :

— Nous voulons remonter le plus haut possible, car, les sources du Courouapi, on pourrait, en traversant la chaîne de montagnes, qui est probablement la ligne de partage des eaux, toucher aux têtes de criques du Marouini, ce qui nous gratifierait d'un raccourci énorme pour regagner l'intérieur, au lieu de passer soit par le sentier de Coulé-Coulé, soit par celui de Chimi-Chimi. Voudras-tu venir avec nous ?

Pendant ce discours, le Tamouchi prend à Laveau sa chemise et son pyjama. Le voilà vêtu de la tête aux pieds.

— C'est convenu ! affirme Ouéli.

— Comme nos fièvres vont mieux, dit Laveau, nous partirons le plus tôt possible.

Les Indiens qui s'étaient rangés en cercle autour des interlocuteurs, opposent de la résistance à ce projet.

— Non, on ne part pas sans avoir fait ici une grande chasse avec vous !

Ils veulent voir à tout prix comment les fusils des blancs tuent les singes.

— Que votre volonté soit faite ! murmure Bournac.

Il est évidemment utile de contenter les Indiens; leur estomac s'en trouvera bien, car la cuisine sera amplement pourvue.

Une partie de chasse ne me tente cependant pas, dit Laveau.

— Vous resterez au village ! appuie Bournac.

— Moi aussi, s'écrie Ouéli.

L'Indien pense qu'en fouillant dans les malles, peut-être trouvera-t-on pour lui le pyjama rêvé, le pantalon convoité, la casquette enviée.

— Nous vous suppléerons ! disent Bournac et Jean. Vingt Indiens se présentent pour les accompagner; pas une meute ne pourrait rivaliser avec eux.

L'Indien avec sa gorge, imite le cri de tous les animaux, dans la perfection. Les animaux eux-mêmes s'y méprennent. Il appelle la femelle du singe en simulant le mâle; elle répond, vient, s'approche. Alors ! Malheur à elle ! La flèche de l'Indien caché part, la proie tombe. Mais, cette fois, on laissera ses armes dans les carbets. Les braves Roucouyennes dont la vue est si perçante, si développée, montretront les proies.

Ils verront alors qu'une balle vaut bien une flèche ! affirme Bournac.

Le soir, toute la troupe revient chargée... très chargée ! Bournac, pour sa part, a abattu neuf caottas. Jean en a abattu cinq... sans parler des dindes sauvages, les agamis et autres oiseaux.

Les Indiens sont émerveillés. Ils ne sentent pas le fardeau sous lequel ils ploient. Il leur semble léger.

Mais quel piteux état que celui de Bournac et de Jean ! Les pauvres amis ont les figures écorchées, enflammées violemment; ils sont tombés le nez dans les essaims de mouches du maraké; leurs vêtements sont en lambeaux, les chaussures de peau de maïpouri, détrempées, fermentent et puent horiblement.

— On n'a pas idée d'une saleté pareille ! affirme Bournac qui montre ses pieds meurtris.

— Les miens sont en pâté de foie ! appuie Jean qui n'en peut plus.

Cependant ils rient. Ils sont contents. N'est-ce pas l'essentiel ?

— J'espère, dit Laveau, que cette expédition a calmé en vous la passion du chasseur !

— Oui ! mais nous avons pris un rendez-vous pour le soir avec les Indiens !

— On ne va pas à la chasse la nuit !

— Bien sûr ! s'écrie Bournac, mais c'est le soir qu'on chante au concert !

— Au concert ?

— Evidemment, nous voulons faire entendre, aux Tumuc-Hamac les voix françaises, la musique française, dit le Gascon. Les indigènes vont être babas, car cela ne ressemblera point aux voix des cinq guerriers Piaye-Trios ni à la musique de leurs mélopées.

A l'heure fixée, tout le village est à la porte du carbet des blancs. Les femmes elles-mêmes qui ne sortent jamais, sont accourues avec leurs enfants.

Les artistes improvisés ont un succès extraordinaire.

Catlia frémit de plaisir.

— Quant à la recette, elle est maigre, malgré tout, Patron ! dit Bournac.

Le succès a grisé le Gascon, il juge qu'il est de son intérêt d'entretenir la voix de ténor qu'il s'est découverte.

— Nous recommencerons ! affirme-t-il.

Laveau qui ne veut pas le contrarier lui dit :

— En effet, vous chantez mieux que vous ne chantiez à bord du paquebot *Vénézuéla* en 1913, lorsque le compositeur Maxime Guiton vous accompagnait ! Vous saviez captiver l'amour de toutes les femmes; les jolies passagères pour la Guyane étaient heureuses de vous entendre ; les plus charmantes Indiennes ne le sont pas moins.

— Et puis, Patron, ici mieux qu'ailleurs je fais école ! Ecoutez !

Les jeunes Indiens circulant dans l'abatis s'essayaient à des modulations, à des roucoulades, dont l'exécution démontre, *ex-abrupto*, qu'on trouverait des artistes chez les Roucouyennes tout aussi bien que l'on en trouve chez nous.

— Cela tend à prouver que l'art théâtral est le dernier des arts ! dit Laveau.

Ouéli s'inquiète toujours de sa toilette. Le Patron lui a découvert : pyjama, pantalon, casquette à ponts !

— Il ne nous rappelle que de fort loin Montmartre, Barbès, ou la Chapelle, dit Laveau, mais il n'en a pas moins une physionomie caractéristique et fort réussie.

— Et l'on répète que l'habit ne fait pas le moine !...

Ouéli, certes, n'est pas moine, il n'est pas apache non plus; c'est un brave Tamouchi, qui se promène en musique. Les voix de basse, qui, en général, ne sont pas sans charme, vibrent dans la forêt à chacune de ses enjambées. Il a l'illusion d'habiter un monde nouveau.

Ce sont là de bien innocentes distractions ! Mais elles ne peuvent durer qu'un moment. La distraction est déjà devenue une véritable scie. Pour ne plus rien voir, ni rien entendre, Laveau s'en va sous son carbet et se couche dans son hamac.

# XXIII

## LE RETOUR

— Ouéli est payé, dit Laveau.

— Alors, nous allons aux sources de la crique Courouapi ? demande Jean.

— Et nous emportons des vivres pour quinze jours ?

Au-dessus du village d'Ouéli, à trois jours, le Courouapi se divise en deux branches.

— Quelle direction prenons-nous ? demande Bournac.

Laveau répond :

— La branche droite vient de la direction Nord-Ouest, elle est la moins importante; la branche gauche qui vient de l'Est a un débit d'eau plus considérable.

— C'est donc celle-ci que nous suivrons, fit Jean.

— Parfaitement !

Pendant sept jours, on remonte un courant extrêmement rapide qui dénote des sources abondantes et des montagnes d'une hauteur assez considérable.

Comme partout, on chemine de chute en chute, de saut en saut; des arbres tombés barrent le cours d'eau; on coupe les lianes; les canots se remplissent d'une multitude d'insectes, déjà nommés, parmi lesquels en abondance figure l'araignée-crabe. Et cela ne manque point d'être assez désagréable.

Le balata, là, comme partout, est florissant et commun. Les chasses se répètent faciles, fructueuses. La pêche aussi.

Le haut de la crique n'est pas habité; les sources sont situées également dans la chaîne des Eureupoucignes.

— La fatigue m'accable plus vite qu'autrefois, remarque Bournac.

— C'est anémique, conclut Laveau. Accélérons, ajoute-t-il.

On ne fait que passer, puis on revient au village d'Ouéli. On s'y prépare pour aller avec les peïtos du Tamouchi, le Tamouchi lui-même et son frère, jusqu'à la crique Kouc, en descendant tout d'abord le Yari, dont la crique est une branche fort importante. On la remontera ensuite.

— Les Indiens d'Ouéli sont en relations avec ses habitants, les Oyampis, de race Tupi, fixés aux sources, dit Laveau.

Un intérêt considérable s'attache à ce voyage.

— Le cours de la crique Kouc n'est que figuré sur nos cartes; personne encore, jusqu'à ce jour, n'a visité la tribu de cette région, dit le Patron. C'est toujours à l'attrait de l'inconnu que l'on obéit volontiers.

— Si on arrive, remarque Jean, nous aurons traversé les Eureupoucignes; sur le versant Sud-Est de cette chaîne de montagnes, nous découvrirons les têtes de sources de l'Aruoua, cours d'eau qui se jette dans l'Aoua, près des villages Bonis. Sur le versant sud, nous trouverons les sources du Camopi, affluent de l'Oyapock.

— Si le but est atteint, complète Laveau, ce ne sera pas la partie la moins importante de ce long voyage qui s'éternise depuis deux années.

— Je le crois ! s'écrie Bournac.

— Pour le retour, descendrons-nous l'Aoua ou le Camopi, afin de rejoindre l'Oyapock ? interroge le jeune homme.

— Ce serait bien plus court, répond Laveau. Cela abrégerait les privations et les fatigues !

— C'est nécessaire. affirma Bournac !... Plus de
chaussures !...

Celles en peau de tapir étaient si nauséabondes,
qu'il a fallu les abandonner pour marcher à la
mode indienne.

— C'est une dure habitude à prendre, constate
Bournac, mais sans amertume.

A la fin du jour, endolori et meurtri, il ne peut
s'endormir dans son hamac, auprès de ses amis
aussi mal en point que lui.

Laveau n'est pas pour la simplification de
l'effort, et pour la moindre souffrance. Il a la foi
robuste qui fait dédaigner le martyre et choisir
l'apostolat.

— Nous serons peut-être récompensés après
notre mort ! dit Bournac.

— Avant ou après, cela n'a pas d'importance,
pourvu qu'on arrive !

Ouéli assure que les Oyampis sont très nombreux. On caresse l'espoir de rencontrer chez eux,
d'appréciables collections ethnographiques.

— En tout cas, ce sera pour nous l'occasion de
nous initier quelque peu à la langue Tupi ! dit
Laveau.

Bournac et Jean sont les plus fatigués. Ils sou-
haitent de plus en plus ardemment, à mesure que
les jours passent, l'heure du retour. Laveau mul-
tiplie ses efforts pour les encourager.

— Allons, leur dit-il, encore un effort ! C'est
notre dernière randonnée sérieuse. Ensuite, nous
reprendrons la route de France. Vous savez bien
qu'il est toujours facile de revenir ! Nous repasse-
rons sans encombre, ensuite, par les lieux qui
nous sont familiers. Tout ira bien !

— Oui, répond Bournac, je connais l'allure des
chevaux qui regagnent l'écurie.

Les braves compagnons ont un excellent caractère; leur moral se remonte aussi aisément qu'une

horloge. Ils sont pleins de bonne volonté et le désir de réussir, en eux, ne s'éteint jamais complétement.

Avec les peïtos, ils préparent les canots et les vivres qu'ils embarquent. C'est le départ, une fois de plus. Au fil de l'eau du Courouapi, affluent du Yari; tout va bien.

— Pagayez !... vite ! plus vite encore !

— C'est bien !

— C'est autant de temps de gagné !

— C'est un moyen comme les autres de diminuer le temps de la fièvre.

Les Indiens sont si heureux de s'en aller chez les Oyampis, pour échanger contre les hamacs et les chiens, les verroteries reçues en paiement, qu'ils satisfont, avec un louable empressement, aux moindres désirs. Et puis, eux aussi sont pressés d'arriver; les Oyampis sont pauvres; ils ne connaissent ni Européens, ni Brésiliens; ils ont rarement l'occasion d'avoir de jolies choses... Les marchés n'en seront que plus faciles; la concurrence étant supprimée, le nombre des hamacs, des chiens, des arcs, des flèches sera tout à leur avantage. Pour peu de chose ils en rapporteront des trésors.

— Le mercantilisme semble faire partie intégrante de l'âme humaine, puisqu'il se développe cyniquement ailleurs que dans notre société civilisée ! dit le Patron.

— Voici déjà le confluent de la crique Courouapi et du Yari ! proclame-t-il ensuite.

On s'engage sur le Yari.

Après deux jours, c'est le confluent de la crique Couyati.

— Cette crique, affirme Ouéli, n'étant pas habitée autrement que par des bêtes sauvages, ne présente pas d'intérêt. Si la curiosité nous y entraînait, nous n'y trouverions aucune ressource.

— Ne risquons pas d'efforts en pure perte !...

— Inutile de donner un coup de sabre dans l'eau !...

Jean et Bournac en sont à souffrir du moindre effort.

Encore un coup de canotage, et ce sera le mariage de la crique Kouc avec le Yari.

— Vois ! dit Catlia à Jean, je suis brave !... Je ne parle pas, je marche.

Le fait est que la pauvre petite ne se plaint jamais.

Le Yari dessine une grande courbe pour atteindre l'embouchure de la crique : cette sinuosité formidable allonge considérablement la route.

— De douze heures environ, dit Laveau.

— Alors, quittons les pirogues ! crie Bournac.

— C'est cela, allons à pied ! nous gagnerons plus de onze heures ! dit Jean.

— Quand nous aurons bouclé la boucle, mes amis, nous préparerons le campement, promet Laveau.

Bournac et Jean sur leur canot sont en avant. Ils mettent donc pied à terre les premiers.

— Regarde donc ! crie Bournac.

Deux énormes serpents enroulés sur le sable, confondus et mêlés, collés peau à peau, n'en faisaient plus qu'un.

— Feu ensemble !

Les grains de plomb d'une charge de demi-zéro, touchent au but. Les reptiles ont des soubres se détendent, s'allongent, se désenlacent. Ils sont morts.

Les Indiens, au bruit des détonations, accélèrent leur marche. Ils sont, à leur tour, au dégrad et poussent des cris de joie. Leur satisfaction est extrême devant les proies étendues.

— Que vont-il en faire ? s'inquiète Jean.

Ils les saisissent, les dépouillent avec une

adresse, une dextérité digne de tous éloges, découpent les longs morceaux qu'ils attachent en paquets avec les lianes.

Le soir, aux lieux propices, ils suspendent cet apât, grillé au préalable sur des braises. Les gros poissons gourmands et voraces s'approchent, bondissant hors de l'onde, pour attraper les miettes du festin... Les Indiens embusqués, guettent la scène, bandent leurs arcs, décochent des flèches, atteignent au ventre ces gros poissons qui plongent mais que la flèche fixée en leurs chairs empêche de descendre au fond. Les plumes et les extrémités du bambou, à la surface, laissent des stries que suivent les pêcheurs. Les proies tôt repêchées, n'échappent pas. Ils les rapporteront au carbet. La cuisine se fera.

— Si le pauvre Doreau était ici ! dit Bournac.

Les Indiens se soucient bien du cuisinier. Toute la nuit ils mangent.

— Pour des goinfres, ce sont des goinfres ! déclare le Gascon.

— Il est vrai, observe Jean, qu'ils ont l'estomac complaisant.

— Demain, ils auront le ventre enflé, assure Laveau. Leur disposition au travail diminuera, en même temps que leur aptitude.

— Encore du retard ! gémit Bournac.

Laveau répond :

— Nous ne sommes pas obligés de prendre le rapide ou le paquebot, l'heure ni le jour ne font rien à quiconque vit dans la forêt vierge ; laissez donc aux Indiens le temps nécessaire pour digérer en paix.

Laveau s'est mis au travail.

— Que fais-tu père ? demande Jean.

— Rien, je dissèque les têtes de serpents... Il n'y a pas de crochets ! cette particularité semble indiquer que c'étaient des reptiles aquatiques,

ichtyophages. Et comme c'est le premier spéci-
men de ce genre qu'il nous est donné de rencontrer, Bournac préparera les peaux afin de les
emporter en France. Il pourra ainsi offrir à
Marie des ceintures magnifiques et rares.

— Merci pour elle ! répondit le Gascon.

Ouéli, lui aussi, est heureux de ce repos
imprévu.

— Il ne nous faut qu'une demi-lune — quinze
jours environ — dit-il, pour être chez les
Oyampis !

— Une demi-lune ! à présent ça représente dix
ans, pour moi ! grogna Bournac.

Les gens heureux sont ceux pour qui le temps
n'existe pas !... Après une demi-lune, une autre
demi-lune... A quoi bon les totaliser, les traduire
en des chiffres qui donnent plus exactement la
mesure du temps et nous font croire que nous
sommes, déjà vieux, alors que notre cœur est
encore jeune, ce qui nous empêche de savourer
pleinement les avantages et les beautés de la vie !

Laveau voudrait pénétrer Bournac de cette philosophie. Mais l'esprit du Gascon semble être pour
toujours devenu réfractaire.

— Le boulevard ! vivement le boulevard !
crie-t-il.

— Est-il fou ? demande Ouéli à Laveau.

## XXIV

### MOUROUSSIOUTOU

— Un jour de canotage, et nous sommes chez
le Yatopolé ! annonce Laveau.

— Le Yatopolé, c'est Mouroussioutou ! précise
Ouéli.

Laveau en sait davantage ;

— Mouroussioutou, tout en étant le nom du
Yatopolé, est également celui d'une espèce de
palmier, en langue Tupi.

— Drôle d'idée de se donner des noms comme
ça ! grinche le Gascon.

— Les Indiens, pour se désigner, ne se donnent pas, et pour cause, les noms des saints du
calendrier. Ceux des plantes, des fleurs, des tortues, des serpents, des perdrix, des perroquets, et
autres variétés d'animaux, leur suffisent amplement.

— Si ça leur plait !

Le village est très important ; il comprend
trente grands pacolos. Les habitudes n'y sont
point les mêmes que chez les Roucouyennes.
Aussi n'offre-t-on aucun cigare. On apporte, pourtant, le piment bouilli et la cassave ; des ignames
écrasées, en guise de boisson ; c'est un demi-
liquide ; une sorte de purée, couleur lie de vin,
servie dans de grandes calebasses. C'est peu appétissant.

— Cette pâtée ne serait même pas bonne à
engraisser les dindes ! proclame Bournac.

Vues photographiques, croquis, mensurations,
vocabulaires tout va de pair. On ne perd pas son
temps, précieux en réalité, quoi qu'on puisse en
penser. Les santés, en effet, sont de plus en plus

chancelantes. Plusieurs jours sont pourtant nécessaires pour atteindre le point final.

Le Yatopolé Mouroussioutou, dont le pacolo est au centre du village, est très satisfait de la visite inattendue qu'il reçoit. Tous ses hommes manifestent la plus grande prévenance : ils ont soin que la cassave soit toujours fraîche ; le matin, ils apportent aux amis, des napis, des bananes...

Les peïtos sont privilégiés. Les meilleurs ont deux femmes : ils sont les égaux des fils de Mouroussioutou pareillement bigames ; le Yatopolé lui, est plus particulièrement avantagé : trois épouses dévouées s'empressent à ses côtés ; celle-ci pour y dormir, celle-là pour fabriquer des hamacs, l'autre pour l'accompagner et porter le catouri.

Si Mouroussioutou est poli, Laveau a le plus grand soin de lui rendre ses politesses et de le payer de ses amabilités par une foule de petits cadeaux, insignifiants sans doute pour un Européen, mais très précieux aux yeux d'un Indien ; ces cadeaux ne manqueront pas d'entretenir la plus sensible cordialité dans les relations quotidiennes.

Les Indiens, aussi bien que les Blancs, savent pratiquer la morale de l'intérêt. S'ils ne brillent pas par une intelligence extraordinaire, du moins, ils sont aptes à comprendre ce qu'on se donne la peine de leur expliquer.

— Si je n'ai pas, dit Laveau, au cours de mes longs voyages, rencontré un Peau-Rouge de génie, en revanche, je n'en ai pas vu un seul qui fût idiot, c'est-à-dire qui représentât, au point de vue cérébral, une diminution de race. L'homogénéité semble aussi parfaite que possible.

Cela tient, on le sait, à deux grandes causes : l'usage inconnu du tafia et des maux vénériens. Au surplus, l'Indien ne contraint pas les cellules de son cerveau à un travail très intense, ses prin-

cipales occupations restent primitives, animales-
ques. Boire, manger, dormir. C'est le programme
d'un jour ; c'est le programme d'une vie. L'esprit
n'est point entraîné dans le domaine des spécula-
tions troublantes, soit philosophiques, scientifi-
ques, artistiques, soit simplement dans les spécu-
lations industrielles, commerciales et financières.
Moins que partout ailleurs, le temps n'est jamais
de l'argent.

Ces gens en sont récompensés par la satisfaction
énorme qu'ils trouvent dans l'application des principes du communisme dont ils sont dotés en nais-
sant ; par l'ignorance dans laquelle ils se trouvent
les besoins qui commencent dès que le mode de vie
passe du naturel au social, c'est-à-dire au civilisé ;
par la pratique constante d'une liberté sans
limites, dans l'égalité la plus idéale.

L'Indien se trouve heureux et riche, avec une
femme, son arc, ses flèches, un couteau, un peigne
à poux.

Heureux les gens sans grand idéal !

Le soir, assis sur les colobos, on converse sous
les carbets ; le Yapotolé Mouroussioutou est d'une
intelligence plus vive toutefois que beaucoup de
ses compagnons. Lui aussi, se souvient des histoires guerrières que lui ont contées ses aïeux ;
elles ont pour objet des luttes épiques avec les
Roucouyennes. Nul n'y a trouvé un avantage
quelconque, et ces peuples primitifs, instruits par
la leçon des choses et des événements sont devenus
absolument pacifiques, amoureux de la solitude,
de la tranquillité.

Mouroussioutou confie qu'il n'a jamais voyagé.
A peine a-t-il dépassé le village d'Ouéli. Il
demande à y reconduire les visiteurs ; il s'ingénie
tout de suite à trouver le moyen de leur glisser
quelques allusions relatives à son paiement ; il
fait remarquer combien ses compagnons et lui

sont dénués de linge, ils en accepteraient volontiers.

Tout manque, hélas ! à présent en marchandises de paiement.

Laveau répond :

— Tu viendras avec nous chez Ouéli. Je te donnerai un calembé.

Les amis sont résolus au reste de liquider tout ce qu'ils ont encore, afin de se faire accompagner dans les meilleures conditions possibles jusqu'à leurs abatis de Mapaony. C'est là qu'ils reprendront les dépôts constitués, avant l'acheminement vers Coulé-Coulé.

Les pirogues des Indiens sont petites. Il en faudra beaucoup. Ouéli a peur d'être supplanté par Mouroussioutou. Un peu de jalousie se glisse dans son âme de Peau-Rouge. Il insinue qu'il aura, à lui tout seul, tout le nécessaire en matériel et en vivres pour donner aux Blancs la plus grande satisfaction. Cela s'appelle prendre les devants ; mais pour Laveau, habitué à la prévoyance, cela ne constitue pas une assurance complète.

C'est qu'un objet a fixé l'attention d'Ouéli : une malle en fer, dans laquelle on enferme les collections. Il la désire vivement, âprement même

— Je te la promets, dit Laveau.

— Oui, acquiesça Jean, ce sera autant de moins pour la descente. Nous mettrons le contenu de cette malle dans les catouris, entre plusieurs couches de feuilles de palmier qui suffiront à empêcher la pénétration de l'humidité et de la pluie.

— Les catouris sont infiment plus maniables.

On prélève dans le village, de nombreux et intéressants échantillons de coton oyampi, de fil fait par les femmes, d'acoualés, ceinture en poil de singe et en peaux de tigres, à l'usage de tous.

— Pour la dernière fois, nous allons prospecter.
Voulez-vous ? demande Laveau.

Le Gascon fit la moue.

— Vous n'en aurez donc jamais assez de vos
prospections ? s'écria-t-il.

— Je ne vois pas l'utilité de cela, appuya Jean.

— C'est peut-être regrettable.

—.Pourquoi ?

— C'est, dit lentement le patron, qu'on ne sait
jamais... et si nous étions à côté de la fortune,
quel chagrin n'aurions-nous pas de ne point l'avoir
saisie.

— Vous cherchez l'introuvable ! fit Bournac.
Et moi j'en ai assez vu. Je ne veux plus rien
voir... puisque l'introuvable ne se trouve point.

— Soit, fit Laveau tristement.

Et il ajouta :

— Si je vous ai proposé cela, c'est qu'ici la
terre n'est pas comme ailleurs.

— Si elle n'est pas comme ailleurs, affirme
Bournac, c'est une raison de plus pour qu'on ne
s'y intéresse pas.

Laveau crut inutile d'insister. Mais la nuit, le
Gascon énervé, malade, ne dormit pas.

« Si pourtant le patron avait raison ! » se disait-
il.

Il se demandait :

« Est-ce que je ne suis pas dans une situation
analogue à celle des marins qui accompagnaient
Colomb ?... Avaient-ils le droit de se révolter ?...
Ai-je celui de protester ?... C'est moi, évidemment,
le mauvais juge dans l'affaire où nous sommes
engagés. Et je me suis promis à moi-même,
comme j'ai promis à Laveau, d'aller jusqu'au
bout. Voyons, est-ce que cesser de lutter avant
l'heure ne serait pas mentir deux fois de suite
à des serments ? »

Bournac, secoué par de longs frissons, continua à se parler à lui-même.

« Je me crois malade. Mais, si je le suis, les autres le sont aussi. Sous ces bois sauvages, que jamais ne percent les rayons du soleil nous avons pris des bains d'humidité. Si on marchait, on se réchaufferait peut-être ; une bonne transpiration serait sans doute la meilleure médecine. Au matin, je verrai. »

A l'aube, il se leva.

« Je me sens mieux ! se dit-il... On a bien tort de se casser la tête pour un malaise fugitif. »

Il s'approcha du hamac de Laveau.

— Patron ! appepla-t-il doucement.

Le Patron ouvrit les yeux.

— Que veux-tu ? demanda-t-il à Bournac.

— Rien ! fit le Gascon. Seulement vous dire que vous ferez ce que vous voudrez. Je vous suivrai !

— Jean ! cria Laveau, lève-toi !

On réveilla pareillement les deux nègres recrutés par Aponchy et l'on se mit en route vers une petite crique toute proche, enfouie sous sa végétation puissante.

Laveau avide tâche de provoquer un peu d'enthousiasme chez ses compagnons.

— Je ne sais pas pourquoi, leur dit-il, quelque chose en moi qui parle, me fait croire que nous sommes en un lieu merveilleux et dont l'histoire parlera.

Et il leur raconte, volubilement, contrairement à son habitude, l'histoire des découvertes sensationnelles qui ont déterminé la fièvre de l'or : l'axa, entre la Guyane française et hollandaise, sur le Maroni, et qui produisit tant de millions ; le placer Carsewine actuellement sur le Brésil parce que des incapables ont cédé le contesté avec ses richesses, ses savanes, presque sans discussion, sans résistance, et, qui produisit plus de cent millions, sur moins de douze kilomètres. L'Inini, la Haute-Mana, sans compter les choses de moindre importance qui tirèrent des lingots dont la légende parla à peine parce qu'ils passèrent, au mépris des douanes, sur des lieux où leur contrôle n'existait pas.

— Je souhaite, fit Bournac, que tout cela ne soit pas du mirage.

— Du mirage ! s'écria le patron. Est-ce que c'est du mirage les grenats du Mapaony, les pierres que nous avons ramassées dans les excavations de rivières, et qui sont rondes comme des galets et dans lesquelles je reconnais le carbone ? Est-ce que c'est du mirage ces terrains qui nous montraient dans leurs alluvions, trois grammes, cinq grammes, huit grammes d'or, régulièrement ? Tenez ! vous me faites pitié ; vous avez l'air d'être des misérables, et vous êtes immensément riches. Vous connaissez le filon, vous avez une fortune qui ne peut pas, c'est vrai, présentement vous donner du bien-être, mais qui vous en donnera !... car moi, aussi, j'ai l'ambition de me reposer, de vivre satisfait... avec mon château et ma limousine.

Ils s'arrêtèrent pour la prospection. Il s'agissait de creuser des fouilles dans les berges de la rivière, de dix mètres en dix mètres, à une profondeur variable de façon à laver la terre pour vérifier ce qu'elle recèle.

— Voyez-vous, dit Laveau, tout le réseau de criques dont nous occupons à peu près le centre s'enferme entre des collines aux pentes raides ; voyez comme la terre de ces mamelons présente un aspect particulier. Elle est rouge, parsemée de quartz. S'il y a de l'or ici, ce sont ces quartz en se désagrégeant qui l'ont donné, et cet or, sous forme de paillettes, de grains ou de pépites, a descendu peu à peu vers le courant. C'est là que nous l'allons trouver...

— Vivement la grosse pépite ! s'écria Bournac.

— De sept kilos, comme à Inini, précisa Jean.

— J'aime mieux vous voir de cette humeur, continua Laveau. Sachez que ces terres rouges, quond on les a rencontrées et qu'on les a exploitées, sur de petits espaces, ont donné des centaines de kilogrammes.

— Allons-y ! dit Bournac.

— Allons-y ! répéta Jean.

Tous deux remplirent la première batée. On apporta le cône métallique plein de la fameuse terre dans le courant de la crique. On lava ; on fit disparaître l'alluvion qui trouble l'eau pour ne laisser au fond que les résidus lourds.

Ils poussèrent des exclamations de surprise heureuse.

— Il y a là plus de dix grammes ! affirma Laveau.

— Dix grammes, pour dix kilos, cela fait un demi-gramme à la livre, décomposa Bournac.

— C'est juste !

— Ah ! mon ami ! s'écria le Gascon ! ce qu'il y en a de ces livres de terre à laver ! je me moque de tout à présent, je turbine !

— De la même façon, observa Laveau, qu'une hirondelle ne fait pas le printemps, une batée ne fait pas mon opinion. Vous savez que je ne m'emballe pas, que je suis minutieux et méthodique.

— Eh bien ?...

— Eh bien, nous allons continuer ces fouilles de cinquante centimètres de large, de deux à trois mètres de profondeur, en les espaçant de dix mètres en dix mètres.

— Soit !

La fin de la journée arriva que la troisième fouille était presque achevée. Bournac, Jean,

Laveau et les deux nègres, enfoncés dans l'eau jusqu'aux genoux, achevaient leur besogne.

Il fallut redescendre chez Mourissioutou.

— Demain, dit Laveau, nous coucherons sur place.

— Nous amènerons Catlia et nous éleverons un carbet pour rester aussi longtemps qu'il le faudra ! dit Jean.

— Et les Indiens, ne pourraient-ils venir nous aider ? demanda Bournac.

— Ouéli et Mourissioutou ne comprendraient pas notre labeur, ils s'en désintéresseraient parce que nous n'avons plus rien pour les payer de leur fatigue. Ouéli nous attendra bien pendant une demi-lune. Cela représente une quinzaine de jours. En quinze jours, nous serons riches !

— Avons-nous un kilog, patron ?... interrogea Bournac, soupesant le sac.

Il ajouta :

— C'est drôle, le poids d'une chose ne me dit plus rien. Je suis faible et je l'estimerais plus fort qu'il n'est en réalité, si je n'écoutais que mes impressions.

— Mon vieux Bournac, dit Laveau, écoutez-donc vos impressions. Je vous assure que nous avons récolté plus de trois mille grammes !

— Est-ce possible ?

Il soupesa encore. Jean en fit autant. Ils tombèrent d'accord sur l'exactitude de l'évaluation.

— Eh bien ! s'écria Bournac. Cent jours comme ça !

— Et nous avons la limousine ! compléta Laveau.

Comme ils étaient fatigués ils dormirent à poings fermés. Ce soir-là, Jean n'apprit pas l'indien aux côtés de Catlia.

Au réveil, Bournac frissonna plus fort que

d'habitude ?... Il attribua cela à la fatigue de la veille.

— Çà s'en ira en travaillant, fit-il.

Jean formula la même observation.

C'était un accès de fièvre plus violent qui les secouait, voilà tout. Ils avaient travaillé dans l'eau.

— Heureusement, nous avons encore un peu de quinine ! dit le patron.

Ils en prirent. Mais les alternatives de frissons et de chaleurs ne s'en succédèrent pas moins. Les vomissements les accompagnèrent.

— En voilà pour une semaine, dit Laveau.

— Ce que c'est tout de même, murmura Bournac. Dire qu'on marche, fichus comme on est, parce que l'on a commencé à piller le magot !

Quand ils arrivèrent, ils construisirent le carbet.

— Tous les jours, mes amis, nous ne ferons pas ce que nous avons fait hier, confia le patron.

— Que dites-vous ! s'écria Bournac.

— Je dis qu'à certains jours, nous ferons davantage !... et nous ne travaillerons pas tous les cinq !

— Qui est-ce qui ne travaillera pas ? interrogea le Gascon. Mais tout le monde travaillera, je suppose.

— Oui, mais pas de la même façon. Il nous faut vivre. Pour vivre, il faut du gibier.

— C'est vrai ! dit Jean.

— Je comprends ! fit Bournac.

— Et puis, continua le patron, nous n'allons pas persister à laver des batées : nous allons construire un sluice.

— Avec nos haches ?

— Avec nos haches !

— Brrr ! fit le Gascon secoué par un tremblement. C'est un sacré programme !... mais on l'exécutera, bagasse !

On édifia le carbet : on suspendit les hamacs.

On abattit des arbres pour y tailler des planches. Bournac, Jean et Catlia furent chargés d'approvisionner la marmite. Les deux nègres et Laveau décidèrent de prospecter.

Le sluice fut promptement établi ; dans la série de cercueils emboîtés les uns au bout des autres, à la fin de la troisième journée, le courant d'une eau abondante circulait.

— Et maintenant, on peut piocher ! s'écria le patron.

Ils fouillèrent ardemment.

— Malheureusement, chaque jour, nous perdrons du temps à nettoyer le sluice, déplora Laveau.

— Alors il ne restera que quelques heures dans la journée pour le boulot profitable ? c'est maigre ! gémit Bournac.

— Car il nous faudra, en outre, nous déplacer !

— Nous déplacer ? demanda le Gascon. Pourquoi nous déplacer ? Pierre qui roule n'amasse pas mousse.

— C'est vrai ! répondit Laveau. Mais souviens-toi que notre but n'est pas de repartir riches, mais bien plutôt d'avoir trouvé la zone indiscutablement riche. Pour raisonner sans induire qui que ce soit en erreur et sans nous y introduire nous-même, il faudra galoper... et si, partout où nous irons, dans ces parages, le rendement est le même qu'en cet endroit précis, il sera à peu près démontré que c'est l'Eldorado que nous aurons trouvé !... nous irons alors, le cœur léger, nous reposer quelques mois en France... et nous reviendrons. Nous serons assez riches pour nous équiper seuls ; sympathies ou antipathies, peu nous importera. Pour accomplir notre destinée, notre volonté suffira.

— Je ne vous contredirai plus, patron ! affirme

Bournac, car j'ai pu constater que c'est toujours vous qui avez raison !

Le soir on put constater que les fouilles avaient été fructueuses. Et le patron formula quelques appréciations d'ordre général.

— Le sluice que vous voyez, dit-il, est l'outil le plus précieux ici. Il se déplace aisément ; un petit nombre d'ouvriers suffit à l'utiliser.

— En revenant, demanda Bournac, nous amènerons tout de même des ingénieurs.

— Pourquoi faire ?... Les ingénieurs, dans de telles conditions sont inutiles ; dans les alluvions riches comme celles de cette crique nous n'avons aucunement besoin de machines puissantes qu'ils n'auraient garde d'oublier... Nous n'aurons besoin que de deux choses : beaucoup de mercure et de vivres ; ensuite des brouettes. La méthode d'exploitation doit toujours être appropriée aux besoins... Et puis, nous aurons tous les loisirs de parler de ceci plus tard.

Au bout d'une semaine. Bournac tomba dans un véritable état de prostration. La chasse lui devenait aussi pénible que la prospection. La fièvre le minait peu à peu ; l'anémie s'accentuait.

— Ce sont les globules rouges du sang qui s'en vont, dit Jean.

— Les eaux ferrugineuses que nous buvons sont inopérantes ! constata le Gascon.

— Laveau eut alors la vision des cimetières de placers où la jeunesse repose et d'où la vieillesse semble presque excluse.

« Il ne faudrait tout de même pas, se dit-il, attendre que l'enflure se manifeste. Dans la fièvre, quand elle gagne le cœur, c'est la mort. »

Et les jours passaient !...

Ils descendirent dans une fosse ouverte la veille au soir. Dans l'ombre du bois, nus comme des sauvages, ils peinaient. Ils avaient laissé les derniers vestiges de leurs pantalons, accrochés aux branches de la forêt, au cours des journées de chasse. Ils s'enduisaient de roucou, pour se préserver des piqûres d'insectes, comme des indigènes.

Sur la peau de leurs corps amaigris, perlait de la sueur.

« C'est que cela ne va pas plus mal ! » se dit Laveau.

Mais le surlendemain, en dépit de toute résolution, il fut impossible aux amis de remuer une seule batée.

« Ils finiraient par user leurs corps aussi bien trempés que leur caractère, pensa le patron. Il faut plier bagage. Nous sommes au terme ; Il ne faut plus de délai. »

Le vingt-huitième jour, ils rassemblèrent le métal récolté. L'or fin granulé, les paillettes, les pépites ruisselèrent au fond de la caisse où tout cela s'entassait. Ils en furent éblouis.

Les criques se gonflaient car c'était janvier, la pleine saison des pluies.

— Partons ! nous allons rejoindre Ouéli, maintenant que nos investigations ont porté sur les kilomètres carrés. Nous allons redescendre, les sauts qui sont recouverts par les eaux seront moins dangereux qu'ils ne le seraient un peu plus tard.

Ils partagèrent la charge totale ; se constituèrent des charges respectives à peu près égales.

— Je suis sûr que je porte vingt·kilos! dit Bournac.

— Sans compter le fusil et les cartouches ! remarqua Laveau.

— C'est bien lourd ! s'écria Jean.

— Nous nous reposerons souvent... car dit le proverbe italien « chi va piano, va sano ! »

Ils finirent par arriver.

Ouéli, chez Mourissioutou, attendait impatiemment.

Tout fut aménagé promptement. Les vivres abondaient.

Une dernière page au cahier de notes... et l'on plie bagages !

Laveau écrit.

Mourissioutou s'approche.

— Il faut me laisser, dit-il, un souvenir écrit sur du caretta.

— Le caretta, expliqua Jean à Bournac, c'est le papier.

— Volontiers ! répondit Laveau à Mourissioutou.

Il rédigea la lettre suivante :

« 1915.

« Au premier blanc qui passera par ici.

« François Laveau, Bournac et Jean Laveau,
« chargés de mission par le Gouvernement de
« la République française, pour l'exploration des
« Tumuc-Humac occidentales, plus particulière-
« ment, certifient qu'ils ont séjourné pendant des
« lunes chez les Indiens, de la région Oyampis
« du Yapotolé, Mourissioutou et autres ; ils n'ont
« qu'à se louer des services qui leur ont été ren-
« dus et peuvent assurer tous les pionniers à
« venir, de notre civilisation, que ces braves
« Indiens, très pacifiques, mettront tout en
« œuvre, selon les circonstances, pour leur venir
« en aide. »

Il signa : F. Laveau ; puis tendit la plume à ses collaborateurs.

— Signez aussi ! fit-il.

— Pourquoi faire ? interrogea Bournac.

— Nous allons, répondit Laveau, enfermer ce caretta dans une bouteille bouchée à l'émeri, il sera protégé, à perpétuité, contre les ravets, les

cafards, les termites, les cancrelats, ses redoutables ennemis qui le détruiraient, au plus grand
dam de Mourissioutou et de ses Oyampis qui sont,
présentement, les archivistes paléographes de
cette intéressante tribu. Si bien que, si nous
n'arrivions pas au port, pour une raison ou pour
une autre, l'explorateur passant ici dans un siècle
ou deux, saura que nous l'y avons précédé et son
souci de justice nous rendra dans l'exploration la
place que j'ai voulue.

— Vous avez des idées épatantes, patron !
s'écria Bournac. Alors je signe deux fois si vous
le voulez !

Laveau s'adressant à Mourissioutou lui dit :

— Adieu, cher Yatopolé... Le Tamouchi te rapportera du Mapaony une autre malle de fer ! elle
durera aussi longtemps que le caretta !

Tous les Indiens du village voudraient escorter
ceux qui vont partir. Malheureusement les pirogues ne sont pas assez nombreuses. Quelques-uns
seulement peuvent satisfaire à leur désir.

On vogue... on descend la crique Kouc dont le
courant est extrêmement rapide. En arrivant au
saut, les hardis pagayeurs multiplient leurs efforts
et décuplent l'élan des embarcations qui, alors,
effectuent un bond qui les place au-dessous du
saut, en équilibre dans le courant qu'elles suivent, en toute tranquillité, jusqu'au saut suivant.

— On se croirait à Luna Park ! dit Bournac.

— Avec quelque chose en plus ! observa Jean.

— C'est égal, une pareille course, ça donne le
vertige ! affirma le Gascon.

Laveau lui répondit :

— C'est une affaire d'habitude ! Les Indiens
sont des canotiers tellement extraordinaires qu'on
doit s'en remettre à eux sans arrière-pensée.

Bournac demande :

— N'aurions-nous pu prendre un chemin plus court ?

— Certes ! affirma Laveau. Par la voie de l'Oyapock. Je la connais très bien. Elle est sûre. Mais nos collections ne sont pas sûres, elles !

— C'est juste ! fit le Gascon qui semble renaître.

— Ma chère Catlia, murmure Jean à l'Indienne. Viendras-tu avec nous jusque chez le Grand chef des Blancs !... J'aurai du chagrin, si je dois te quitter.

— Moi ! répondit Catlia, je ne te quitterai pas !

— A présent, s'écria le jeune homme, entre nous, c'est à la vie et à la mort !

Sans comprendre très bien, elle eut un joli sourire.

— Soit, dit Laveau. Je consentirai à ce que tu l'épouses, si tu le désires. Tu pourrais, c'est vrai, t'unir en France à une femme riche. Mais Catlia est aussi une Française. Elle est de notre patrie equinoxiale et n'es-tu pas désormais assez riche pour vous deux ?...

— Oui ! dit Jean, puisque nous le sommes assez pour que la France tout entière le soit davantage qu'elle ne l'est aujourd'hui !

Au confluent de la crique Kouc et du Yari, une multitude de maïpouris, de tapirs, qui peuplent habituellement les bords, se jetèrent dans le courant, devant les pirogues, à une portée de fusil.

On ne troubla point leur quiétude, ou, du moins, on n'augmenta pas leur émoi.

— A l'année prochaine ! leur cria Bournac.

Les Indiens eux-mêmes pour une fois, ne sont point préoccupés par la chasse.

Mourissioutou qui connaît son histoire locale, tient à montrer à Laveau un des plus précieux vestiges du passé ; la seule ruine de considération ; le monument presque impérissable qui témoigne au passage d'un blanc dans des temps déjà reculés.

— Viens ! dit-il. Tu verras !... Ce ne sera pas long.

— J'y vais aussi ! s'écrie Bournac.

Jean est également piqué de curiosité.

On met pied à terre. On effectue quelques pas à la lisière de la forêt. Mourissioutou montre les débris d'un arbre abattu :

— C'est Apatou qui l'a coupé pour le major Crevaux !... Apatou a construit un canot !...

— On voit bien la section des deux bouts ! remarqua Laveau. Ils ont résisté à toutes les intempéries, depuis trente-sept ans ! La conservation magnifique de ces débris prouve la dureté des bois de cette région.

L'arbre était celui que les Indiens dénomment Ouéoué Topé ; les créoles de Cayenne : angélique.

— Il n'est pas spécialement désigné pour la construction des canots ! dit le patron, car il présente un inconvénient sérieux. Il est d'une lourdeur, d'une densité — pour mieux dire — beaucoup trop grande. Si le canot, par hasard, vient à chavirer il est totalement perdu.

— Dans ce cas, j'aime mieux le nôtre ! s'écria Bournac.

Le geste de Yatopolé prouve surabondamment à quel point le passage d'un civilisé, d'un blanc, d'un « parachichi », comme il dit, laisse de traces dans l'esprit des Indiens.

Après avoir remonté le Yari, durant quatre jours, on navigue sur le Courouapi. Un jour après, on fait des vivres chez Ouéli ; mais on n'y séjournera pas et Mourissioutou retourne, avec les siens, au sein de sa tribu.

On remonte le Mapaony jusqu'à l'abatis, au saut Canamaraca.

Là, doit s'effectuer le paiement des Indiens qui

doivent traverser avec nous les Tumuc-Humac par le sentier de Coulé-Coulé. La distance de Sarara-Epoyenne à Coulé-Coulé sur l'Itany sera tôt franchie.

L'heure va tinter de l'adieu aux carbets, aux plantations qui ont grandi ! Les giraumons, les patates et le manioc y sont en abondance.

— Nous n'utiliserons plus rien ! dit Bournac.

— Nous prendrons la poudre, les balles, les cartouches que nous avons laissées et nous fabriquerons des munitions nouvelles, projette le Patron.

Il continue :

— Pour les trente-cinq Indiens présents, nous viderons les boîtes de perles ; ces boîtes qui portent l'étiquette de Félix Potin resteront en souvenirs aux compagnons sauvages.

— Ce sera, dit Bournac, pour le grand épicier parisien, une réclame peu profitable, en réalité !

— N'empêche, répond Jean, que s'il passait dans ces régions, il serait surpris d'y trouver des indications relatives à son commerce et à son industrie !

— Ouéli, prononce Laveau, prends la malle de fer pour Mourissioutou !... Ton frère, ton gendre, tes femmes se partageront les boîtes et les perles.

— Nous avons enterré dans une dame-jeanne, six à sept kilogrammes de sel, rappelle Jean ; les Indiens en sont excessivement friands, il faudra rechercher le précieux bocal.

— On gardera l'indispensable, dit le Patron, les porteurs auront le reste.

Les Indiens exultent.

Ouéli promet de s'acquitter de sa promesse envers le Yatopolé.

— Toutes les choses encombrantes et lourdes se trouvant distribuées, il nous reste, constate le

Patron, nos collections géologiques, ethnographiques, zoologiques, botaniques à emballer.

— Divisons l'ensemble en un certain nombre de paquets à peu près égaux.

Vingt-sept charges égales sont constituées.

— N'oubliez pas, rappelle Ouéli, que je suis capitaine !

— Qu'est-ce qu'il veut chanter avec cet air-là? interroge Bournac.

— Il veut, répond Laveau, nous faire remarquer que sa qualité l'empêchera de porter quoi que ce soit.

— Les droits du galon !

— Je veux être payé deux fois! réclame l'Indien.

Laveau ne s'étonne qu'à moitié. Bournac proteste.

— Les exigences du galon !

— Vous comprenez, explique Ouéli, que si je suis payé plus largement j'aurai les idées plus claires... Ma voix sera plus nette pour commander!

— C'est juste ! reconnaît Laveau.

Bournac s'écria :

— C'est ici comme chez les blancs, alors ?... Tout n'est que marchandage.

— Ce sont les petits cadeaux qui sont à la base des accommodements avec les Tamouchis ! affirme Laveau

Bournac s'écria dans un gros soupir :

— Si tout cela faisait, seulement, que le trajet jusqu'à Coulé-Coulé soit accompli !

Laveau murmure :

— Il est le plus difficile !

Comme autrefois, on chasse, on pêche pour vivre.

La pluie tombe... tombe. Elle ne cesse pas un instant. Les nuages déversent des torrents. C'est comme le déluge. On marche quand même, trempés jusqu'aux os. Le soir, au campement, devant le feu, on tente de se faire sécher. On couvre le foyer d'une construction avec toiture, en feuilles de palmiers sous laquelle on étend les bribes de vêtements récupérés dans l'abatis, ces loques font ressembler les pauvres voyageurs à d'ignobles vagabonds.

Le matin, au réveil. on endosse ces haillons, chacun épand une odeur de fumée qui se dissipe au cours de la marche journalière. En cours de route, on se distrait avec les mille petits incidents consécutifs au voyage.

— On dirait des jambons en ballade ! dit Bournac.

— Oui ! mais ils ne sont pas gras ! affirme Jean.

Le Gascon a gardé des instincts d'écolier maraudeur.

Et comme il est, provisoirement, libéré de son accès de fièvre, il déambule autour des campements.

Il aperçoit un nid d'honorés. Ce sont des oiseaux qui chantent en montant et en descendant la gamme.

— Cela donne un avant-goût des leçons de piano qu'on entend à Paris, malgré les cloisons des appartements. affirme-t-il.

Il observe ensuite :

— On dirait que, déjà, nous respirons un peu d'air de France.

Juste au-dessus de ce nid, un gros serpent de brousse s'est enroulé ; il est là qui tend le cou, prêt à s'approcher. Un petit se lève, ouvrant un bec affamé. Il ne veut pas avaler le serpent, mais le réciproque n'est pas vrai : il attend sa mère, et c'est le reptile qui vient... Bournac n'y tient plus. Pan ! il tue le serpent qui s'écrase sur le sol. Le petit ne se lève plus. Il s'est blotti apeuré, au fond du nid. et son grand bec s'est fermé...

Sarara-Epoyenne !... On y couche. Le lendemain, en une demi-heure, on atteint le mont Timomaïren, signalé par Jules Crevaux, en raison du panorama splendide qu'il offre à ses rares visiteurs. Il est composé d'une grande roche plate, sur laquelle ne pousse qu'une végétation lamentablement rabougrie. En-dessous, dans des grottes, retentit la musique des chutes d'eau et cascades diverses, on aperçoit à l'Est le mont Mitaraca avec ses 663 mètres d'altitude, surgissant dénudé.

— On dirait Notre-Dame, s'écrie Jean.

A perte de vue, c'est immense, l'éternelle forêt, avec ses bouquets gigantesques, extraordinairement parfumés.

C'est le sentier des Roucouyennes, des Trios, des Oyampis que suivent les voyageurs. On avance lentement, mais on avance ! Le soir, on panse les plaies qui s'avivent au contact des quarts anguleux ou tranchants ; on retire de son épiderme, et même du tissu des chairs, les épines de palmiers qui s'y sont enfoncées.

Six jours durant, c'est la même chose.

Le septième jour, Bournac dit :

— Il en est de nous, comme de Dieu dans la Genèse ! c'est le repos.

Durant une journée, on fait halte au bord de la Crique Coulé-Coulé. On y passe la nuit.

— Il va nous falloir à chacun un calembé !..., dit Jean.

Callia en est toute amusée.

On va tout droit au grand canot, placé jadis sur un monticule et que Jean à son retour de St-Laurent a réintégré dans sa cachette. On l'en extrait et le voici à flot.

— Çà sent bon ! dit Bournac.

Les porteurs arrivent, successivement. Le chargement s'effectue.

Le 27 avril 1915, on remonte à Panapi, pour y prendre possession des choses mises en dépôt.

Là, aura lieu la séparation avec Ouéli qui s'en retournera au Camopi ; on descendra sur St-Laurent.

— Nous n'aurons plus besoin du concours de qui que ce soit ! affirme Laveau.

Aponchy n'a-t-il pas dit en les quittant :

— La descente n'est rien. Lorsque la rivière est grosse, il n'y a pas de sauts !

C'est la confiance dans la joie.

Panapi commande le cachiri... et pendant qu'on le prépare on panse des plaies.

Puis, on boit...

Les Indiens jubilent...

C'est la fête !... la dernière.

Les amis disent :

— Au revoir !

Les Indiens répondent :

— Restez ! dans quelques jours nous vous accompagnerons !

Laveau, Bournac et Jean articulent en chœur :

— Non ! cela n'est pas possible !

Un mystérieux aimant les attire...

Peut-être la fatalité.

## XXV

## LA FATALITE !...

La nuit est noire ; une pluie torrentielle se déverse du ciel sur la forêt, avec un tambourinement de grêle.

Laveau rêve dans son hamac. Les singes hurlent, les tigres poussent des « rou ! rrou ! rrrou ! Mais il ne les entend pas. C'est sa dernière nuit aux limites de la Guyane inconnue et si ce n'était le dénuement dans lequel il se trouve avec ses compagnons, après une randonnée de près de deux ans ; si ce n'était aussi la fièvre et l'anémie dont ils sont en proie, il ne partirait pas sans regret.

Pas une heure ne s'est écoulée sans qu'il soit dans la crique Kouc, dont il règle par avance l'aménagement.

Lorsque Bournac et Jean se réveillent, la pluie a cessé. La température tiède caresse la végétation exubérante. C'est le 29 avril, si la notion des mois est des jours est demeurée exacte, ce que personne ne voudrait garantir.

— En France, c'est le printemps qui commence, songe le Patron. Nous arriverons au bon moment pour nous reposer. Car enfin, notre santé à tous est solide encore ; avec quelques soins nous serons vite d'aplomb.

— On part, comme on l'a dit, n'est-ce pas ? s'inquiète Bournac.

Le canot descend à toute vitesse, car les eaux sont grosses. On serait prudent, on aurait presque peur si Aponchy n'avait dit :

— Lorsque les eaux sont grosses, les sauts n'existent plus !

Les deux nègres de Ste-Lucie sont en avant du canot. Bournac et Jean sont au centre. Cela fait

quatre pagayeurs. Laveau, patron de l'embarcation, se tient à la barre.

Catlia à l'arrière, fredonne gaiement des mélopées à son petit enfant, qui n'est pas content si
le chant vient à cesser.

Aponchy avait bien raison :

— En effet, remarque Bournac, les sauts sont
recouverts par les eaux tumultueuses !

Un rideau de brumes transparentes s'étend sur
la rivière ; le jour tamisé n'aveugle personne ;
devant soi, les perspectives grandioses se préci-
sent ; derrière, elles fuient, s'estompent peu à peu
et bientôt disparaissent.

Ce sont des paysages familiers auxquels nul ne
prête attention désormais. Ce déjà vu n'impres-
sionne pas lorsqu'on en est aux joies du retour.

Les lianes touffues ont beau laisser pendre leurs
grappes rouges, jaunes ou violettes ; elles ont beau
s'enchevêtrer et vouloir dominer les grands arbres;
les grands arbres eux-mêmes ont beau se dresser
comme une muraille formidable hérissée de tours
géantes, cela ne présente plus qu'un intérêt
médiocre.

De petits sauts d'une hauteur d'une quinzaine de
mètres sont franchis sans hésitation. La manœuvre est excellente et réussit à merveille. Avec les
Indiens, on a fini par être des praticiens.

Bournac avoue cependant :

— Au premier de ces sauts, j'ai ressenti une
légère émotion ! »

— Nous n'avons qu'à veiller à la stabilité du
canot en arrivant au bas, dit Laveau, car il arrive
que des canots se retournent. Alors, c'est le bain
forcé !

— Pour nous, ce n'est rien ! s'écrie le Gascon.
Mais, pour l'or, c'est autre chose.

— Encore, faudrait-il, dit Laveau, pour qu'un

accident semblable se produise, que le canot soit chaviré par les courants contraires.

Le tumulte des eaux n'empêche point de causer, de deviser. Les fatigues supportées, c'est déjà du passé. Le chemin ne donne des amertumes que s'il est trop rude et si l'on n'en voit pas le bout. Certes, il est encore long, mais c'est comme si l'on touchait déjà au port.

— Y a-t-il des chutes qui nous obligeront à décharger le canot ? demande Bournac.

— Le Couïtiki peut-être, répond Laveau. Le saut Hermina ensuite.

— Alors, ça va ! dit le Gascon.

On tente d'accroître la vitesse ; on s'ingénie à ne jamais quitter le plein courant.

— C'est comme en automobile, remarque Jean, on ne va jamais assez vite.

On entend le bruit de l'eau qui tombe.

— Encore une cataracte ! attention ! crie Bournac.

Les deux nègres retirent de l'eau leurs pagaies. Le courant de mètre en mètre est plus violent : il suffit à maintenir la rapidité acquise et même à l'augmenter.

Bournac a fait un mouvement brusque de côté.

— Quelle mouche vous a piqué ? morigène le Patron. Vous savez cependant bien que l'immobilité la plus complète est de rigueur.

— En effet, dit Jean, les lames sont au niveau des bords !... Quelques centimètres de déplacement à droite ou à gauche et nous serions inondés!

— Je voulais voir devant nous, s'excuse le Gascon. J'avais cru distinguer une crête de rocher émergeant.

— Les crêtes de rocher, on les frôle. Mais on ne les voit pas aujourd'hui.

— C'est justement ! répond Bournac.

Cette fois, il y avait deux étages à franchir.

Cela fut fait sans encombre.

La conversation revient à la grande préoccupation de chacun : l'or. Jean résume tout en trois mots :

— Nous sommes riches !

Oui, on a peiné, on a lutté, mais, en revanche, on a eu quelques satisfactions. On a travaillé aux dépens de son bien-être et de ses forces... On était exténué et on ne se reposait pas... Le farniente était inconnu..., l'attirance mystérieuse, invisible de l'or, s'exerçait... Manquant de tout, d'outils et de vêtements, avec la pluie sur le dos et les pieds nus dans la terre, on a fouillé l'eau glacée des criques, et, soudain, on a vu surgir la forme bien-aimée de la fortune... Avec les deux nègres de Ste-Lucie, très fatigués eux-mêmes, on a taillé à la hâte  des planches dans des cèdres... Comme on n'avait pas de clous, on les a assujetties avec des lianes... On a ainsi, à grand prix d'efforts, établi un longtone dont on a bouclé tous les interstices avec de la glaise... On a lavé la terre recueillie à soixante centimètres de profondeur, puis à un mètre cinquante... En moins de quatre semaines, la réussite était complète !...

— Que nous fallait-il de plus ?..., demande Laveau. Ce que nous apportons, c'est la preuve claire, évidente, absolue que le sol merveilleux de la Guyane renferme pour notre pays des trésors innombrables.

Chacun, en imagination, réalise le rêve de Jean-Jacques : la petite maison aux contrevents verts, sise au flanc du côteau, entourée par des arbres fruitiers, aux branches desquels les amis pourront prendre leur part.

— Ce ne sont plus, affirme Jean, châteaux en Espagne !

— C'est une maison de campagne au pays natal, dit Bournac.

Et cela conduit Laveau à faire part à ses amis du programme que, pendant la nuit, il a établi.

— Nous achèterons beaucoup de vivres et de munitions pour remonter là-haut. La découverte de l'Inini doit pâlir à côté de la nôtre. Vous avez vu les petites criques ? nous les déboiserons.

— Pas tout seuls ! s'écrie Bournac.

— Evidemment, nous ramènerons quelques chantiers de mineurs. Nous utiliserons les Indiens de Mourissioutou, et, pour cela, il nous faudra beaucoup de haches, de couteaux, de peignes, de miroirs, de perles... Nous prouverons ainsi qu'un Indien, en Guyane, peut en faire davantage qu'un forçat, et à meilleur compte.

— Toujours votre marotte du relèvement.

— Bien sûr !... Les arbres sur l'une d'entre ces rivières étant enlevés sur une largeur d'une dizaine de mètres, nous aurons de la place pour piocher.

— Quel travail ! s'écrie Bournac.

— Un travail qui s'effectue avec une rapidité dont les bûcherons de France n'ont pas une idée ! affirme Laveau. N'avez-vous pas remarqué que dix arbres n'ont qu'une tête commune et que la même liane les enlace tous ?... Quand l'un tombera, les autres étant entaillés, la liane jouera le rôle d'un câble qui les entraînera fatalement, et du même côté que celui qui tombera le premier et qui, nécessairement, sera le plus lourd, parce que nous l'aurons choisi. Ensuite, nous arracherons les troncs à la dynamite et nous mettrons le feu dans tout cela.

— Ce sera l'abatis des Indiens, mais avec une méthode perfectionnée, constata Jean.

— Ensuite, continua Laveau, nous ne fouillerons pas avec des pioches, comme des sangliers avec leurs groins, dans un champ de pommes de terre, c'est-à-dire au hasard du flair ou de la fortune ; nous enlèverons la terre et le sable jusqu'à

ce que nous trouvions la couche des quartz désa-
grégés. Nous effectuerons des barrages pour amener l'eau dans les canaux que nous creuserons et
dans lesquels s'allongeront nos sluices.

— Et pour construire les sluices, nous aurons
des scies ! affirme Jean.

— Comment donc ! fit Laveau, et puis le fond
n'en sera pas seulement barré par des réglettes
comme nous en avons cloué, il y aura un des
trous par lequel l'eau tombera dans un double
fond. Nous pourrons apporter des plaques de tôle
toutes perforées, si l'idée nous en prend.

— Ce sera certes mieux, donc plus profitable !
remarque Bournac.

— Mais ce n'est pas tout, dit Laveau. L'autre
jour nous n'avions presque pas de mercure à
verser sur le fond pour amalgamer la poudre d'or;
dans l'avenir, nous en aurons autant qu'il en
faudra !

Le Patron lancé dans l'espoir de son rêve,
s'écria :

— Je les vois déjà installés, nos chantiers ! les
mineurs jetant le sable à la tête des sluices dans
les courants !... Je vois les paillettes qui sont dix
fois plus lourdes que le sable tomber par les
trous dans les double-fonds, tandis que des mains
nombreuses agiteront celui qui viendra se déposer
sur les côtés, paresseux d'accomplir sa course
jusqu'au bout, avare du métal précieux qu'il con-
tiendra encore... Je nous vois manipuler la batée
au bout du sluice ; je nous vois tourner et retourner ce grand plat conique, la pointe en bas, pour
recueillir les parcelles échappées. Je nous vois
surtout enlever, vers le soir, le double fond de nos
appareils pour y effectuer la récolte qui comblera
le grand plat !

— Ah ! mes amis, quel rêve !... quel beau rêve !!!
que ce travail de longue main préparé nous paraî-

tra doux et attrayant comparativement à celui que nous avons effectué en l'improvisant, avec des moyens d'infortune plutôt que de fortune ! Nous aurons de grands morceaux de toile où nous ensevelirons la moisson recueillie ; nous aurons dans tous les chantiers de grandes boîtes de fer, munies de cadenas, dans lesquelles nous totaliserons.

— Vous voyez-vous, un peu avant l'heure crépusculaire, parcourir les chantiers et lever le couvercle des boîtes ?... Avec quelle joie, avec quels battements de cœur nous suivrons la volatilisation du mercure sur le feu et le jaunissement des boules que nous serrerons dans notre coffre, chez nous !... Nous installerons ce coffre sur des bouées de sauvetage, pour descendre en rivière, car, mes bons amis, je tremble à la pensée qu'un naufrage imbécile pourrait nous ravir notre trésor !

— En voilà, une idée, dit Jean!... Parlons désormais d'autre chose. Nous nous entretiendrons du pays de l'or, de la France vierge lorsque nous serons chez nous, à nous chauffer au soleil, ou bien à soigner nos rhumes.

— Qui nous empêche de chanter ? demande Bournac.

— Qui nous empêche de déclamer ? fit Jean. Tenez, dit-il, moi, je me sens l'âme tout en fête.

— Alors, sers-nous quelque chose ! c'écria le Gascon.

Tout en pagayant, le jeune homme, frais émoulu de l'école et plein de ses classiques, commença :

« O combien de marins, combien de capitaines
Qui sont partis joyeux pour des courses lointaines
Dans ce morne horizon, se sont évanouis !

— Pardon, interrompit Bournac, mais il me semble que le courant s'accentue.

— Peut-être bien, répondit Laveau. Nous approchons du Saut Vénérétérépou !

— Celui où nous avons pris la tortue ?

— Et qui a deux ou trois barrages de roches superposées ?

— Trois. c'est juste, dit Laveau.

Le Patron regarde sa montre :

— Il est onze heures moins trois ! fit-il. Continue Jean.

Jean aurait mieux aimé ne pas être interrompu. Il avait les yeux fixés sur Catlia et la jeune femme le regardait aussi, mais d'un regard qu'il ne lui connaissait pas encore, plein d'une admiration profonde et de la plus véritable tendresse. Comme elle avait appris que le baiser est d'usage chez les blancs, elle porta sa main droite aux doigts effilés à ses lèvres. Et les lèvres claquèrent, lorsque, un peu gauche. elle retira sa main.

Jean, à son tour, lui renvoya le baiser à distance. C'était la première fois qu'ils esquissaient un geste que les convenances permettent souvent et qui n'est pas souvent étranger à l'amour. Puis il continua la déclamation du poème dont il avait fini la première strophe :

L'ouragan de leur vie a pris toutes les pages,
Et d'un souffle, il a tout dispersé sur les flots ! »

Laveau dit à Jean :

— Le grand poète qui a écrit ces vers a eu le malheur de perdre d'une façon tragique sa fille à Villequier.

Le saut était tout près.

L'eau coulait presque silencieusement...

Jean continuait :

« Combien de patrons morts avec leurs équipages !
« Où sont-ils les marins sombrés dans les nuits noires?
O flots, que vous savez de lugubres histoires ! »

Le jeune homme était plein d'enthousiasme.

Laveau se lève soudain ; il sonde du regard le lit du fleuve...

— En arrière ! en arrière !... retournons...
Pagayons !...

Chacun surprit, obéit, fait volte-face, décuple
ses efforts.

Peine perdue... le courant entraîne le canot...
il l'entraîne à la vitesse de dix nœuds. Comment
dépeindre les angoisses qui viennent de naître ?...
Ah ! cette fois, le danger est bien en face ! c'est
la catastrophe ! comment la déjouer ?... C'est la
mort !

Jean se lève à son tour ; il donne un coup de
barre pour maintenir la pirogue en droite ligne.

Il pousse un cri de désespoir :

— Nous sommes pris !

Laveau crie à son tour : — Ne pagayez plus.

Mais déjà, au-dessus du saut, dont la rumeur
sourde ne s'élève qu'à peine au niveau de sa hauteur, deux courants contraires ont saisi la pirogue, l'ont à demi retournée.

Catlia et son enfant sont déjà dans l'eau.

Projetée, la pirogue heurte une crête de rocher.
Elle se fend. Bournac est projeté, Laveau, Jean et
les deux nègres le sont aussi. Et les voilà en bas
dans le tourbillon du flot furibond, qui se débattent contre la mort.

La jeune Indienne, la dernière, a dévalé, comme
une herbe, comme une épave. Le crâne ouvert,
immobilisée et raidie, au milieu du groupe qui
lutte, elle sombre pour jamais. Quant à son
enfant, nul ne le revoit. Pauvre petit paquet de
chair, il a subi l'ensevelissement définitif.

A quelques brasses de Laveau, Jean, dans un
remous, déploie une énergie surhumaine pour
s'échapper. Il a poussé un appel inutile, trois fois :

— Catlia !... Catlia !... Catlia !...

Il lui semble que sa poitrine est pleine d'une
eau qui l'alourdit : il croit qu'à ses pieds s'est attachée une liane entravant ses mouvements et qui

forme du lest et qui l'entraîne, lentement, mais sûrement, vers le sable du fond, dans une position verticale.

D'un vigoureux coup de reins, il tente de revenir à l'horizontalité ; ses bras et ses jambes se détendent comme des ressorts puissants ; mais le lest, qui n'est que celui de la fatigue et d'une meurtrissure peut-être, le ramène insensiblement dans l'attitude de l'homme coulant à pic. Il semble debout parmi les vagues, planté là jusqu'au cou. Son père, qui comprend le tragique de la situation, hurle :

— Courage !... Jean !... Courage !...

Bournac, lui, sans proférer une parole, ni un cri, a sondé la surface mouvante jusqu'à l'horizon des rives. La première chose qu'il a aperçue, c'est le canot fendu, et qui flotte, retourné.

Il s'est dit : « Peut-être sera-t-il quand même l'outil de sauvetage. C'est lui que je vais tâcher d'atteindre ! »

Il s'en est approché ; il l'a saisi ; il s'y cramponne, multipliant sa force pour le remettre d'aplomb. Il y parvient; mais le flot furibond le lui reprend et le lui retourne, d'un coup, en moins d'une seconde. C'est une rude bataille entre l'homme et le fleuve d'une part, entre l'homme et l'embarcation de l'autre ; ses deux ennemis se battent d'accord contre lui ; c'est la solidarité des choses brutes contre la matière qui pense et qui veut.

Jean est perdu, irrémédiablement perdu, s'il n'est secouru promptement. Le Gascon s'en rend compte ; dans sa rage, il grince des dents, se mord les lèvres qui s'ensanglantent ; mais ses muscles ont beau faire des nœuds dans l'effort, la vague et le canot sont les plus forts ; il ne les vaincra point ; il aura beau se débattre pour aider son jeune compagnon ; il le verra s'enfoncer sous ses yeux et disparaître sans laisser de traces au-dessus de lui, dans le gouffre refermé sans délai et qui, sans doute, cache bien d'autres mystères, bien d'autres proies, bien d'autres richesses.

Laveau désespéré, blessé, suit du regard cette scène dont le mouvement l'étourdit. Sont-ils donc condamnés à périr du supplice de la noyade, quand ils savent nager parfaitement et qu'ils auraient parié être capables, en telle occasion, de gagner les rives ? Il a pu saisir un énorme paquet de flèches qui flottait. Il s'y accroche, le passe sous son bras, s'y appuie. Il tourne à la façon d'une toupie sans pouvoir aller ni de l'avant, ni de l'arrière, ni à droite, ni à gauche. Il a cependant la fortune, dans ce mouvement uniforme de rotation qui s'accomplit la seconde d'après en sens inverse, d'avoir Jean presque à sa portée. Son fils est là, tout près ; si son bras resté libre avait quelques centimètres de plus, ses doigts pourraient l'agripper... Il pourrait l'empêcher de descendre progressivement !... pour exciter à se rouvrir ces paupières bien-aimées qu'il voit déjà abaissées ; pour exciter ces muscles épuisés à se détendre encore, il crie :

— Courage ! Jean... Courage ! Je suis là !...

Ah ! cette fois ça y est. Il va le prendre !... Sa main s'abat. Mais au même instant, une grosse vague, née de flots qui se heurtent, l'a repoussé de près d'un mètre !... A présent, il peut essayer de tendre la main à son fils !... Il lui semble qu'entre eux s'établit une barrière qui se reforme au fur et à mesure qu'elle se détruit.

Jean semble déjà ne plus extérioriser une pensée. Il ne voit plus. Peut-être ses membres sont-ils encore sensibles ! Peut-être aussi n'entend-il plus les appels de son père, les oreilles noyées dans l'eau qui gronde et qui semble bouillir, écumeuse! Ses pauvres cheveux sont mouillés, ils se collent sur son front avec une raideur de

gouttières en plein déversement ! le visage a une
convulsion suprême. La lièvre lui donne prématurément l'aspect d'un cadavre ; l'énergie s'en est
allée ; il n'y a plus que des contractions, lutte
apparente des cellules contre la mort qui va les
tuer.

Il fit un sursaut suprême. La tête, cette fois,
émergea tout entière ; les paupières s'ouvrirent
toutes grandes ; les yeux recouvrèrent leur éclat !
ils fixèrent Laveau... et la bouche lui cria :

— Papa !

Puis ces yeux fatigués se reportèrent sur l'horizon où Bournac luttait encore contre le canot et
contre les vagues. Ils revirent peut-être le camarade en danger, l'embarcation perdue, la place
laissée vide par Catlia, sa fortune engloutie avec
l'amour, l'espérance et la gloire... Ils se refermè-
rent. Et ce fut la descente, sans secousse au fond
du lit du fleuve, une descente froide, comme dans
les ténèbres, l'entrée dans le néant qui se confon-
dit avec l'entrée dans la vie.

— C'est fini ! sanglota Laveau.

Il pensa qu'il n'avait plus qu'à mourir aussi.

Mais la main droite de Jean émergeait encore,
inerte, c'est vrai, pour l'Adieu. L'espoir lui revient.
Mais le flot couvrit tout et le malheureux père
sanglota :

— Jean !... mon Jean !...

La voix de Bournac, au même instant, le fit
tressaillir :

— Hardi ! Tenez bon, je suis là !

Le Gascon avait vaincu la vague et dompté le
canot. Il s'y était installé en maître, en triompha-
teur et le courant, cette fois, se faisant son com-
plice, le poussait vers Laveau.

— Tenez bon !...

Il saisit le Patron par un bras, le tira, le hissa,

il réussit à l'amener presque sans connaissance auprès de lui.

Le Gascon dévorait en silence sa rage d'arriver trop tard. Quand Laveau meurtri, sanglant, abîmé par les rochers qui avaient brisé le canot, revint à lui, il vit son ami, grand enfant au cœur tendre, qui pleurait à chaudes larmes, devant le tourbillon où Jean venait de disparaître pour toujours.

— Et maintenant, demanda Bournac à Laveau, qu'allons-nous faire ?... Le canot demeurait sur place comme le Patron y était demeuré avec ses flèches... Une pagaie l'accosta. Ils la prirent. Puis un autre ! ils étaient sauvés.

Mais ils n'avaient pas la force de diriger leur canot ; leurs pagaies leur étaient presque inutiles. Le hasard fit, plutôt que leur volonté, qu'ils sortirent du tourbillon, pour se retrouver dans un autre courant qui les entraîna, au bout de deux heures, vers le grand îlot, à deux kilomètres en aval du saut Vénérétérépou. Ils accostèrent ; les herbes du bord amarrèrent l'embarcation.

L'un des deux nègres de Ste-Lucie, échoué là, les voyant venir, les y attendait.

Il croyait ses compagnons perdus, celui-ci lui expliqua que l'autre aussi s'était sauvé et qu'il était un peu plus loin, sur la rive hollandaise. Ils le virent, en effet, qui leur adressait son appel. Ils lui répondirent pour lui montrer qu'ils l'avaient aperçu et pour l'inciter à s'armer de patience, à attendre.

Ils se regardèrent. Jamais dans la crique Kouc ils ne s'étaient sentis plus pauvres et plus nus. Ils n'avaient plus un hameçon, plus un fusil. Mais ils possédaient des flèches, les flèches qui avaient sauvé Laveau ; mais il leur manquait des arcs. Ils nourrirent l'espoir d'en découvrir parmi les mou-cous-moucous du rivage.

— En attendant, reposons-nous, dit Bournac. Nous en avons bien besoin.

Ils s'étendirent sur le sable à un endroit qui formait un vague dégrad. Une odeur de caïman, née d'un proche marécage, les enveloppait. Au bout de deux heures, ils réunirent leurs efforts pour aborder vers l'autre nègre et le prendre avec eux, dans le canot fendu.

— Il nous faut aviser ! dit Bournac.

— Nous n'avons pas le choix entre les solutions, répondit Laveau. Si nous pouvions arriver chez Yamaïké nous serions sauvés.

Les autres applaudirent à cette idée. Déprimés, ils se livrèrent de nouveau au courant qui les entraîna. Les nègres dirigeaient le canot à l'aide de deux pagaies.

— Il n'y a pas un Indien qui ne nous soit supérieur à l'heure actuelle, remarqua Bournac.

Laveau ajouta :

— Les forçats évadés ont encore plus de ressources.

Ils durent cette nuit-là coucher en forêt. Une nécessité nouvelle se présentait, dure, impérieuse: le feu.

— Nous n'avons pas une allumette !

— Pas un silex ! Pas un morceau d'amadou.

— Pas une hache en pierre, pour tailler le moindre morceau de bois.

Ils détaillaient ainsi peu à peu ce qui causait leur dénuement.

— Du feu ! il faudrait cependant bien du feu ! s'écria Bournac.

Laveau répondit :

— Nous serons bien obligés de nous en passer !

La forêt vierge, d'une étendue incommensurable, ne leur paraissait plus une espèce de paradis terrestre, dans une atmosphère tiède, dans lequel on peut se laisser vivre. Ses mystérieux bruits éveillaient des échos apeurants ; le serpent qui rampe fuirait-il ? Lorsqu'une herbe le frôlait, communiquant à sa peau une impression de fraîcheur, Bournac sursautait, bondissait, pour éviter une étreinte particulièrement redoutée et dont la possibilité, dans son esprit, naissait surtout d'une hallucination ; le gloussement des agamis ne prêtait plus à rire, puisqu'il évoquait le tigre ; la voix des crapauds-bœufs, sorte de mugissement, familière cependant, évoquait une menace de géant dans l'incertitude des ténèbres ; il n'y avait plus, pour eux, d'animaux épiant le danger; il n'y avait plus que des bêtes à l'affût de leur proie, depuis la terrible fourmi rouge jusqu'au puma. Le fruit tombé par la secousse qu'imprime à la branche le singe en sautant, les faisait tressaillir et les tenait en éveil ; le vampire, le moustique, les êtres infiniment petits, dans un murmure universel et complexe, criaient les maux qu'ils engendrent. L'image de la souffrance et de la mort surgissait, terrible, de partout.

Jusqu'au jour ils furent comme des roitelets sous une branche, avec la vision du chat-huant voisin et du chat qui passe. Un tigre assez proche prodiguait des appels aux autres tigres, sentant la présence d'hommes aussi faibles. Peut-être les préféraient-ils aux agoutis.

Aux premières lueurs de l'aube, ils se remirent en marche.

Ils finirent par arriver à Yamaïké.

Les braves Indiens accoururent, apitoyés et secourables. Yamaïké gémissait comme s'il se fut agi de lui-même. Il pleura sur la mort du fils du Tamouchi Blanc. Et ses larmes furent sincères.

— Vous avez besoin de réconfort, dit-il ensuite, en pressant ses yeux humides du revers de ses index. Vous allez manger... vous dormirez ensuite.

Les peïtos, empressés, avaient déjà apporté la grande marmite où bout le singe avec les piments.

Et quand on y eut puisé, ils conduisirent les pauvres naufragés dans leurs propres hamacs, près de leurs femmes, sous leurs carbets, afin qu'ils puissent y détendre, bien à l'aise, leurs muscles fourbus.

Ils avaient bien reçu ici l'hospitalité, lors de la danse du maraké. Mais ils étaient nombreux, armés, riches de bibelots, puissants. La véritable hospitalité se manifeste lorsque, loin d'être utile, on n'est plus qu'un embarras, une charge.

Comme ils l'appréciaient cette hospitalité qui leur donnait la sécurité nécessaire et leur sauvait définitivement la vie !

Pendant qu'ils dormirent, sans demander, un avis, les Indiens de Yamaïké préparèrent leurs pirogues, tandis que les amis sommeillaient.

— Il faut, avait dit le chef, retrouver le cadavre du fils du Tamouchi blanc.

Le 3 mai, au matin, ils s'approchèrent de Laveau et lui dirent simplement :

— Venez avec nous !

— Où nous conduisez-vous ?

— Là-haut, sur le lieu de l'accident.

Laveau comprit le sentiment qui les faisait agir.

— Braves gens ! dit-il.

Et s'adressant à ses compagnons d'infortune :

— Suivons-les, ce sont eux notre Providence.

On prit place dans les pirogues qui s'éloignèrent rapidement.

Longtemps avant d'arriver au pied du fameux saut, les regards fouillèrent la surface du fleuve et ses rives.

Rien n'apparut. La montée ne s'interrompit point.

Mais soudain, dans le ciel, apparurent des pagamis et des grands urubus noirs. Les oiseaux planaient comme des éperviers prêts à fondre sur les proies.

Yamaïké les indiqua du doigt et murmura :

— C'est là !

C'était là, en effet, les indicateurs de cadavres ne s'étaient pas trompés. Quelques coups de pagaies portèrent les rameurs au-dessous d'eux. Quelque chose flottait sur la rive à droite.

On approcha. C'étaient Jean et Catlia, côte à côte, déjà boursouflés, méconnaissables.

Les Indiens les attirèrent à eux et déployèrent les hamacs qu'ils avaient apportés. Bournac et les canotiers les y ensevelirent pieusement. Et l'on descendit à terre.

Deux fosses furent creusées dans la forêt, sous les lianes, et les grands arbres, parmi les fleurs, dont les vagues de couleurs variées tombaient jusque sur les bords...

Des peïtos cueillirent des feuilles de palmier ; Laveau en tapissa le fond de couche destinée à Jean, tandis que Yamaïké en faisait autant pour celle de Catlia. Les mortelles dépouilles y furent descendues. D'autres feuilles les recouvrirent ; sur les feuilles on mit de la terre, et sur la terre on planta les croix préparées par Bournac...

Bournac récita à haute voix le *Pater* à défaut d'autre prière connue. Et ce fut tout.

Nul, dans cette nature magnifique, ne se rendit compte de l'antithèse frappante qui existait entre la tristesse des gens et la splendeur des choses, entre l'éclat de la lumière, de la verdure et des fleurs, et les ombres de la mort qui venaient de passer.

On s'éloigna. Les Indiens fredonnèrent des mélopées funèbres, en souvenir de l'ami disparu.

Après l'Aoua, ce fut à M. Despeaux à prodiguer tous les réconforts physiques et moraux. Il ne faillit pas à la tâche, tout en donnant les premières nouvelles de la guerre.

— C'était donc vrai ! fit Bournac.

Les nègres Boch Youca, ensuite, conduisirent les naufragés jusqu'au village hollandais d'Albina.

Le retour à St-Laurent... Les prévenances de M. Barré, directeur du pénitencier... L'arrivée à Cayenne... Le rapatriement par les soins du gouverneur...

— Ce serait, dit Laveau à Bournac, dès qu'ils furent sur le pont du *Haïti*, une histoire interminable si on la contait dans tous ses détails.

— On ne la racontera jamais ! dit Bournac, mélancoliquement.

— Pourquoi ?

— Avez-vous déjà oublié que tous les fruits de notre travail sont submergés, perdus ?

C'était bien la première fois qu'ils en parlaient.

— Sauf les papiers et les collections, dit Laveau, nous retrouverons le reste.

— L'or ?

— Oui, l'or !

— Pensez-vous donc retourner dans ce pays de malheur ?

Alors, ce fut l'hymne de foi, de confiance en soi autant que dans l'avenir.

— Oui, j'y reviendrai, car la France vierge, comme disait mon pauvre Jean, ne m'a pas causé de déceptions. Tout notre mal, présentement, ne vient pas d'elle, mais de ceux, qui, pouvant quelque chose pour y tracer des routes, où même de simples sentiers multiples, n'ont rien fait, et ne font rien.

Est-ce que cette bonne terre ne nous a pas laissé entrevoir toutes ses générosités ?... Est-ce qu'elle ne nous a pas révélé les trésors formidables de ses flancs ?... Je l'aime, parce que j'aime ma Patrie et qu'elle constitue le plus beau joyau de sa couronne coloniale.

Je l'aime, parce que lorsque la guerre sera finie, la guerre que Jean nous avait annoncée, la France aura besoin de beaucoup d'or et que c'est l'or qui prolongera au dehors le prestige que nous y aurons conquis par les armes ; je l'aime parce que sa transfiguration seule deviendra le signe évident de notre relèvement. Je l'aime d'autant que nous sommes les seuls à bien la connaître, qu'elle garde tous ses mystères pour les autres, sans en conserver beaucoup pour nous.

— Comme une maîtresse fidèle! s'écria Bournac.

— Oui ! s'écria Laveau, une maîtresse fidèle, dont les vertus ou simplement les qualités sont niées injustement !... Attention ! nos concurrents sont là qui veillent : sans nous la prendre, ils s'en serviront ; ils l'exploiteront ; ils pilleront les richesses de sa parure et les richesses de son sein.

— Ce ne sont pas des Allemands que vous parlez ? interrogea Bournac.

Le Patron réfléchit un instant et répondit :

— Non ! c'est de l'Amérique du Nord... A moins que ce ne soit de l'Amérique du Sud.

Et il ajouta, dans un geste vague :

— Ah ! si le Brésil savait !...

FIN

# TABLE DES MATIÈRES

# ERRATA

*Ce livre, qui a surtout une valeur documentaire, n'a jamais été écrit. Il a été dicté et composé rapidement. L'auteur n'a pu en corriger les épreuves. De là, de nombreuses erreurs typographiques, dont voici les principales.*

L'Editeur.

Page 17 : 10ᵉ ligne, au lieu de « les Indiens », lire : « **aux Indiens** ».

Page 64 : 28ᵉ ligne, au lieu de « qu'ils avaient remontés », lire : « **qu'elle avait** remontés ».

Page 95 : 28ᵉ ligne, au lieu de « héritiers », lire : « **héritières** ».

Page 110 : 22ᵉ ligne, au lieu de « Aponchy n'est pas », lire : « Aponchy **n'est-il** pas ».

Page 114 : au lieu de « 424 », et de « 662,50 », lire : « **428** » et « **666,50** ».

Pages 121, 158 et 262 : au lieu de « ignames », lire : « **iguanes** ».

Page 136 : 28ᵉ ligne, au lieu de « brillent de la nacre », lire : « brillent **comme** la nacre ».

Page 158 : 11ᵉ ligne, au lieu de « le colosse bondi », lire : « le colosse **a** bondi ». — 15ᵉ ligne, au lieu de « ne sont pas des chasseurs », lire : « ne sont pas **seulement** des chasseurs ».

Page 190 : 13ᵉ ligne au lieu de « europanisé », lire : « **européanisé** ». — 14ᵉ ligne, au lieu de « tout à fait Boni », lire : « tout à fait **le** Boni ».

Page 192 : 26ᵉ ligne, au lieu de « du Yariqui coulent », lire : « du Yari **qui coule** ».

Page 228 : 17ᵉ ligne, au lieu de « dont ils pourraient », lire : « dont ils **ne** pourraient ».

Page 231 : 31ᵉ ligne, au lieu de « Dont », lire : « **Donc** ».

Page 234 : 17ᵉ ligne, au lieu de « prespecteur », lire : « **prospecteur** ».

Page 235 : 3e ligne, au lieu de « il propose aussi à Laveau », lire : « **il propose à Laveau** ».

Page 240 : 26e ligne, au lieu de « curary », lire : « **ourari** ».

Page 241 : 18e ligne, au lieu de « toute particulièrement », lire : « toute **particulière** ».

Page 253 : 6e ligne au lieu de « crupule », lire : « **scrupule** ». — 36e ligne, au lieu de « crapa », lire « **carapa** ».

Page 273 : 27e ligne, au lieu de « Pendant qu'on y prépare », lire : « **Tandis qu'on** prépare ».

Page 276 : 18e ligne au lieu de « identiques à ses camarades », lire : « identiques à **ceux de** ses camarades ».

Page 284 : 18e ligne, au lieu de « vérité », lire : « **variété** ».

Page 288 : 17e ligne, au lieu de « un air accent », lire : « un **accent** ».

Page 289 : 31e ligne, au lieu de « . car, les sources », lire : « ; **par** les sources ».

Page 311 : 26e ligne, au lieu de « introduire », lire : « **induire** ».

Page 321 : 12e ligne, au lieu de : « c'est immense », lire : « c'est l'immense ».

Page 335 : 24e ligne, au lieu de : « celui-ci lui expliqua », lire : « **Il leur** expliqua ».

Page 341 : 20e ligne, au lieu de : « ce ne sont pas », lire : « ce **n'est pas** ».

# QUELQUES OPINIONS

## sur l'œuvre de GILLES NORMAND

## Mon Village se meurt

Noël m'a réservé une joie tardive, celle de lire enfin votre beau livre. Laissez-moi vous dire le grand plaisir que m'a procuré la lecture de votre œuvre et vous adresser, avec toutes mes félicitations, l'expression de mes sentiments dévoués.
**Raymond Poincaré.**

« Mon Village se meurt » fait mieux comprendre et aimer la vie ancienne et profonde de cette terre française dont l'école ne dit pas assez à nos enfants la beauté et les vertus, et dont tant d'influences tendent aujourd'hui à les détacher.
**André Chevrillon,** de l'Académie française.

Vous avez fait là œuvre utile. Certes, vous ne l'écoulerez pas comme un roman, et pourtant la vie n'est pas un roman, et c'est la raison peut-être pour laquelle tous veulent y chercher l'illusion. Votre livre est réel, et c'est en quoi il est sain et bon.
**J. Dybowski,** inspecteur général de l'Agriculture.

Je vous félicite de ce plaidoyer de notes personnelles et pittoresques sur la vertu féconde de la tradition. L'illustration ajoute à la valeur du livre, mais le texte se suffit à lui-même pour montrer que notre amour doit aller à la terre. Elle ne demande qu'à revivre, grâce à votre plume.
**G. Lacour-Gayet,**
de l'Académie des Sciences morales et politiques.

Un premier coup d'œil m'a incité à lire ces pages d'un bout à l'autre. J'y ai pris un vif intérêt et j'ai voulu leur donner tout de suite un écho, si modeste soit-il. Votre dernier mot sur l'équivalence de la religion de la nature et de l'art aurait peut-être bien nécessité quelque mise au point aux yeux de votre public, à moins qu'il n'ait pas été dans vos intentions de lui donner plus d'importance.
Je fais des vœux sincères pour que cet ouvrage porte la conviction dans le plus grand nombre d'esprits qui goûteront un vif plaisir littéraire à savourer tant de belles vérités morales.
**Trogan.**

C'est un sujet fort angoissant qui me préoccupe beaucoup. On ne peut que vous féliciter d'avoir écrit un tel livre.

**Georges Lecomte,**
président de la Société des Gens de Lettres.

Je viens de recevoir votre magnifique, votre délicieux livre. Comment vous remercierai-je et quelle forme donner au double sentiment de gratitude et d'admiration que j'éprouve ? Je n'ai lu encore que quelques pages pour pouvoir vous répondre ; je veux vous savourer tout à mon aise. Mais en faisant glisser mon couteau d'ivoire entre les feuillets, je n'ai pu faire autrement que d'admirer le talent de notre cher sénateur Émile Humblot.

**Babelon,**
secrétaire perpétuel de l'Académie
des Inscriptions et Belles-Lettres.

« Mon Village se meurt » ! Hélas ! il n'y a pas que votre village. J'ai vu autour de moi quantité de pays qui se dépeuplent ; des maisons qui tombent en ruines et des paysans qui deviennent employés — être employé, c'est le but et le rêve — et c'est la ruine de la famille.

**Frédéric Masson,** de l'Académie française.

Mais ce bouquin est une merveille ! Je vais me nourrir du texte et admirer les belles images ! Oui, hélas ! le village se meurt !... Et notre pays ! ses finances, sa politique, son administration.
**Jean Cruppi,** sénateur, ancien ministre.

Cette œuvre touchante et vivante est de nature à faire aimer la terre natale et à y attacher ceux qui auraient le tort de vouloir s'en éloigner. Il y a un mouvement en ce sens et votre livre y aidera certainement.

Comte **d'Haussonville,** de l'Académie française.

Comme vous avez raison ! Mais, hélas ! la lourde matière n'étouffe-t-elle pas actuellement l'esprit ? Cherchez le sentiment dans lequel nos familles nous ont élevées. Où le trouver? Décadence trop flagrante ! C'est la Rome du temps des gladiateurs. Vive le coup de poing ! Dès mon premier livre, la **Pluralité des mondes habités,** écrit quand j'avais vingt ans, j'ai maudit l'infamie de la guerre. Mais aujourd'hui !... Votre page 137 est parfaite.
Cependant, ne soyons pas trop pessimistes. L'oscillation est la loi du monde. Je ne devrais pas l'être, ayant sous les yeux, sur ma table, les très belles illustrations de votre livre dues au crayon de notre grand artiste haut-marnais, Emile Humblot, et devant moi, jusqu'à l'horizon, s'étend la mer bleue qui frémit sous les rayons du divin soleil, et s'éloigne à l'infini.
**Camille Flammarion.**

Je vous remercie de m'avoir fait lire votre belle étude sur la crise que traversent nos populations rurales. De telles œuvres sont des actions et de bonnes actions de premier chef. Il faut que les volontés droites se liguent pour empêcher la mort de notre race. La propagande par le livre est la plus efficace. Vous l'opérez de bien séduisante et parfois touchante manière.

Baron **Ernest Seillière**,

de l'Académie des Sciences morales et politiques.

Lorsque, le mois passé, je me pris à feuilleter ce séduisant ouvrage, apportant tout le soin désirable au couper de ses pages, j'y trouvai, çà et là, au hasard des chapitres écrits dans une prose à la fois simple et familière, de multiples motifs de méditations. Ces motifs convergeaient presque tous vers le regret du néfaste abandon de nos campagnes pour la cité, la lumière, la cité-miroir des alouettes qui se viennent irrémédiablement brûler sous ses feux.

Permettez-moi donc, mon cher Confrère, de vous féliciter comme il sied, c'est-à-dire hautement, d'un ouvrage qui, s'il se rattache, à votre gré, aux travaux d'économie sociale dont votre imposant bagage d'écrivain se peut réclamer, fait figure, à mon humble avis, d'un florilège littéraire où l'esprit du critique s'harmonise à souhait à l'agrément du conteur, à la sagesse du moraliste.

**Alcanter de Brahm** (musée Carnavalet).

Hier c'était M. Joseph de Pesquidoux, qui dans « la Glèbe » promenait un regard étrangement perçant sur la terre de France ; aujourd'hui c'est Gilles Normand qui nous donne « Mon Village se meurt » un livre luxueusement édité par la Librairie académique Perrin et C^ie, et orné de merveilleuses illustrations dues au talent remarquable du sénateur Emile Humblot.

Le difficile, en pareille occasion, c'est de faire du neuf sans verser dans l'invraisemblance et d'instruire tout en amusant.

M. Gilles Normand, dont la plume exercée va des graves ouvrages d'économie sociale aux pièces de théâtre ou de poésie, en passant par la critique ou le roman, peut se vanter d'y avoir parfaitement réussi : pour son coup d'essai en la matière, il a fait un coup de maître.

Le mérite de Gilles Normand est d'avoir su dégager d'une plume précise le pour et le contre de cette grande question du retour à la terre. A ce titre il a fait une très bonne action et son livre mériterait d'être lu dans toutes nos écoles.

**Victor Boret**, député, ancien ministre de l'Agriculture.

Je lis un peu chaque nuit votre très beau livre : « Mon Village se meurt ». Ce qui en fait le charge prenant, c'est toute la poésie du passé qui en émane et qui en est l'âme. Il y a là beaucoup d'idées justes et saines, où l'on sent un esprit mûri par l'expérience et revenu aussi de quelques illusions. Enfin, c'est un livre qui vient à son heure et qui fera beaucoup réfléchir. Il nous fait apercevoir toute la distance qui sépare le plaisir du bonheur, le progrès matériel du progrès moral, qui seul importe. Les appétits, même satisfaits, ne sauraient remplacer le sentiment religieux, celui de la nature et celui de l'humanité, tout ce qui crée notre être intellectuel et moral. Vous avez compris que l'individualisme, au bas sens du mot et dégénéré en égoïsme, tue la France.

**Paul Brulat.**

# La Guerre, le Commerce français et les Consommateurs

La lecture de ce livre excellent m'a suggéré l'opinion que les grandes firmes et les grandes coopératives auraient peut-être tracé et pratiqué les meilleures méthodes de répartition et que leur répartition, sagement dirigée par un gouvernement qui leur aurait fait confiance, aurait peut-être aidé à résoudre le problème angoissant de l'heure avec plus d'autorité que les décrets de circulation dont on inonde encore à cette heure les préfectures et les mairies.

**L. Lafferre,** sénateur, ancien ministre.

Ce n'est pas là un livre qu'on lira et surtout qu'on épuisera d'un seul coup. Il est plein de faits, cet ouvrage, et la guerre terminée, il continuera de donner des conseils et des indications précieuses. J'en ai parlé avec Marc Réville et nous étions d'accord pour l'apprécier vivement.

**Maurice Barrès,** de l'Académie française.

M. Gilles Normand se meut avec aisance dans le cadre immense qu'il a imposé à son œuvre. Il éclaire les horizons; il prévoit un avenir ; il invite à des controverses ; il fait penser, en un mot, et c'est le mieux qu'on puisse dire d'un auteur.

**Charles Leboucq,** député de Paris.

Votre ouvrage est très intéressant. Je vous félicite bien sincèrement de la manière excellente dont vous avez traité des questions d'une si pratique utilité pour l'avenir de notre commerce.

**Raoul Péret,** président de la Chambre des députés.

V

Je lis avec intérêt cette importante étude d'où sortiront sûrement des conclusions pratiques pour l'organisation économique d'après-guerre.

**Justin Godart**, ancien ministre.

# La Conscience Professionnelle

Je suis entièrement de votre avis sur la nécessité de raviver et de fortifier la conscience professionnelle et je vous félicite d'en avoir si éloquemment fait la démonstration.

**Raymond Poincaré.**

Votre livre vient courageusement, éloquemment, à son heure. Il dit bien haut une indignation qui couvait dans bien des cœurs, et il trace la voie à suivre, la vraie, à notre pays un peu désemparé mais riche encore de beaux rêves et impatient de les réaliser.

**Pierre Cazals**, député de l'Ariège.

J'ai lu avec le plus vif intérêt « La Conscience professionnelle ». Vous soulevez avec raison les plus graves questions de l'heure présente. Je vous félicite d'avoir abordé si courageusement le problème. Puisse votre voix être entendue.

**Raphaël-Gorges Lévy**, sénateur.

Je tiens à signaler ce livre solide et généreux qui remue des idées, pousse à l'action et surtout émet la prétention, courageuse et justifiée, d'établir l'éducation, de faire reposer toute la vie économique et sociale sur la conscience.

**Jean Philip**, sénateur.

J'ai lu votre livre avec le plus grand intérêt. Je ne manquerai pas de le citer à l'occasion. Vous avez éloquemment dénoncé l'un des maux dont nous souffrons actuellement.

**Bouilloux-Lafont**, député.

J'ai admiré l'opportunité de votre œuvre. A une époque où l'esprit de lucre est pour la plupart des hommes le seul stimulant de l'activité et où la dignité morale est une notion indistincte à l'intelligence des foules, c'est un honneur dont je vous félicite d'avoir rappelé les principes et préconisé des méthodes d'éducation et de formation des consciences.

**J. Noulens**, sénateur, ancien ministre.

J'ai lu votre livre avec le plus grand intérêt et certainement aussi avec le plus grand profit car, bien qu'ayant toujours étudié et suivi les questions qui s'y trouvent traitées, j'ai été frappé par certains exposés particulièrement clairs en même temps que par des vues sûres et personnelles que vous avez sur certains problèmes importants.

**Marcel Gounouilhou,** directeur de la « Petite Gironde ».

Doué d'une imagination peu banale, d'un enthousiasme communicatif et d'une vision claire des hommes et des événements, M. Gilles Normand a réussi à faire un tableau synthétique de la décadence morale et de l'incompréhension des intérêts vitaux de la France qui caractérisent l'état actuel, engendré par les catastrophes de la grande tourmente.

**Jean Finot.** (La Revue Mondiale.)

Ce livre sincère est l'œuvre d'un homme qui, connaissant à fond la situation actuelle de la France, pousse à nouveau le cri d'alarme pour que notre pays puisse au plus tôt se relever. **Marc Varenne.** (La Renaissance.)

Je vous félicite d'avoir marqué le mal et d'en avoir, avec une énergie salutaire, indiqué quelques remèdes. Le champ est immense ; ce doit être une satisfaction pour vous d'en avoir tracé quelques sillons et d'y avoir jeté la bonne semence. Espérons qu'elle germera.

**Jénouvrier,** sénateur, vice-président du Sénat.

# France, au Travail !

Très intéressant, votre livre, mon cher confrère. Je l'ai lu avec plaisir et je voudrais qu'il fût aux mains de notre jeunesse démobilisée et parfois un peu désorientée.

« La France au travail », c'est un beau titre, et vous le justifiez par vos développements.

**Gomot,** sénateur.

Vous savez avec quel intérêt je suis votre campagne en faveur du commerce et de la reprise du travail, et je vous remercie de votre livre sur la rénovation française, si vivant et spirituel en même temps que plein de sérieux.

**Maurice Barrès,** député, membre de l'Académie Française.

# VII

Mes compliments pour votre excellent livre et sa campagne pour la rénovation française.

**Cazeneuve,** sénateur.

Que voilà un livre utile et à répandre. Je vous félicite d'avoir trouvé une forme populaire et enjouée pour des idées graves et une démonstration documentée. Je souhaite bon succès à vos efforts.

**L'Inspecteur d'Académie,** de Versailles.

Mes félicitations les meilleures pour les idées si justes et que vous avez merveilleusement exposées.

**J. Loubet,** sénateur.

J'ai vivement goûté la forme à la fois familière et élégante dans laquelle vous présentez au lecteur des questions habituellement traitées avec une austérité qui effraie le public. En vous, l'économiste ne fait pas tort au lettré, et la réciproque est également vraie.

**Victor Boret,**
ministre de l'Agriculture et du Ravitaillement.

Votre nouvel ouvrage vous fera le même honneur que les précédents et sera également utile au pays.

**Georges Desplas,** député, ancien ministre.

Dans votre si intéressant ouvrage en vue de la rénovation française, sous une forme vraiment attrayante, les problèmes de l'heure actuelle se trouvent intégralement traités.

**Becays,** député.

Je vous lis avec le plus vif intérêt. Oui, au travail ! pour la rénovation, par une organisation à refondre totalement.

**Jean Cruppi,** député, ancien ministre.

Plaise à Dieu que les saines et fortes idées qu'il exprime pénètrent dans les esprits !
La formule si alerte et si attrayante dont votre talent a su les envelopper et les concrétiser, double l'efficacité de votre éloquent appel au retour à l'éternel bon sens.
Vous aurez contribué, et ce sera pour vous la plus noble des satisfactions, à préparer la belle moisson que contient en germes, j'en ai la certitude, notre France de demain !

**E. Flandin,** député.

Tous mes remerciements pour « France, au Travail ! » qui arrive à son heure pour éclairer le pays sur son orientation économique et qui résume d'une façon si lumineuse, si suggestive, le programme de reconstitution du lendemain de la guerre.

**Jules Méline**, sénateur, ancien président du Conseil.

Je tiens à vous dire combien j'apprécie ce remarquable résumé, présenté sous une forme si attrayante, de tous les problèmes économiques actuels.

**L. Weiler,** député.

Vous avez, d'une plume alerte, dans un style pittoresque et saisissant, présenté le tableau si compliqué de notre situation économique.

Je sais — pour les avoir étudiés depuis longtemps, comme professeur de Faculté — combien ces problèmes sont délicats et difficiles. Vous avez trouvé le secret de les rendre agréables et de faire mentir M. Thiers qui disait de l'économie politique : « Ce n'est que de la littérature ennuyeuse ».

**Guernier**, député.

Je viens de lire avec le plus vif intérêt « France, au Travail ! » Tous nous devons songer, à l'heure actuelle, à l'œuvre formidable de rénovation qui se présente. Votre ouvrage si précis, si entraînant, si documenté, ne pouvait être présenté à un moment plus opportun.

**Surreaux,** sénateur.

Je suis émerveillé de votre ardeur au travail. Vous vous imaginez si moi, qui ai fondé le Club des Cent, j'ai lu avec plaisir vos pages au sujet de la France alimentaire et même gourmande.

Quel paradis, en effet, nous pourrions avoir en France si on savait l'organiser.

J'admire aussi la façon dont vous essayez de faire comprendre que l'économie politique n'est pas une science de sorcier et qu'elle est à la portée de tous. Quel dommage qu'on ne donne pas votre livre à tous les élèves.

**Louis Forest,** rédacteur au « Matin ».

Vous avez su donner à tous ces problèmes de vie chère un tour attrayant qui permettra aux profanes de pénétrer sans effort dans le vif des questions vitales de l'économie nationale elle-même. Je compte en tirer, pour ma part, un large profit.

**Dausset,** conseiller municipal de Paris.

Imp. **P. BOLL,** 12, rue des Bourdonnais, Paris.

# LIBRAIRIE ACADÉMIQUE PERRIN & Cⁱᵉ

## Collection de Romans




Imp. Henri Diéval, 57, rue de Seine, Paris